BEHOLD, AMERICA

THE ENTANGLED
HISTORY OF "AMERICA
FIRST" AND "THE
AMERICAN DREAM"

〔美〕莎拉·丘奇威尔（**Sarah Churchwell**）　　著

詹　涓　　　译

美国优先和美国梦

1900—2017

社会科学文献出版社
SOCIAL SCIENCES ACADEMIC PRESS (CHINA)

本书获誉

这本书恰逢其时。这也是一本发人深思之作……丘奇威尔是一位优雅的作家，当"美国优先"和"美国梦"在她书中的第二次世界大战前夕正面交锋时，意想不到（且令人震惊）的历史巧合开始像着了魔的风铃一样产生共鸣……《醒醒吧，美国："美国优先"和"美国梦"交织的历史》阐明了有多少历史是在人们的言与行之间的鸿沟上发生。——《纽约时报》

"美国优先"和"美国梦"盘根错节的历史有了引人入胜的新视角。——《纽约》杂志

丘奇威尔在她的研究中撒下了一张大网，不仅网罗了政治家和专家，还囊括了记者、小说家、牧师和普通美国人。其结果可以说是有点混乱……但正如历史学家丹尼尔·罗杰斯（Daniel Rodgers）所明确指出的那样，这种混乱说明这些短语一直以来都是"有争议的事实"。——《国家》杂志

生动活泼，可读性强……丘奇威尔适时贡献了一本论述清晰的书，

为二战前夕和我们的胜利之间的智力相似性提供了明确的例证。——
《金融时报》

《醒醒吧，美国："美国优先"和"美国梦"交织的历史》是一
本迷人的书，可说是美国政治激烈对立统一的入门读物，灵感来自
2015、2016 年的事件。毫无疑问，它将在受特朗普启发而出现的众
多著作中占据一个颇具影响力的位置。它的力量很大程度上来自在被
历史扭曲得模糊不清的昔日洞穴的轰鸣中，发现了当下的回声。这本
书充满激情，研究充分，内容全面，既是我们这个时代的记录，也是
对美国历史中一个几乎被遗忘和忽视的领域的令人兴奋的调查。——
《卫报》（美国版）

关于现代美国两种相互交叉的隐喻的迷人历史……这两种思想的
复杂历史，以及各自拥护者的个性……被丘奇威尔教授巧妙地娓娓道
来。——《新政治家》，西蒙·温彻斯特（Simon Winchester）

有必要根据特朗普主义，对美国历史进行重新评估，而本书便是
大胆的第一步。——《泰晤士报文学增刊》（英国），埃里克·劳威
（Eric Rauchway）

对"美国梦"和"美国优先"这两种表达方式的一次丰富生动的
叙述……《醒醒吧，美国："美国优先"和"美国梦"交织的历史》
读来极为有趣。丘奇威尔是一位细心而又敏感的读者，她的写作充满
活力，对于一个发人深省的故事有着细致的洞察力。——《星期日泰
晤士报》，多米尼克·桑德布鲁克（Dominic Sandbrook）

这本书最吸引人的地方是丘奇威尔描绘了过去的"美国梦"为何较

如今少了些物质主义，多了些集体主义……一个令人着迷的历史。——《独立报》

及时和有益的。——《经济学人》

/ 前　言

措辞中蕴含着巨大的力量——任何意欲动用这种能量的人都清楚这一点。

2015 年 6 月 16 日，唐纳德·特朗普（Donald Trump）在宣布竞选美国总统时宣布："可悲的是，美国梦已经破灭。"一位总统候选人说出这番话，似乎令人大跌眼镜；参与总统竞选的人通常会美化其希望领导的国家，对选民大加奉承，以便争取他们的选票。但这种反其道而行之的策略，只是让人们提前体验了即将发生的事情，因为特朗普展示了一种令人不安的技巧，能把对其他任何人不利的事情变得对自己有利。

待到特朗普赢得大选时，他已经颠覆了许多人对美国的理解。在就职演讲中，特朗普再次宣布美国梦已死，但他承诺要将其复活。我们被告知，美国繁荣昌盛的梦想正受到极大威胁，因此在总统任期里，他将高举"经济民族主义"的纲领。

对美国梦致以挽词，已经让世人震惊。而在整个竞选过程中，特朗普还承诺"美国优先"（America First），在 2017 年 1 月的就职演说中他重申了这一主张。对于一位总统候选人，继而是当选总统来说，这是一个令人不安的用语。美国的全国性媒体和社交媒体开始讨论起"美国优先"这一说法的历史沿革。这些媒体告诉受众，"美国优先"的口号可以追溯至第二次世界大战，以及美国优先委员会力争让美国摆脱欧洲冲突的努力。他们解释说，"美国优先"是由查尔斯·林德伯格（Charles Lindbergh）等知名孤立主义者发明的，这些人对纳粹计划的同情与公开的反犹太主义往往密不可分。他们进一步称，"美国优先"是新纳粹主义的代名词。

与此同时，当作者们问起"美国梦"是否真的已经消亡时，其他一些权威人士也加入了进来。[1] 几乎所有这一切都始于对美国梦应该包含的内容的共识，即向上的社会流动性，国家对个人无限进步的承诺。但现在，由于不平等的普遍存在，人们普遍认为这个梦想受到威胁。在 2007 年金融危机爆发以来的 10 年里，这个故事在国际媒体上无休止地循环着。他们说，特朗普把这种不平等变成了武器，让他的追随者相信，只有局外人方可挽救腐败的制度（他的追随者随时都会跳起来否认自己是富贵中人，以亿万富翁和企业大亨自居，而这显然并非他们仅存的认知失调症状）。

但大多数人并没有质疑美国梦究竟意味着什么；他们只是在讨论它的相对健康状况。例如，《卫报》2017 年 6 月刊登了一篇题为《美国梦真的死了吗？》（*Is the American Dream Really Dead?*）的社论，不仅总结了每个人都在问的问题，而且总结了他们质疑的前提：

> 美国对收入不平等的容忍度异乎寻常得高，这一点一直为世人所熟知，其原因在于美国社会的高度流动性。二者结合起来，形成了美国梦的基础——这个理念最初由托马斯·杰斐逊提出，他设想每个公民都有追求生命、自由和幸福的权利。当然，美国梦并不是关乎铁板钉钉的结果，而是关乎追求它的机会……然而，如今实现美国梦的机会远不如几十年前那么广泛。[2]

几乎没有人会对此提出异议：美国梦被广泛理解为个人机会的梦想，其中"机会"主要是用经济术语来衡量的，而这些机会正在减少。美国梦由杰斐逊提出"最初构想"，这个说法同样是不言自明的，尽管事实上幸福和机会并不是同义词。

但杰斐逊所构想的——至少就生命、自由和追求幸福而言——是一个民主平等的梦想。他没有提到经济或机会，这是有充分理由的。事实上，杰斐逊借用了约翰·洛克的名言——"生命、自由和财产"，只不过把财产替换为幸福。尽管在 18 世纪"幸福"确实常常被用来

/ *003*

象征"兴盛",而"兴盛"显然意味着繁荣,但杰斐逊还是拒绝在美国的建国宣言中纳入具体的经济保障。民主平等和经济机会并不是一回事,但几十年来,美国梦一直把它们混为一谈。

《卫报》的这篇文章最后指出了这些术语所理解的"梦想"的自我毁灭性质。"具有讽刺意味的是,问题的部分原因也许正出在美国梦上……事实上,美国梦把重点落在了在精英管理的社会中发挥个人的主动性上,这导致其对公众的支持极低,在安全防护网、职业培训以及对处境不利或运气不好的人的社区支持方面,要远逊于其他国家。"梦想成了个人资本主义者在自由市场世界里孤军奋战,而这有损于社会民主的"安全网"。同样,对美国梦的这种理解完全符合现今人们对它的典型理解——不仅是美国人,全世界都是如此。

尽管美国梦的含义无疑是由美国人传承下来的,但本书将表明,它与"美国梦"这个理念的初衷恰恰相反。2017 年,一些作者开始注意到,美国梦曾经包含了更高层次的个人成就梦想,远不仅仅是住进现代化的百货商场(正如一位美国历史学家在 1933 年指出的那样)那么简单[3]。不过事实上,将其降格为纯粹的物质主义,是表达意义变化中最少的。

/ 004

《牛津英语词典》将"美国梦"定义为"每个美国公民都应有平等的机会通过努力、决心和主观能动性获得成功和繁荣的理想"。当然,美国人总是将个人抱负想得神乎其神。但向上的社会流动性与"美国梦"联系起来,事实上远远晚于大多数人所想象的那样——这一事实对于美国(实际上包括多数西方国家)现在所处的文化和政治斗争,对于美国如何看待自身和自己的承诺,都具有深远的影响。

有关"美国优先"的流行观点同样遭到误解或有一定局限——包括著名历史学家提出的种种说法。蒂莫西·斯奈德(Timothy Snyder)在 2017 年的一次采访中对"美国优先"做了极具代表性的描述。他解释说——几乎所有的专家都这么说过——"美国优先"可以追溯到二战时期。斯奈德说："特朗普和班农（Bannon）的'美国优先'理念从技术上讲是 1940 年开始的，但要是从怀旧的角度出发，可以追溯到美国在二战步入世界舞台和进入福利社会之前的那段时期。'美国优先'运动包括了许多民粹主义者和白人至上主义者。"[4] 不过，虽然有许多民粹主义者和白人至上主义者参与了"美国优先"运动，但它的出现并不是对20 世纪 30 年代创建的福利国家的回应，也并非代表了对 20 世纪 30 年代之前那段时期的怀旧情结。事实上，早在 20 世纪 30 年代之前它就已经非常流行了，它所代表的怀旧情结要比关于它的起源的反复传播、广为人知的缩略版本复杂得多。

到 1940 年，"美国优先"已经在美国政治叙事中纠缠了数十年。查尔斯·林德伯格和 1940 年的美国优先委员会并不是"美国优先"这个故事的开始——他们应该代表了它的终结，直至唐纳德·特朗普将其复苏。

美国梦也没有死——我们只是不再知道它意味着什么。

《醒醒吧，美国："美国优先"和"美国梦"交织的历史》讲述了这两个意味深长的短语的历史，它颠覆了我们对这两个短语的认知，甚至是对美国本身的认识。

事实证明，在一个正在寻找出路的国家里，"美国优先"和"美国梦"始终相互关联，相互竞争。作为一个迷失了方向的国家，或许有必要对这两个短语再次提出质疑。

* * *

历史很少在我们以为它开始的时候开始，也似乎永远不会在我们认为它应该结束的时候结束。它往往也不会照我们的猜想来说话。"美国梦"和"美国优先"这两个短语是在近一个世纪前诞生的，并迅速被资本主义、民主和种族问题纠缠，这三种命运总是左右着美国的宿命。

　　沿袭的观点可以成为自我实现的预言——装满骰子，操纵对话。如果摆在台面上的是国家价值观，而我们的语言模糊了这些价值观的重要事实时，风险就会格外大。回溯原始资料可以推翻那些常见的认知，暴露我们所说的历史和它实际所说的内容之间的差距。

　　《醒醒吧，美国："美国优先"和"美国梦"交织的历史》提供了关于这两种表达的全国性辩论的谱系，其中大部分已经被人们遗忘。这两种说法——神话和事实——的演变，以人们尚未完全理解的方式塑造了现实。如果我们不理解其语境，就无法理解自己喊出的口号的潜台词；如果我们不知道自己所复兴或延续的表述的历史意涵，就有可能误读我们自己所处的时刻。不在狗哨 ① 的覆盖范围内，我们听不见它传来的声响。

　　短语可以形成关联链，即思维凭直觉甚至是无意识地遵循的概念路径，就像一个词或一个想法似乎会自然地引向另一个词或想法。这些关联链有助于定义政治和社会现实，只有通过追踪这些词，了解人们如何在无意识的情况下从一个词跳到另一个词，我们才能理解这些观念是如何演化的。

　　再举一个例子，罗纳德·里根经常引用"山巅之城"（city on a hill）这个表述，借此来宣称美国是一个光辉的理想，值得全世界效仿。这个说法带有浓厚的冷战色彩，基本上与约翰·温斯罗普（John Winthrop）在 1630 年布道时创造"山巅之城"的想法完全相悖。

　　温斯罗普在使用"山巅之城"这个表述时，并不是在暗示这个国家会成为一座光辉的灯塔。相反，它暗喻的是一个人人都能看到和评判的地方：美国实验的独特性意味着全世界都会予以关注。

/ 006

----

① 　dog-whistle，原指唤狗的高音哨子，人类无法听闻其声，用于政治术语中，指在看似面向普通人的一般信息中加入针对特殊人群的隐性信息。——译者注　（本书的脚注均为译者注）

我们必须认识到我们将成为"山巅之城",所有人的眼睛都在看着我们。因此如果在我们所做之事上对上帝虚妄,并使他撤回对我们的帮助,我们将成为全世界的谈资和笑柄。我们将使敌人开口说毁谤上帝道路的话语。我们将使上帝许多可敬的仆人心怀惭愧,使他们的祷告化为对我们的诅咒,直至我们离开正前往的美好土地。

可以把"山巅之城"理解为"金鱼缸":温斯罗普敦促美国人努力追求道德卓越,因为全世界都将评判这个实验的结果。温斯罗普在"山巅之城"布道中所要传达的信息是:"我们已受万众瞩目,不能失败。倘若一败涂地,我们必将成为世人的笑柄、天下的丑闻。"这不是自我恭维,而是自我示警。

我们需要能够区分警钟和胜利的钟声。与温斯罗普相比,里根的演讲就像一条在人们的注视下,盲目地往玻璃上冲撞的金鱼。思想的退化对我们的社会至关重要:任何对此持怀疑态度的人都应该关注民间话语的现状——可以说是斯文扫地、乌烟瘴气。里根的"山巅之城"成了对美国例外论大而化之的扭曲说法。不能说正因为美国的公民心怀梦想,甚至因为这些梦想有时会成真,这个国家就那么独一无二。这个道理对所有人皆是如此。作为一个致力于帮助人们实现这些梦想的地方,它理应与众不同——但这个国家的梦想也理应与众不同。

美国梦和美国优先也同样被误解和扭曲。"美国梦"——它远不是认可个人发展的简单意愿——曾发出原则性的呼吁,主张更慷慨的生活方式。而"美国优先"不仅仅是对罗斯福创建福利国家的暂时抵制。这句话中所蕴含的民族主义对许多美国人对其国家的认知有着长远而深刻的影响,而它与对美国法西斯主义的担忧之间的关联,并不是始于1940年。

1941年,一位名叫多萝西·汤普森(Dorothy Thompson)的美国记者写了一篇关于查尔斯·林德伯格的文章,在当时(如今再次)林德伯格成为美国优先理念最著名的化身。汤普森在20世纪30年代早期法西斯主义兴起时被派驻到欧洲工作。

只有在人们未能记起这可能是一种政治策略时，林德伯格的行为才会令人困惑。如果有人认为林德伯格是在有意识地搅得人们一头雾水，那么他的行为就符合这种模式。林德伯格的行为确实符合一种模式——一种我们极为熟悉的模式。这便是阿道夫·希特勒设计的革命政治模式。林德伯格的手腕，他的整个竞选活动压根就不新鲜。这一切以前都有过。只要研究过那些致力于构建社会新秩序的煽动家的崛起之路，你就会知道，林德伯格是这方面的行家里手。

我完全相信林德伯格是亲纳粹的；林德伯格讨厌当今的民主制度；林德伯格打算重塑这一体系，一跃成为美国的救星；林德伯格打算成为美国总统，在他身后是一个贯彻纳粹路线的新政党。[5]

汤普森在 1941 年的讲话与今时今日我们的政治形势之间的相似之处，似乎只是一个巧合。但是，乍一看貌似纯属历史巧合的东西，可能只是我们尚未发现的一种模式。

/ 008

* * *

对于当下，我们都有许多急迫的问题想问，但答案远比很多人想象的要多，也要更出乎意料。了解这两个充满争议的表述背后的故事，也许有助于理解今天我们为何面临着这些问题——甚至，也许还能为解决这些问题提供思路。

冷战结束后，西方自由主义的胜利逐渐被视为理所当然，众人甚至称这是"历史的终结"。许多人对 21 世纪前几年世界各地威权民族主义的突然崛起深感震惊，尤其是在美国，它喜欢宣称"这不可能在这里发生"。但是当然可能——而且已经出现。在美国，自由民主和威权主义之间一直存在张力。

可以公允地说，在美国，以"美国梦"为代表的观点和以"美国优先"为代表的观点长期争执不下。20 世纪上半叶，关于国家价值体系的争论非常激烈，这两种表述开始表达对立的观点。大家恐怕总想称其为一场关于国家灵魂的战役，只是这么说难免显得落入俗套。因此，我们不妨把它称为一场道德经济之战，甚至是一场关乎国家未来的战争，这场战斗仍在进行中。

从安德鲁·杰克逊（Andrew Jackson）总统到路易斯安那州参议员休伊·朗（Huey Long），美国历史上民粹主义煽动者的势力一直显著且强大，如今这股势力已将唐纳德·特朗普纳入其中。美国保守民粹主义的爆发并不鲜见。在这个国家，神权宗教权力常常攫取政治权力，三 K 党周期性地实施大规模的恐怖主义政策，麦卡锡和他的政治迫害势力生根发芽，美国远未能幸免于本土的威权主义。

正如这个故事所展示的那样，美国的反动民粹主义在历史上一直对抗着同样的敌人——城市精英、移民、自由主义者、进步人士和有组织的劳工；支持着同样的信仰——福音派新教、传统的"家庭价值观"和白人至上主义。特朗普再次让美国人直面根深蒂固的民粹主义保守主义，这种保守主义始终反对所谓的"外国人"或"非美国人"群体。这种民粹主义一直吸引着煽动者和威权主义者。

* * *

因此，本书的主角不是人物或历史事件，而是这两种表述——美国优先和美国梦。20 世纪上半叶，它们频频见于地方性和全国性报纸、杂志、书籍，以及在全国各地流传的演讲。

故事开始于 100 年前，上一个镀金时代即将结束。1865 年内战的结束标志着美国现代化的到来，金融资本主义开始占据主导地位，改变了美国人生理和心理的新工业技术开始出现。现代美国的力量建立在奴隶制的废墟之上；被称为"巨富阶层"的战后一代为美国注入了活力，激发了它的欲望，并开始颂扬美国人生活中永恒的唯利主义精神。

本书援引的大部分文字，其作者都诞生于这个年代，镀金时代被进步时代取代，此时纯粹而恣意的贪婪正成为美国的世俗宗教。

我只引用了少数的"重要"作家，包括 F. 斯科特·菲茨杰拉德（F. Scott Fitzgereld）、约翰·斯坦贝克（John Steinbeck）、西奥多·德莱塞（Theodore Dreiser）、辛克莱·刘易斯（Sinclair Lewis）和威廉·福克纳（William Faulkner），他们有关"美国梦"的小说对理解和传播这一表述至关重要。倘使我有意将他们排除在本书之外，恐怕会扭曲这则故事。[6]

然而，本书中的大部分声音并不是出自著名的权威人士之口。它们是普通公民在当地报纸上发表的匿名的、被人遗忘的言论。没错，当中不少是政治人物、报纸编辑——间或还会有报社老板——也有影响力较小的记者和专栏作家，其中许多人虽然在他们那个时代很有名，不过现在几乎都被遗忘了。但也有牧师、教授、商人、校长、家庭主妇、优秀毕业生、乡村集市和社交午餐会上的演讲者，来自各行各业、遍布全国各地的美国人，他们在为这些新兴思想发声，而当地报纸亦认为记录并与周围的社群分享这些思想，是恰如其分之事。他们中既有自由派也有保守派，有白人也有黑人，有基督徒也有犹太人，有男性也有女性，有在外国出生也有本土主义者。这些声音还表明，当年对相当重要的一部分美国人意义重大的这些表述，与大多数美国人今天所认为的意义大不相同。

在一个关于国家思想起源的故事中，文字很重要——尤其是因为它们的修辞在很大程度上反映了我们自己的政治现实。此外，坦率地说，在这些名不见经传的美国人当中，许多人要比我们更有思想和见识。他们常常敏锐地意识到辩论中所涉及的利害关系；当谈到美国梦时，他们倾向于论及一个比我们所说的更丰富、更有质感、更广阔的梦想；当提到美国优先时，他们所说的远不止一个反犹飞行员对希特勒的暗中支持。

虽然美国国家政治动荡而复杂的历史是本书的背景，但我在此书中将主要援引原始文献，以试图抵制沿袭的观点。我们将一次又一次地看到，细微的差别在传播中渐渐丧失殆尽；回归最初的文献，令我们有机会重新思考自己原以为知道的东西。

此外，传统的"历史叙事"免不了要暗示冲突和争论已经成为过去。但本书中讲述的斗争仍在进行，并没有结束，而这些被遗忘的观点和评论可能会向我们展示一种对抗的不同的方式。这些并不是遥远文化的决斗——这些是被继承和传播但没有为人们真正理解的传统。

这种方法的一个好处是，它提醒我们注意到美国政治话语在20世纪上半叶和21世纪上半叶的核心区别。100年前，美国人从统一的来源中获取事实：先是报纸，然后是广播和新闻影片（这段历史在电视出现之前就结束了）。当然，他们对这些事实有自己的看法和判断；但对事实并没有争议。这意味着在高度分散化、党派化、市场化的新媒体出现后，人们对政治现实有可能取得比当前更多的共识。我们成功地创造了一个世界，在这个世界里，事实和新闻本身不断受到来自美国政府和媒体界最高层的质疑。正如大多数人认识到的那样，这是一个非常重大的问题。

人们常说，美国梦摆在那里，为的是走出现实的噩梦。美国社会就像一张彩票，每个人都玩，没有人能赢。我们非常清楚这个梦——既有它的保证，也有它的背叛——所以我们把它当成了能得到的唯一的意义，以为这些不断降格的承诺是美国梦的全部意义所在。而"美国优先"被视为一个突如其来的反常现象，一种法西斯幽灵的反常回归，在美国加入对抗希特勒的战斗之前，这个幽灵曾在美国历史上短暂潜伏了几个月。事实证明我们在这两方面都错了。

文化记忆的丧失是一种死亡，因为文化是由记忆维系的。我们不必接受别人对我们的意义的狭隘理解。这是另一个版本，由过去的声音讲述。

/ 序

优先，美国优先

1927 年 5 月 30 日，星期一，天气凉爽，预报有阵雨，纽约人聚集在城市各处参加一年一度的阵亡将士纪念日游行。距离欧洲大战——美国极不情愿地被卷入——结束仅仅过去了九年时间，欧洲突然变得比以往任何时候都更加紧密。10 天前，查尔斯·林德伯格驾驶着"圣路易斯精神"号（Spirit of St.Louis）完成了穿越大西洋的首次单人飞行，到现在庆祝还没有停歇。根据英国各大报纸的头版报道，"幸运林德伯格"在伦敦，所到之处万众瞩目，受到 15 万名群众的热烈欢迎。而在美国，民众也在传诵着这位最新的民族英雄的事迹。但那天在纽约，人们聚集起来为的是不同的目的。

上午 8 点左右，一群住在布朗克斯区的意大利移民乘坐高架列车前往曼哈顿参加游行。但他们并不是去向那些为国献身的美国士兵致敬。他们是墨索里尼的支持者，计划加入 400 名美国法西斯分子的行列，这群人正在参加曼哈顿阵亡将士纪念日游行，这是在美国的法西斯正式运动的一部分。他们应游行组织者的邀请前来，这引起了许多反法西斯主义者的愤慨，其中包括意大利民族主义者和无政府主义者，他们威胁称，如果不取消邀请，就会诉诸暴力。但邀请并未被撤回。

和所有打算在那天游行的法西斯主义者一样，约瑟夫·卡利斯（Joseph Carisi）穿着黑衬衫制服、马裤和运动皮靴，戴一顶黑帽子，手里拿着一根钢头马鞭。在他停下来买报纸时，卡利斯突然遭到两名男子攻击，脖子被捅，就这样死在了人行道上。另一名法西斯分子尼古拉斯·阿莫罗索（Nicholas Amoroso）当时在一路狂奔，可能是想追赶自己的组织，也可能是为了逃离杀手（报道不尽相同），他中了四枪，其中一枪正中心脏。据报道，这两名被杀的男子中，一人曾在第一次世界大战期间在美国军队服役，另一人则在意大利军队服役。[1]

他们本打算参加的游行，在没有他们的情况下照常进行。这是一个由数百人组成的法西斯代表团，由警察守卫以"避免混乱"[2]。游行结束后，美国"黑衫军"回到位于时报广场中心的总部。在那里，另一个站在外面的法西斯分子被三人袭击。他拿着一根马鞭自卫，而他的"黑衫军"伙伴挥舞着棍棒和鞭子，在从戏院中涌出的人群里追赶袭击者，报道称"在黑衫军暴民冲散人群"时，袭击者趁乱逃脱。[3]据《纽约时报》报道，100名法西斯分子冲向袭击者；随后的"混战"很快被警方驱散。

布鲁克林也发生了暴力事件，法西斯游行队伍从位于布什维克街区特劳特曼街274号的安吉洛·里扎法西斯联盟（Angelo Rizza Fascista League）出发。据《洛杉矶时报》报道，当时有"几百人"游行，"其中有四五十人穿着黑衬衫"。支持者和抗议者在人行道上发生冲突，一名反法西斯分子躺在地上，背部被刺。他活了下来，并指认一名法西斯分子是攻击他的人。在30名防暴警察的陪同下，游行队伍穿过布鲁克林，在威尔逊大道站（Wilson Avenue station）停了下来，法西斯分子在这里立正敬礼。他们一直游行到罗马天主教堂，牧师在巨幅美国和意大利国旗下为他们祝福，而警察仍在维持治安。

然而，阵亡将士纪念日那天最严重的暴力事件发生在皇后区，它的中心是另一个右翼团体，该团体的成员不是意大利裔美国人，而是自称"百分百美国人"的那类人。

12年前，三K党在佐治亚州死灰复燃，到1927年已经遍布美国。第一个三K党组织是在南北战争刚结束时成立的，当时田纳西州的前南方邦联士兵创建了一个秘密组织，宣扬白人至上主义，并在重建时期恐吓南方刚刚解放的奴隶（Ku Klux这个名字据信源自希腊语"kuklos"，意为"圈子"，而"klan"则是指忠诚于神秘的凯尔特血统，据说这一血统是南方白人共有的）。在一二十年的时间里，第一

/ 015

代三 K 党被执法部门成功镇压，并在世纪之交消亡。但是在 1915 年，它在佐治亚州复兴，到 20 世纪 20 年代初，第二代三 K 党在美国取得了强大的政治影响力，不仅在南方，而且遍及全国。

1927 年时，三 K 党在纽约和长岛都表现活跃，他们甚至在不同的时期试图为自己喜欢的口号申请版权保护。那一年，三 K 党"呼吁人们注意这一事实，即它率先宣布了百分百'美国主义'和'美国优先'计划"。[4] 事实上，他们并不是首批采纳这些说法的人，正如本书将要展现的那样：在 1927 年，这两个短语已经问世 100 余年。

但在忙着将仇恨口号纳入版权保护的三 K 党看来，"美国优先"属于他们，在阵亡将士纪念日那天，他们中有约 1000 人聚集在皇后区游行，其中许多人身着白色长袍，戴白色兜帽。陪同他们的是 400 名妇女，她们来自所谓的"克拉瓦纳"（Klavana，三 K 党的"女性分支"）。据报道，那天皇后区有 2 万名围观的群众，其中一些人反对三 K 党到场，其他人则捍卫其游行的权利。混战爆发了，继而发展为骚乱。"女人和女人打，围观群众和警察与三 K 党的男性成员打，由着自己的性子扭作一团。"最初的报道称，三 K 党旗帜被撕成碎片，"他们中的五人"被捕，还有一些人参与了混战。[5]

尽管皇后区的警方事先收到了对三 K 党严阵以待的指示，但"在四英里的游行中，三 K 党人有四次完全脱离了警方管制，得意扬扬地冲向围观的人群，而且除了几个人的长袍和兜帽被扯烂、五人被拘留外，几乎毫发无伤。"[6]

警察局局长宣布，美国法西斯分子和三 K 党一开始就不应该被允许游行。他还表示："参与皇后区阵亡将士纪念日游行骚乱的三 K 党成员'显然辜负了警方的信任'。无论是三 K 党还是法西斯分子，都应被禁止参加纪念美国阵亡士兵的游行。"[7] 不到一周，纽约就禁止"身穿白色长袍的三 K 党"或"身穿黑色衬衣的法西斯分子"出现在任何公共场所。[8]

SCENE AS POLICE AND KLAN CLASH IN QUEENS PARADE

Scene on Queens blvd., where police tried to turn Klansmen out of Memorial Day parade. Officer at left is about to swing his night-stick over the head of white-sheeted knight, whose friends rushed to assist, causing a free-for-all with two auto loads of policemen.

阵亡将士纪念日游行，纽约皇后区，1927年5月31日

暴乱发生后，纽约地区的公众不止一次表达了对三 K 党的支持。一名长岛居民抱怨说，"警方对这一可耻的事件负有严重责任"，并称他们对冲突的"干预"是"可憎的暴行"。"三 K 党完全有权游行，感谢上帝，他们行使了这一权利。"[9]不止一份当地报道暗示，三 K 党才是受害方：纽约州北部一份报纸发表社论称，三 K 党男女成员"经受了袭击的考验"，而"警方无力阻止"。"很多三 K 党成员的长袍被撕碎，很多游行者被投掷物砸中。"[10]

与此同时，三 K 党指责警方是天主教徒。在一份以"纽约市罗马天主教警察袭击美国人"为标题的通告中，三 K 党抗议称"土生土长的美国新教徒"在"自己出生的国度行使权利时遭到棍棒和拳脚的殴打"。他们把自己描述为警察暴行的受害者，并补充说："我们指控罗马天主教警察部队蓄意引发了一场骚乱"，殴打"手无寸铁的美国人，

在难堪的环境下，我们仍然表现出绅士风度"。在第二代三K党看来，天主教徒不可能是忠诚的美国人，因为他们对教皇的忠诚度更高。

　　暴乱发生后的几天里，《纽约时报》披露了在皇后区被捕的七名男子的姓名。其中五人被确认是游行队伍中"公开承认的三K党成员"[11]，因"拒绝按警方要求解散"而被捕。第六个人被警方错抓：他的脚遭到一辆汽车碾压，随即获得释放。第七个人是一名20岁的德裔美国人，媒体没有确认他为三K党成员。报道只说他被逮捕、传讯并获释。[12] 没有人知道他为什么在那里，但他似乎不愿离开。他的名字叫弗雷德·C.特朗普（Fred C.Trump）。

　　这个名字在当时毫无意义。

第一部分　1900~1920 年

小心心怀怨恨的千万富豪，因为他们会毁了美国梦。

简而言之，这就是 1900 年《纽约邮报》（*New York Post*）的一篇文章发出的警告。文章提醒读者，"不满的千万富翁"构成了"每个共和国"面临的"最大风险"。问题是，千万富翁"很少（如果有的话）满足于平等的地位"。但是，如果富人受到的待遇与其他美国人不同，"那将是美国梦的终结"。[1]

这篇文章在全国各地的地方报纸上广为转载。文章认为，千万富翁坚持享有特权、制定他们自己的规则，要求被视为精英阶层。它还说，以前所有的共和国都"被富人推翻了"，而美国似乎有很多人打算破坏民主而不承担后果，"嘲弄宪法，不受行政部门或公共舆论的谴责"。[2]

事实上，由亚历山大·汉密尔顿（Alexander Hamilton）创办的《纽约邮报》上这篇被人们淡忘的社论，看来是"美国梦"一词在我们能够认可的语境中最早的用例之一。它没有假设千万富翁是美国梦的体现。相反，它认为，他们对共和国赖以建立的平等基础缺乏信仰，这将摧毁美国梦。

今天的大多数美国人恐怕都持相反的观点：千万富翁证明了美国梦的成功。但在 1900 年，《纽约邮报》的社论作者断言，每个人都会认同平等是"美国梦"，而财富会戕害这个梦想。从北卡罗来纳州的威尔明顿到堪萨斯州的加利纳，再到加利福尼亚州的圣克鲁斯，各地报纸转载了这篇文章，表明他们接受这种观点。

大约 1900 年以前，在美国文化对话中，几乎看不到"美国梦"这个词被用来描述任何一种集体的、普适的国家理想，更不用说经济理想了。

这个短语没有出现在美国历史上的任何建国文献中——它没有出

现在托马斯·杰斐逊、亚历山大·汉密尔顿或詹姆斯·麦迪逊的全集中，也没有出现在赫克托·圣约翰·克雷夫科尔（Hector St. John Crèvecoeur）和亚历西斯·德·托克维尔（Alexis de Tocqueville）这两位伟大的、早期生活美国的法国观察家的著作中。这个短语在19世纪美国主要小说家的作品中都无处可觅，比如华盛顿·欧文（Washington Irving）、詹姆斯·费尼莫尔·库珀（James Fenimore Cooper）、纳撒尼尔·霍桑（Nathaniel Hawthorne）、赫尔曼·梅尔维尔（Herman Melville）或马克·吐温（Mark Twain）。甚至在一些按理说来更加感性的小说作品里，也没有出现这个短语，比方说哈里特·比彻·斯托（Harriet Beecher Stowe）、路易莎·梅·奥尔科特（Louisa May Alcott），甚至霍雷肖·阿尔杰（Horatio Alger），尽管他关于"白手起家"的小说经常被拿来作为美国梦的例证。它也没有出现在政治话语、报纸或公共记录中任何显要的位置上。

报纸文章或历史文献中提到的是特定的、具体的美国梦：海军霸权的美国梦或大陆扩张的美国梦（1877年，一份纽约报纸给出了很有帮助的解释，称这个梦"源于一种社会和政治优越感"）。[3] 新奥尔良的一份报纸报道说，人们对休闲运动新产生的兴趣标志着"美国梦精神"的改变。[4] 1880年，当初拿破仑迫于压力一度想要逃亡美国的故事被美国各地报纸文章转载，标题为《拿破仑的美国梦》。[5]

曾经有过改造中国的美国梦。[6] 在菲律宾有（令人惊讶的）"帝国杂种美国梦"，也有在半球旅行或征服对手的"泛美梦"。[7] 到1906年，"在古巴建立共和国的美国梦似乎宣告终结"。[8] 读者在1916年听到一种说法："美国梦就是让墨西哥落入美国人手中。"[9] 一直到1922年，还有媒体称"穿过安纳托利亚的铁路项目就是美国梦"。[10]

这些美国梦中的大多数值得注意，主要是因为它们与美国的生活、美国的价值观或美国的意义几乎没有关系。这个表述通常指的

/ 023

是帝国的梦想——但它始终是关于美国可能会从事何种行动的独特的、个别的梦想，而不是关于美国可能是什么或者意味着什么的集体意识。

在这个短语见诸报纸文章的前几年里，只有少数几次说的是"这个"（the）美国梦，而非"一个"（an）美国梦，因为可供选择的梦想对象太多了。而在提起"这个"美国梦的时候，其上下文几乎总是清楚地表明，这个短语完全没有被用来代表任何有关个人愿望或经济机会的事情。但这些都是今天这个短语的普遍含义，没人想到它可能用来指代其他任何事物。

当然，个人对富饶的追求、白手起家、各种成功故事，这些都是我们所熟知的美国理想，19世纪下半叶霍雷肖·阿尔杰关于穷孩子成长为中产阶级的一系列作品大受欢迎，确实证明了这一点。但是，所谓的"阿尔杰精神"（Alger ethic）即白手起家、任人唯贤、自力更生的价值观与任何冠以"美国梦"名目的事物联系起来，都是很久以后的事情了。[11]

相反，历史文献中曾提到代议制民主下的美国自由梦，自治的美国梦[12]，或者是诗人骚塞（Southey）和柯勒律治（Coleridge）乌托邦式的美国梦。"美国梦"这一短语最早的版本倾向于用来描述制宪者的政治梦想，即自由、正义和平等的梦想。

/ 024

美国的问题一直是如何协调这三者。自由与正义和平等存在冲突：个人追求财富或权力的自由很容易就会侵犯到社会正义和民主平等的原则。摩擦依然存在，但正如我们将看到的那样，"美国梦"将会调转方向。今天，这个短语专指个人对财富的追求，而当它最初悄悄进入美国的政治话语时，是用来代表正义和平等的社会梦想，反对个人的抱负和个人成功的梦想。

在美国历史的早期，这个国家的政治梦想也被称为"美国信条"，即广泛融合自由、民主、个人机会、平等和正义的信仰体系。考虑到这些原则经常发生冲突，问题不仅是如何协调这些原则，还包括如何平衡一种明确陈述的价值观与美国个体行为之间的关系，后者会时常暗地里背离这些理想。

早在 1845 年，《纽约邮报》的另一篇社论广为流传，它反对名为"本土主义"的新政治运动，称其违背了美国主义和美国信条。文章写道："真正的'美国主义'（如果我们能用这个词的话）的伟大原则在于，美德造就人。"这是因为，评判人们的标准永远不应是"纯粹偶然"的区别，而只应是其个人的特质，任何形式的本土主义都是"可鄙的"偏执，它基于"低级而狭隘的偏见——即出生偏见；作为一个民族，我们宣称将摒弃这种偏见"。

> 为了将政治职能局限于本土出生的美国公民身份，为了建立与生俱来的贵族，甚至是政治贵族，令出生这种偶然事件成为获得政治权利的条件，他们付出了多少努力。这是美国主义吗？那些想要将这些装扮成美国主义的堕落的美国人，你们不觉得丢脸吗！对美国信条不忠诚，谈何有一颗美国人的心。[13]

作为一个概念，美国主义在铭记其信条或拥有一颗美国心方面，显然不可能有长足的进步。但许多相信立宪者（至少在理论上）建立了一个包容各方的政体的美国人，会继续发出原则性的呼吁，主张宽容、正义和平等。这关系到现代美国的特性，无论它是由部落忠诚还是由宪法原则塑造的。

* * *

"美国梦"用于表达一种共同的价值体系——一种类似于美国信条的旧观念——我能找到的最早的例子是在 1895 年，当时芝加哥举行了一场庆祝尤利西斯·S.格兰特（Ulysses S. Grant）诞辰73周年的活动。庆典包括一个（相当长的）纪念演说，感谢格兰特无论是在内战中身为将军还是在内战之后担任总统期间，一直捍卫联邦统一。这位演讲人一度将他的泛泛而谈转向了格兰特所拯救的国家的品格：

> 哦，批评家和愤世嫉俗者，梦想家和怀疑者，看看美国吧，这一天，她站在了她的历史和她的英雄面前。看看她数以百万的人民，她自由的制度，她平等的法律，她慷慨的机会，她的校舍和她的教堂；你们看到了不幸和缺陷，因为美国梦还没有完全实现；你们定将看到她在实现自己的理念方面取得巨大的进步。[14]

未实现的梦想、未兑现的理念，其本质并不确定，被人们照单全收，但人们假定它代表了一种共同的价值。演讲人呼吁的国家理念显然不仅限于经济成功或社会向上流动：这是一场关于美国民主理想的演讲，"慷慨的机会"只是其中一个方面，与制度自由、宗教自由、法律面前人人平等和教育普及并列。

当"美国梦"被用于指代经济繁荣的背景时，这个表达通常暗示财富的积累是"非美国的"，美国梦反对经济不平等和自由放任的资本主义。

1899年，《布鲁克林每日鹰报》（*Brooklyn Daily Eagle*）发表了一篇文章，批评佛蒙特州的一位地主决定建造一座占地4000英亩、拥有60个房间的庄园，这将使它成为美国最大的私人庄园。记者抗议说："直到几年前，在任何一个佛蒙特人看来，拥有这样一处房产都是一个疯狂的、全然非美国式的梦想。"佛蒙特州一直是"一个几近理想的民主平等的州，人人都有工作，没有人忍饥挨饿"。[15]

如果财富的集中是一种"非美国式的梦想"，那么维护美国梦就意味着以牺牲他人为代价来抵制个人成功。这个愿景看起来更像是社会民主而非自由市场资本主义，而且这一愿景贯穿于使用"美国梦"这一表述的早期阶段。

1908年，堪萨斯州一家报纸发表社论，问道：为什么一个棒球投手的收入是一个移民安置服务人员薪水的20倍？为什么一家保险公司总裁比一个校长的收入高那么多？"为什么这个世界把财富分给了那些只会赚钱的人，却让那些教我们如何创造美好生活的人节衣缩食？为什么我们把放债的人推到最高的地位，把最出色的教师置于最低微的位置？"错误的标准使人误入歧途，但是"谢天谢地，美国梦的精神正在发生变化"。这个国家开始不再仅仅关注"物质的东西"。"解决了财富生产问题后"，"现在我们必须结束这种局面"！这篇来自美国腹地的社论说，美国面临比赚钱更重大的问题。是时候实现"财富公平分配"了。[16]

太多美国人一直梦想着物质财富，所以媒体专门发表社论来赞许美国梦的精神的改变；毫无疑问，美国人始终把精力放在获得物质上，但"美国梦"的理念并非一种激励，而是一种矫正。美国人的个人梦想需要得到改善，才能配得上平等和正义的国家理想，否则有害的不平等将摧毁美国的民主梦想。

* * *

它是"进步时代"（约1890~1920年）的核心，以劳资冲突和一系列经济改革尝试（大多受挫），回应了镀金时代不受监管的资本主义。在19世纪90年代，严重的金融危机和衰退导致了不平等的加剧；骚乱随之而来。干旱正在肆虐上中西部地区：19世纪90年代的严重干旱，预示着40年后即20世纪30年代发生的臭名昭著的沙尘暴。垄断资本主义对美国的控制愈发强大，国会因此在1890年通过了《谢尔曼反托拉斯法》（Sherman Anti-Trust Act），在规范大公司对普通美国人以及政府所施加的权力方面，这是第一部主要的联邦法律。1893年，一场金融恐慌引发了全国对建立联邦救助计划的争论，美国至今未施行该计划。同年，格罗弗·克利夫兰（Grover Cleveland）总统在他的第二次就职演说中谴责政府的"家长式作风"，并告诉国民，"虽然人民在支持他们的政府时，会充满爱国热忱，出于自愿，但政府的职能不包括支持人民"。[17]

共和党人西奥多·罗斯福（Theodore Roosevelt）于1900年当选总统，他以自由市场之名承诺创造更进步的平台，"限制托拉斯"——大型国内企业巩固工业力量，使小企业无法参与竞争，这被视为侵蚀了中产阶级的基础。在19、20世纪之交的美国，富人越来越富有，穷人越来越贫穷，尽管中产阶级在不断壮大。

国内的讨论与工业强盗大亨和垄断资本主义造成的日益严重的不平等状况高度契合。在西奥多·罗斯福宣布参选前几个月，广受好评的著作《为人民的城市》（*The City for The People*）提出：

> 100年前，这里的财富分配相当平均。现在一半的人几乎一无所有；1/8的人占据7/8的财富；1%的人口拥有50%的财富，1%中的一半拥有20%的财富，这是按照伙伴关系和兄弟情谊原则他们所应享有的公平份额的4000倍。100年前，这个国家没有百万富翁。现在，我们有4000多个百万富翁和千万富翁，其中一个身价超过2亿美元，他的财富增加到10亿美元也只是时间问题。[18]

书中称，垄断从根本上反对社会公益。"传播乃是文明的理想，需要传播财富和权力、智慧、文化和良知。"但美国不是去传播，而是创造了"财富的私人垄断、政府的私人垄断、教育的私人垄断，甚至是道德的私人垄断以及生产条件的私人垄断"。[19]明尼苏达州德卢斯的《劳工界》（*The Labor World*）抗议说："1%的家庭拥有的财富比其余99%的家庭都多，这真是蔚为奇观！"[20]

如今，在关于经济不平等的讨论中占主导地位的"1%"的象征，和与之相随的"美国梦"一样，脱胎于一个世纪前。不同的是，100年前许多人认为亿万富翁太不美国了。

这就是所谓的"美国梦"作为一种俗语开始的地方——在进步时代，人们用它来抗议不平等。几十年来，这个表述在零散地用于表达美国特定的主权或征服梦想，终于开始融合成一种越来越统一的方式，用来提醒美国人一个关于机会均等的共同理想——这听起来可能像是个人成功的美国梦。但对他们来说，美国机会均等的梦想只能通过遏制肆无忌惮的资本主义和保护集体平等来实现。

当他们提起美国梦时，这是一种道德不安的迹象，而非必胜的信念，折射出对美国正在迷失方向的恐惧。这句话是一个警示，提醒美国人要看看他们脚下的基础，不要走向个体发展的含糊不清的梦想，而是回归共同的建国价值观。

美国人的态度随着垄断资本主义的发展而改变，这一点是显而易见的；财富不再是一种容易追求的美德，它已经成为对美国社会的一种考验。

很快就连《曼彻斯特卫报》（*Manchester Guardian*）也注意到，尽管汉密尔顿的联邦主义所平衡的"松散的个人主义"长期以来一直是"美国主义的主要内容"，但不断变化的环境"引发了一种改变，这种改变超越了美国梦的精神"。"普通人"的机会越来越受限制，而"经济、社会和政治上的权贵则以托拉斯、老板、铁路、工会的面目或形式出现"，这意味着"富人的所有权和工人的处境之间出现了巨大的鸿沟"。[21]

人们再次感到，"美国梦的精神"正在经历一场危险的改变，而

/ 029

这种变化与财富集中在少数人手中有关；同样，"美国梦"描述的不是财富的积累，而是这种积累对正义和平等理想带来的风险。

随着"美国梦"开始成为一种表达美国民族集体理想的流行方式，这个表述也开始用来谈论阻止富人和权贵破坏民主平等，以及相应地为全民提供经济机会。

人们通常认为，今天的美国梦是对国家繁荣与和谐的黄金时代的怀旧和回归。在那个时代，幸福的小资本家经营着一个农业和轻商业社会，专业人士和农民挣得一样多，每个人都很知足。但如果你考察一下这个短语的实际历史就会发现，这个社会总是在与不平等做斗争，它不安地认识到，个人的成功无法挽救集体的失败。

* * *

1911 年，一位名叫大卫·格雷厄姆·菲利普斯（David Graham Phillips）的作家在纽约普林斯顿俱乐部外，被一位名叫菲茨休·戈尔兹伯勒（Fitzhugh Goldsborough）的人谋杀，后者（毕业于哈佛大学）认为菲利普斯在他最近的一本书里诽谤了自己的姐姐。菲利普斯当时正在写一本名为《苏珊·雷诺克斯：她的沉浮》（*Susan Lenox: Her Fall and Rise*）的小说，在他被杀六年后此书出版，现在它主要是作为 1931 年葛丽泰·嘉宝（Greta Garbo）一部电影的原著小说被人记起。但书中也提供了一个较为著名的"美国梦"的早期案例，收录在《牛津英语词典》里。该词条将美国梦定义为自主权的理想，并纳入该书的一个例句："时尚和家居杂志……已经为成千上万的美国人做好了准备……财富上升的可能性就是普遍的美国梦和希望。"

20 世纪初，由于广告的爆炸式增长、名人文化的兴起、报纸中照片的使用，以及好莱坞在美国人想象力中即将占有的主导地位，消费资本主义——包括上文提及的"时尚和家居杂志"——开始成为人们孜孜以求的目标:"普遍的美国梦和希望"。普通美国人可以仔细观察有钱有势的人的生活,了解各种迷人和奢华的细节。他们可以看到有钱有势的人的房子是什么样子,而不仅仅是透过灌木篱墙或石墙匆匆一瞥。读者现在可以看到他们的家具、时装、汽车和游艇。炫耀性消费以复仇的姿态出现,它以巨细无遗的方式向人们传递拥有金钱的感受。不出所料,大多数人得出的结论是:有钱真好。

菲利普斯让他笔下令人生厌的女主人公苏珊·雷诺克斯拥有了这样的体验:

> 她的阅读——小说、回忆录、旅行书籍、时尚和家居杂志——给她留下了深刻而独特的印象,已经为她做好了准备,也已为成千上万身处僻静的城镇和农村的美国人做好了准备。在那些地方,奢华甚至舒适仍然非常粗糙原始,财富上升的可能性就是普适的美国梦和希望。[22]

但菲利普斯这部长达 900 多页的长篇小说的全部力量,旨在颠覆那种认为精英统治或个人自主与实现这些梦想和希望有任何关系的观点。苏珊·雷诺克斯是私生女,在印第安纳州的一个小镇上长大,当地的每个人都觉得,以她的出身,最适合做皮肉生意——她也只好这么去做了。在经历了无数的不幸后,她最后又回归卖淫的老本行,爱上了一位富有的剧作家。不幸的是,她的一位皮条客杀害了这位剧作家;幸运的是,剧作家把他的财产留给了她。当她得知这一消息时,"狂喜"的表情让剧作家的男仆惊诧不已,"以他浅薄、守旧的本性来看,苏珊的表情只能意味着对财富的喜悦,她得到了一个机会,可以从此舒舒服服地过日子,享受死者的钱财"。菲利普斯提醒说,不是这样的!这些假设只不过是"……低等头脑粗浅的想象"。[23]对苏珊来说,财富仅仅意味着摆脱贫穷和性剥削的自由。

　　这似乎确实是"美国梦"最早用于暗示社会向上流动的说法之一，但这只是为了驳斥"低等头脑"的"粗浅"想象。在《苏珊·雷诺克斯：她的沉浮》一书中，财富的增长也许是美国人普遍的梦想和希望，但这意味着这个国家的每一个人希望得到的东西都不那么光明高尚。此外，是否能实现这个梦想，看来纯粹是命运的偶然，而不是对品格或美德的彰显。菲利普斯虽然严厉反对奢侈的财富，但因为苏珊·雷诺克斯的皮条客杀了她富有的情人而继承了一笔横财，这恐怕很难说是对清教徒职业道德的颂扬。当然，它显然没有提出"通过努力工作、决心和主观能动性来获得成功和繁荣"的理想，而《牛津英语词典》偏偏想用《苏珊·雷诺克斯：她的沉浮》中的这段话来作为例证。

　　无论如何，"美国梦"继续被更多地用于讨论民主平等而非个人愿望。1912年，《芝加哥论坛报》（*Chicago Tribune*）发表了一篇题为《追求正义、平等和最崇高自由的美国梦》（*The American Dream of Justice, Equality, and Thenoblest Liberty*）的文章，这里说的美国梦绝不是大卫·格雷厄姆·菲利普斯一年前书中所写的美国梦。[24] 至少，这个短语的意思仍然是不确定和多元的。

　　两年后，在一位有影响力的作家的一本重要著作中，首次出现了"美国梦"。这本书用这个短语来讨论实践中的民主个人主义，有时候这位作家也被当作已知最早使用这个短语的人。[25] 这个说法不对：正如我们之前所说，它既不是最早发表的，也与如今任何人都认同的美国梦的表述不一致。但它仍然是早期的一个重要用例。

　　1914年，一位名叫沃尔特·李普曼（Walter Lippmann）的年轻作家着手写一本书来为进步时代把脉，并提出解决方案。当时只有25岁的李普曼刚刚从哈佛大学哲学专业毕业，师从伟大的哲学家乔治·桑塔亚纳（George Santayana）——后者将李普曼与T.S.艾略特（T.S.Eliot）列为他教授的最杰出的两位学生。李普曼雄心勃勃的处女作《趋势与主宰》（*Drift and Mastery*）取得了巨大的成功，令他成为杰出的公共知识分子和进步运动的重要代言人。

作为对美国社会困境诊断的一部分，李普曼提到了他所谓的"美国梦"，但它既不是如今世人熟知的个人在经济上成功的梦想，也不是我们一直在关注的政治民主和经济平等的梦想。

李普曼认为，美国近期的社会和文化革命，即制造、分配、就业和利润等旧模式的转变，意味着传统的制度和理论不再适用于现代社会。新的工业世界令人困惑：变化如此之快，每个人都被从前的确定性和范式抛弃。

李普曼选用了一个惊人的比喻来描述面对大规模技术颠覆时的感觉："我们都是工业世界中的移民，没有可以依傍的权威。我们是背井离乡的人，刚刚抵埠，怀揣着新近赚到的钱财……现代人还没有在自己的世界里安顿下来。"[26] 这是一个新世界，但美国人仍在试图围绕旧世界组织他们的政治体系。

李普曼尤其担心，资本主义自由市场经济不受约束，相信市场有能力自我调节，相信人们有能力行使理性的利己主义，只会导致他所说的"趋势"——分散的自由所造成的漫不经心和不可预测。反常的结果将比比皆是。李普曼认为社会需要一种策略，他称之为"掌控"（有时这么表述不见得正确）。他构想了一种计划经济，不过这并不是斯大林主义者在不久的将来拥护的那种计划经济。

李普曼的社会计划试图用科学的方法来平衡资本主义和社会主义：它将是实证、理性、有前瞻性且进步的，秉持的信念是分享利益和能力，与此同时控制个人获取财富的途径，因此社会化程度很高。实际

上，李普曼在《趋势与主宰》一书中，主张的是社会民主，呼吁政府监管大企业以保护小企业主和工人，而不仅仅是打破垄断并假设市场自我监管。当然，政府并不一定仅局限于联邦政府：地方政府也可以监管和监督企业运作，但总的目标是经济民主化。

和同时代的大多数美国进步人士一样，李普曼并不反对市场力

量，但他认为，无论是何种意义上，美国都需要一种道德经济。问题不在于资本主义，而在于这是一种无限制的资本主义。政府必须确保道德体系——或者称为正义——在国家经济体系中发挥作用。没有它，人类肯定会"漂移"，回归丛林法则，而这正是人类创建政府时想要杜绝的可能性。（詹姆斯·麦迪逊有句名言："如果人类是天使，那就不需要政府了。"）27

对李普曼来说，"美国梦"是与破坏民主的幻想裹挟在一起的，它令资本家肆意践踏普通人。但是李普曼并不是单纯指责资本家；他认为普通人也应承担责任——这就是"美国梦"的由来。李普曼认为，纯粹的民主是一种幻象，因为它导致了危险的民粹主义及民族主义、暴民统治和独裁者的崛起。

问题是，美国人一直被幻象引入歧途。他警告说："美国人的性格普遍倾向于一种神秘的无政府主义，在这种无政府主义中，每个人'天生'的人性都被奉为社会的救星。"28"神秘的无政府主义"——后来被称为自由意志主义——取决于对普通人的智慧和正义的充分信任，以及普通人拯救一个被知识分子和伪专家拖累的国家的能力。

对李普曼来说，这种错位的信念就是"美国梦"。

> 不久前，一位典型的美国改革家对我说："只要你放手让人们自己来，他们会好好的。"和大多数美国人一样，他相信人性的淳朴、善良和本能的务实态度。在改革者看来，批判性的观点是不人道的。他不信任专家的出现；他相信的是，普通人可能会犯的任何错误都可归因于某种马基雅维利式的腐败。他心怀美国梦，我想可以用一句话来概括，那就是不守纪律的人是世上之盐①。29

/ 035

---

① 语出《圣经》，耶稣这样形容基督徒的高尚："你们是世上的盐。盐若失了味，怎能叫它再咸呢？"

美国梦在这里暗示了民主的危险、民主的幻象和神话。李普曼抨击的是美国人对个人主义的盲目信仰，即认为散漫、粗鄙、未受教育、自然的人是一切智慧的源泉。这个美国梦不是有抱负的幻想，而是一种具有蒙蔽性和危险性的错觉：相信国家可以在没有专业人士的情况下蓬勃发展，相信每个公民都能对万事万物拥有足够的洞察力（尤其是在信息和宣传爆炸式增长的时代），成为他后来所说的"万能公民"。

李普曼担心，人们对过去的黄金时代心怀美国梦，认为那时淳朴的人们也能把国家治理得很好，而这会诱使选民追随民粹主义煽动者，后者告诉选民，尽管生活在工业时代，他们仍然可以回到杰斐逊式的自耕农村庄的甜美幻想中。李普曼称之为美国梦：就像本杰明·富兰克林笔下的"穷汉理查德"那样，是无所不知的普通人，是能为国家出谋划策的农民智者。李普曼强烈反对美国不受约束的资本主义所制造的"恐惧经济"（fear economy），他认为美国"无止境进步的梦想"需要受到限制，因为它从根本上是虚幻的，是另一种美国梦。李普曼认为，这种无止境进步的梦想和"那些梦想辉煌过去的人"一样愚蠢。

李普曼对美国以"村民之国"自居的形象提出了质疑，批评了杰斐逊倡导的农业田园式的怀旧理想。为什么农村生活必然会培育出更优秀或者更睿智的人呢？这个国家需要接受改变并适应它。"那些固守乡村生活观的人可能会偏离潮流，可能会稍稍打击托拉斯，但他们永远不会主导商业，永远不会赋予机械人性化的内涵，他们将继续成为工业变革的玩物。"[30]

李普曼认为，美国梦是一种天真的信念，认为在不需要有教育或监管支持的情况下，民主也永远能以最纯粹的形式运作。但事实上，相信民主能够自行运转，反而会破坏民主。平等不会自然发生；它必须受到保护、规划，并让人民受到相应的教育。社会必须为防范财阀和骗子，也就是那些影响民间风气并鼓励其听众为自己的无知而感到骄傲的妄人，建立防御机制。

在接下来的 20 年里，"美国梦"将与这样一种认识联系在一起：无休止进步的梦想可能会像不受监管的竞争或巨大的经济不平等一样破坏社会稳定。

* * *

当然，从来都不缺乏个人进步的梦想，也很难把个人理想同财产与自主完全分离开来。美国一直代表着一种轻松致富的幻想，这种幻想常常与民主政府的政治实验相冲突。但问题不仅仅是谴责贪婪——尽管这么做无疑是值得的。无论是好是坏，财产、自由和幸福之间的联系都不可避免地与美国建国理念的修辞结构紧密相连。

当杰斐逊将"生命、自由和追求幸福"奉为不可剥夺的权利时，毫无疑问，他改变了他正在绘制的人类事件的进程。人们普遍认为，这句话改编自哲学家约翰·洛克的宣言——"生命、自由和财产"是基本人权。但事实上，杰斐逊并没有真正改写洛克的宣言，而是将洛克在不同文章中的两句话糅合在一起。在《人类理解论》(*Essay Concerning Human Understanding*)中，洛克宣称"追求真正幸福的必要性构成自由的基础"。只有把"真实可靠的幸福"与我们误以为是真正幸福的欲望区分开来，才能完善人类的"智力禀赋"。"因此，观照我们自身，不要把幻想误当作真正的幸福，是我们获得自由的必要基础。"[31]

洛克认为追求想象中的幸福形式在本质上是一种奴役；更高的自由来自对自身的认识和自我实现。杰斐逊随后将这一理念植入了美国人的想象中——但进步不断与财产纠缠在一起。两者都与个人主义、自治和平等联系在一起。同样，拉尔夫·沃尔多·爱默生（Ralph

Waldo Emerson）在 19 世纪广受赞誉的自力更生的理想也是以一定程度的共同繁荣为前提。普遍的贫困并不是每个人的民主幻想，但问题是，个人繁荣的尽头在哪里，国家不平等的开端又在哪里，因为这也会破坏民主梦想。

民主必须在每个人追求财产和 / 或幸福的权利之间找到平衡。事实证明，要达到这种平衡很困难——迄今为止事实上是不可能的。杰斐逊持有崇高的信念，相信自由乃人类幸福的基础，但这种信念被他愿意将他人变成财产、拿来为自己的幸福所用而戳穿了。这一点经常提到，但有必要重申。

换句话说，富人获得的奢侈之一就是能认识到金钱不是一切。这是 1916 年舍伍德·安德森（Sherwood Anderson）的小说《饶舌的温迪·麦克弗森的儿子》（*Windy McPherson's Son*）给我们上的一课。小说讲述了一个平凡的寓言：一个年轻人离开艾奥瓦州的小镇去寻找发家致富的机会，但在赚够了钱后发现这一切无甚意义。

当山姆·麦克弗森（Sam McPherson）意识到追逐成功之神让他误入歧途时，他决定抛下一切，重新开始。他说："我要撇下饥饿的银钱，凭着行为得见真理。"[32]这便是清教徒的职业道德最纯粹的形式：为工作而工作，因为工作是一种积极的善，将带来个人的智慧。他将寻求精神上而非经济上的富足。

但下定新决心后，山姆·麦克弗森自我讥讽道："他，一个美国千万富翁，一个赚钱赚得如日中天的人，一个实现了美国梦的人，在盛宴上败了胃口，蹀出了时髦的俱乐部，手里拿着一个包，口袋里塞着一卷钞票，满脑子却想着奇怪的追求——追寻真理，追寻上帝。"[33]在这里，"美国梦"用来描述的是一个小镇男子通过努力工作和决心，白手起家成为千万富翁的故事。但这不是一个值得歌颂的理想，而是一个遭到排弃的幻想。

这仍然令人吃惊；在霍雷肖·阿尔杰的 100 多部小说中，他笔下的英雄从来没有想过财富最终是否值得。但同样值得记住的是，阿尔杰的大部分故事都是以主人公从穷人上升为中产阶级人士而告终，而不是这本书中提到的如此庞大的财富。

在中产阶级日益增长的同时，"美国梦"也在成长。《牛津英语词典》中写道，最早使用"白领"这个词的地区是 1910 年的印第安纳州："他追随着白领的吸引力来到这个城市，在这里得到一份工作后，他可以整个星期都做白领。"随着教育普及和工商业转型创造了更多的办公室工作岗位，白领的吸引力是切实的，对于越来越多的美国人来说成为可以企及的目标。

然而，就在"美国梦"与美国白领成功故事的兴起开始汇合之际，西欧冲突的爆发打断了这一进程。尽管"美国梦"所蕴含的经济意味越来越浓厚，但仍然不乏将其用作民主自由代名词的例证。这个词仍未被固定表述为"这个"美国梦，考虑到它仍在以各种不同的方式被使用，这也不足为奇。

1914 年，弗吉尼亚一份报纸写的是"美国梦"。在这篇文章中，它希望美国能帮助终结"目前使欧洲陷入血海的可怕战争"。

在战争如火如荼时立下这样的宏愿，可能"看似是一个荒唐的梦"，但它充满了"真正的美国爱国者的想象力"。"愤世嫉俗者和悲观主义者没有这种想象力，因为它看起来太狂野。侵略者没有，因为他们的梦想太骇人听闻，向来与美无关。但威尔逊总有这样的想象力。"作者断言，"人民，作为一个整体"也是如此。如果和平到来，每个人都将分享它的荣耀；但不管它是否能实现，一切都将"因为梦想而更加美好"。[34] 暴政的前景总能激发对自由的追求。

然而，尽管弗吉尼亚这份报纸的社论抱有美好的期望，但并不是所有美国人都认为美国应该参加欧战。许多人认为美国应该保持中立，一场呼吁美国不干涉的运动很快采用了"美国优先"这一口号。

在自由的问题上，美国人从来就没有达成一致意见，事实上，在其他任何问题上也是如此。

An American Dream

ONE dream fills the heart of many Americans at this time, when all but us of the big and many of the little powers of the world are in the throes of the horrid nightmare of war. It is a big dream, and one

与"美国梦"不同，"美国优先"始终是一个政治口号。这两种表述的共同之处在于，它们都试图确定一个国家的价值体系，并在同一时刻出现在美国的历史上——正值美国在 20 世纪初成为世界强国，并开始热诚地探讨自己应该在世界中扮演何种角色。每当美国面临如何应对 20 世纪每一场世界大战的紧迫问题时，人们也亟待对这两个短语做出界定，这一点并非巧合。

"美国优先"还有一点与"美国梦"相似，那就是它不是由某个人一时兴起发明的。不过，它也是由某一个人推广开来的。这个短语出现在美国的政治对话中，最早可以追溯到 1884 年，当时加利福尼亚州奥克兰市的一家报纸在一篇有关与英国进行贸易战的文章中以《美国优先，永远优先》为标题。

America First and Always.

1889 年，威斯康星州的一名国会议员在一次演讲中宣称，虽然美国和德国之间没有战争的危险，但"德裔美国人对收留自己的这片土地的忠诚毋庸置疑……我们将在任何必要的时候为美国而战；美国是第一、最终和永远；不管是美国对抗德国还是对抗全世界，不管美国是对还是错，永远是美国。"[1]

1891 年，《纽约时报》栏目《政治笔记》发表了一位署名为"吃西部野萝卜、来自华盛顿州的编辑"的评论。他说："共和党一直信奉的理念是'美国优先'，其次才是世界其他地方。"[2] 共和党认同这种说法，并在 1894 年将这句话作为竞选口号。特拉华州威尔明顿的《早间新闻》（*Morning News*）描述了共和党庆祝胜利的"怪物大游行"，欢欣鼓舞的共和党选民戴着"美国优先"的徽章，纪念"从民主党的暴政中拯救国家"："在街上看到的几乎每一个人都佩戴着徽章，上书'美国优先，世界靠后'。"[3]

同年，一位政治家在回应"政府为民而治"的祝酒词时表示，他"相信美国优先"，"爱国主义就是对美国优先的忠诚"。[4] 到了1899年，一些地方报纸中零星提到了"美国优先委员会"，其官方目的尚不明确。[5]

到1906年，"快人一步，看到美国"已经成为新兴的美国旅游业中无处不在的口号。这个口号很容易就能打造成政治承诺，俄亥俄州一位名叫沃伦·G.哈定（Warren G. Harding）的报业老板就意识到了这一点。1914年他在竞选参议员时使用了"繁荣的美国优先"的口号，并且成功当选；时隔不久，他将会重提这句话。[6]

不过，直到1915年4月伍德罗·威尔逊（Woodrow Wilson）总统发表演讲时，这个表述才成为全国性的口号。当时威尔逊宣称："无论如何，我们目前的全部责任可以用一句口号来概括，那就是美国优先。"在这一刻，"美国优先"的口号突然流行开来。

第一次世界大战在西欧已经持续整整一年，美国仍保持中立。尽管公众情绪强烈倾向于保护比利时等中立国免遭德国占领，但许多美国人认为，这场冲突是两个同样冷酷无情的敌人之间的帝国主义斗争。尽管人们对德皇威廉（Kaiser Wilhelm）赤裸裸的民族主义行径普遍怀有强烈敌意，但反英情绪同样强烈，足以两相抵消。当时大英帝国的太阳还没有落山，许多美国人也根本不明白，他们为什么要支持这个曾对其奋力抗争的国家（战争的记忆仍然刻在许多人祖父母的脑海里）。尤其是爱尔兰裔美国人，他们对效忠英国的想法出奇愤怒，毕竟他们中的大多数人移居美国就是为了逃避英国的统治，在英国政府对 1916 年复活节起义做出野蛮回击后，这种情绪进一步滋长。中立还意味着美国公民可以为战争地区的受害者提供救济，美国也确实慷慨解囊。

换句话说，美国的中立并非总是出于纯粹的孤立主义；它掺杂着和平主义、民族主义、反帝国主义、反殖民主义和例外论——而且广为传播。许多美国公民想要宣称美国"太骄傲，因此不可能参与战斗"，威尔逊刚好为他们提供了所要寻求的主基调。

威尔逊是民主党人，持进步主义的竞选主张。在发表"美国优先"演讲时，威尔逊已经当了三年总统，当时正着眼于一年后的连任。这句话经常被引用，不过几乎从来没有与一个世纪后它的复苏联系在一起；而且在引用时，通常脱离了威尔逊演讲的背景。细节往往是复制时的第一个牺牲品。

/ 044

"我说这话不是出于自私，"威尔逊说，"当我谈到我们当前的全部责任时，无论如何都可以用这句口号来概括，那就是'美国优先'。让我们在考虑欧洲之前先考虑美国自身，这样一来，在友谊受到考验的日子到来之时，美国或许仍然适合做欧洲的朋友"。威尔逊主张，美国在展示友情时，最好不要对任何一方表示"同情"，而是做好"在斗争结束时帮助双方"的准备。

他坚称，中立并不意味着漠不关心或自私自利。"中立的基础是对人类的同情。它是公平的，本质上是善意的。它代表了精神和判断的公正性。我希望我们所有的同胞都能意识到这一点。"[7]

显然，他的所有同胞都没有意识到这一点，因为这句话很快被人简单粗暴地接受了，谁都没在意威尔逊的微妙之处——取决于你的看法，也可以说是虚伪之处。当然，在邪恶面前保持中立的决定可能是不道德的，历史将在20年内残酷地证明这一点。此时任《新共和》（*The New Republic*）联合主编的沃尔特·李普曼极力主张美国干预战争，理由是旁观者无法影响结果的正义，也不能保护民主。

但威尔逊在1915年题为《美国优先》的演讲中还有一处值得注意——他警告人们不要被"假新闻"蒙骗。

Fake News Condemned.

威尔逊对全国人民说，越来越多的新闻"被证明是假的"，或者"它的潜台词是假的"，如果人民"信以为真，可能会打乱我们的平衡和自持"。这个国家不能让"不负责任的人发出的谣言横行。我冒昧说一句，对正义、公正和人类自由的热爱，是任何国家有史以来最宝贵的遗产，而我们是这笔遗产的托管人"，因此，美国人捍卫正义和自由的遗产，这一点至关重要。

"美国有一群自私自利的人"正试图破坏这一传统，组织"邪恶的团伙"。但威尔逊有信心，"美国之心"将始终如一，它应该置身于冲突之外，把美国放在首位。[8]

威尔逊明确地将"美国优先"与利己主义和漠不关心区分开来，称这篇演讲本身带有孤立主义色彩，这也未必说得通。尽管如此，他的竞选确实是以避免让美国卷入战争为基础。"美国优先"一词在问世之初，就立刻以孤立主义的名义出现。

威尔逊的一些批评者反对他在使用"美国优先"这个表述时的随意性。1915 年 11 月，"和平与正义之友"（Friends of Peace and Justice）的主席质问威尔逊，"美国优先"实质上是什么意思，他追问道："如果我们的总统不只是在措辞上耍花招，那么'美国优先'意味着什么？"这将意味着美国总统本应关心"众多如今陷入贫困或为了生存担惊受怕的美国人，这些人被现代金融的拦路强盗洗劫一空"。

他还说，"美国优先"只是一种伎俩，目的是挥舞旗帜，转移人们对"唯唯诺诺的政客"无耻腐败的注意力，这些政客只服务于美国"强大的金融利益"而非普通公民。[9]"现代金融中的拦路强盗"和顺服于他们的政客建立的邪恶联盟，是"我们这个共和国整个历史上最离奇的巩固权力的阴谋"。

与此同时，美国教育部（Bureau of Education）正在发起一场"美国优先"运动，将同化主义明确列入议程。它宣称目的在于鼓励移民和新美国公民把对美国的忠诚置于对业已离开的国家的忠诚之上；但它也明确指出，没有人预期或希望移民为了接受美国的文化、语言或历史而拒绝自己原有的文化、语言或历史。关于英语是否应该成为强制性国家语言的争论爆发；在一个吸收移民的国家，身为"美国人"意味着什么，这成了一个迫切的问题，对许多人来说，答案是灌输美国的种族民族主义，也就是维护白人、新教徒和男性建制派的传统特权。 / 046

并非巧合的是，在大致相同的时期，有人开始用"大熔炉"作为同化的隐喻，将移民社群的融合比作将不同的金属熔化在一起以铸造新硬币——新硬币的价值和原先一样，只不过形式不同。这个短语在 1889 年开始使用。那年的《芝加哥论坛报》写道："就目前而言，在我们的国家大熔炉中，凝聚而非分离种族元素的做法是可取的。最常见的'美国人'一词对我们任何人来说都已经足够好。"[10]

几个月后《纽约时报》补充说，美国是一个国家，"在这个神秘的熔炉中，所有的民族和种族都失去了同质性，很快就只剩下美国公民这一个身份"。[11]六年前，埃玛·拉扎勒斯（Emma Lazarus）写下了诗作《新巨人》（*The New Colossus*）；1903年，这首诗被镌刻在自由女神像的底座上，它欢迎世界将那疲惫、困顿、被无情拒绝的芸芸众生送到美国。在接下来的10年里，"大熔炉"成为陈词滥调，越来越多地被用作贬义词：1912年，随便翻出一篇报道，都会见到这样的标题："欧洲的渣滓……各个种族都可以随随便便被倒进美国这个大熔炉里。"[12]

在接下来的20年里，同化和移民成为极具煽动性的议题，在第一次世界大战期间，它们打着"美国优先"的旗号与政治孤立主义联起手来。

* * *

战争加剧了紧张局势，即使是在一个表面上中立的国家，移民社群尤其是德裔、意大利裔和爱尔兰裔美国人，也被攻击为"连字符公民"①，人们指责他们对美国的忠诚是不可信的，身份的分裂意味着忠诚的分裂。人们怀疑爱尔兰和意大利移民会选择教皇而非总统，而犹太人长期以来一直被认为是"国中之国"的居民，"唯利是图——满脑子只有钱"，"无法融合"，"格格不入、不可同化"。[13]1882年的《排华法案》（Chinese Exclusion Act）试图彻底禁止中

---

① hyphenate，意指使用连字符"-"，连接个人的祖籍和美国国籍的归化的美国移民。

国移民，不久之后，其他亚洲移民社群也成了直接目标。

然而，在第一次世界大战期间，德裔美国人首当其冲，受到反对"连字符公民"的排外情绪的影响。德国血统的美国人受到骚扰和迫害（作为回应，许多人给自己改了更英国化的姓氏，如同当年英国王室的做法）；德语在学校被禁。甚至德国酸菜也改名为"自由卷心菜"。

在美国各地，这种对"连字符公民"不断增长的敌意经常与"美国优先"联系在一起。例如，《纽约时报》在1915年谈到"欺辱连字符公民"的好处，那就是骚扰德裔美国公民，不准许他们在欧洲冲突中对德国产生半点所谓的同情（"欺辱"指的是自19世纪以来在中小学和大学里流行的老生捉弄新生的仪式）。《纽约时报》的这篇文章以威尔逊总统最近对"美国革命女儿会"（Daughters of the American Revolution）所做的一次演讲开始。在演讲中，他谈到了一种总体的印象："在其他国家出生的同胞中，有相当多的人对美国理想没有给予足够的热情和热爱。"[14]

鉴于此种印象，总统呼吁每个美国人"表明自己的立场：究竟有没有把美国摆在最优先的位置上？"

《纽约时报》的社论衷心赞同总统的要求。文章称，但凡"配得上美国公民身份"的人，都不会反对总统的说法；文章继而支持总统所谓的"幽默"建议，认为欺辱是矫正一切"非美国习惯"的合理手段。德裔美国人从美国总统那里得到的信号是，如果没有通过任何随心所欲的忠诚度测试，就理应遭到同胞的恐吓——他们恐怕无法从这种建议中看到什么幽默感。

社论最后写道："他们可能会留神。如果他们还想继续生活在我们中间，在美国做生意，保持公民身份，那就别无选择。生活在不断的'欺辱'中，活着也没多少意思。"[15]这份全国性的报纸暗示，不得不诉诸这种做法或许令人遗憾，但以"美国优先"的名义骚扰他人是完全正当的。

地方报纸也赞扬了威尔逊的言论。堪萨斯州的一家报纸报道，他在"美国优先"的演讲中呼吁"纯美国主义"，"像开炮一样直奔主题"。"阻碍'美国优先'的进程，就如同尝试阻挡海洋的潮汐。每个新移民都本能地知道这一点。"[16]

"排斥连字符公民，"10天后一位专栏作家这么敦促道，"德国出生或有德国血统的公民比其他任何人都更应该为这种分裂的忠诚、半心半意的忠诚以及对纯美国主义发展所受的阻碍而感到内疚。"他坚称，"所有'外国出生的公民'都应该抓住机会，公开表明自己并不效忠于其原籍国"，并"坚定地、毫无保留地立下誓言，这就是'美国优先'"。[17]

"连字符公民"的歇斯底里症在短期内不会减弱，它继续与"美国优先"联系在一起。1916年，《纽约时报》的一篇社论声称"不给连字符公民半点空间"，并愉快地报告称，两位总统候选人——伍德罗·威尔逊和共和党候选人、前最高法院大法官查尔斯·埃文斯·休斯（Charles Evans Hughes）都在演讲中"提及将连字符公民排除在选战之外"。威尔逊再次谴责那些没有充分吸收美国精神的美国公民，至少在他们的同胞看来是这样。

威尔逊说："我们应该让大家知道，任何没有把美国放在首位的人都不能与我们为伍。"《纽约时报》补充说，休斯的演讲内容与之大同小异，"他的态度是一种'纯美国主义'"，因为纯粹已成为衡量爱国主义的尺度。"连字符公民"是不纯的、掺有杂质的，以其可疑的外国方式玷污了真正的美国精神。

休斯承诺说："任何支持我的人，都是在支持一个彻头彻尾的美国人，支持彻头彻尾的美国政策。"《纽约时报》则对此给予彻头彻尾的赞美。他们警告说，任何试图"迎合连字符公民选票"的政党都将在整个东海岸惨败。两位候选人都"把连字符公民彻底排除在美国政治之外，毫无保留"。[18]

几个月后，一位读者问道："我们要不要帮助和安慰不忠诚的连字符公民，要不要安慰德国人和他们的同伙？"作者进一步写道，威尔逊总统"代表美国优先，但也公平、勇敢、高尚地代表全人类"。[19]所有的人类，当然，不忠诚的连字符公民、德国人和他们的同伙不包括在内。

事实上，1916年，"美国优先"的政治口号在美国极其流行和强大，结果两位总统候选人都将它作为竞选口号。休斯的口号是"美国优先，美国高效"，而威尔逊的口号是简单的"美国优先"。

"政府努力让美国远离战争，同时维护国家荣誉。"这是 1916 年夏天民主党全国代表大会发表的国内纲领。而其"外交事务政纲则是全党紧密支持总统，无论国际国内的一切问题，都将依照'美国优先'的原则解决"。[20]

"美国优先"的承诺有几个隐含的含义。这意味着他们将确保美国置身于欧洲冲突之外，具体到休斯，意味着他将支持贸易保护主义政策。《斯克兰顿共和党人》（*Scranton Republican*）在选举日写道："我们向每一位选民推荐查尔斯·埃文斯·休斯的口号'美国优先，美国高效'。"文章补充说，有一个词比其他任何字眼都更能体现这一口号，"那就是保护。保护美国的劳工和企业对于保护美国市场来说势在必行"。[21]

宾夕法尼亚州的一家百货公司打出"纯美销售"的广告，专门销售美国制造的商品。它敦促道："保持中立，美国优先。"[22]

不过，"美国优先"也强烈暗示它将承诺保护"真正的"美国人免受看上去铁定不忠诚的"连字符公民"背叛的威胁。一位参议员在演讲中表示，"对连字符公民感到遗憾，这个国家的人民无法承受两面国旗"。他批评所有站在"外国人一边的公众人物，而他们本应该首先、最终、永远站在美国一边"。[23]

《北美评论》（*North American Review*）在 1916 年 10 月对休斯参选表示支持，称休斯"终其职业生涯都在证明"他代表"美国优先"，"令人失望的是威尔逊先生代表的是威尔逊优先"。[24] 在休斯于1916 年 10 月发表演讲，表示拒绝任何"将自己的利益凌驾于美国之上"的人的投票后，有媒体打出了这样的标题："休斯如是说：美国是优先，是最终，也是永远，'连字符公民'走开。"[25]

休斯在演讲中宣布："我是一个美国人，跟外国绝无半点纠葛。"这是一份深嵌着暗语的声明，用今天的话来说，可以称为"狗哨"。

休斯说，作为个人，他没有"外国纠葛"，他是在信手为孤立主义找理由，这句话出自乔治·华盛顿，在 1796 年的告别演说中，他称美国要警惕"一切外国纠葛"。这句话常常被人引用，但一直被错误引用；没错，这句话应该是华盛顿说的，但事实上，它又并不完全出自华盛顿之口，他真正说的话对这段历史很重要。

> 为什么我们的命运与欧洲任何地区的命运交织在一起，我们的和平与繁荣要与欧洲的野心、竞争、利益、心情或任性纠缠在一起？
>
> 我们真正的政策是避免与外国世界的任何区域结成永久联盟；到目前为止，我的意思是，我们现在可以自由地这么做。不要把这句话理解为我们支持对现有结盟的不忠。诚实永远是上策，我认为这句格言既适用于公共事务，也适用于私人事务。所以容我再说一遍，各种结盟需要接受审慎的观察，了解其真实意义。但是，在我看来，延长结盟的期限是不必要的，也是不明智的。
>
> 我们要时刻注意通过适当的机制保持体面的防御姿态，以便在极度紧急的情况下依靠临时联盟。（斜体系后加）

华盛顿从未说过"避免一切外国纠葛"，实际上他也无意于此。最后一句话说得很清楚：华盛顿并不是说美国永远不应该加入任何联盟，只是警告不要在欧洲建立永久联盟。他还明确允许"通过临时联盟应对极度紧急的情况"。第一次世界大战可以被合理地描述为一场极度紧急的事件，这与1796年的一项声明是否有权永远支配美国的外交政策无关。

但休斯否认自己与外国势力有任何瓜葛，并不是在提出最高法院法官与外国势力勾结的可能性。事实上，他是暗中向听众保证，他不是一个"连字符公民"，也就是说，他是"百分百美国人"，即土生土长的白人新教徒。

"百分百美国主义"这个概念起初作为"连字符公民"和"纯粹"美国人之争的暗语，后来迅速演变成暗示——但没有言明——其他类型的"非美国人"或行为的种种方式。[26] 根据《洛杉矶时报》(*Los Angeles Times*)的报道，1916年共和党的一个备用竞选口号是"纯美国主义对抗全宇宙"，这显然是一场声势浩大的斗争。[27]

"纯美国主义"和"百分百美国主义"反过来又成为一个长期被"一滴血法则"(one-drop rule)主导的社会中暗示种族和民族纯洁性的隐秘方式。"一滴血法则"声称，但凡有人带有一滴"黑人的血"，在美国就是法定的黑人。1903年，北卡罗来纳州的一份报纸称："只要一个人身上有一滴黑人的血，他就是黑人。拥有百分百的盎格鲁－撒克逊血统才堪称白人，但拥有1%的黑人血统，那就是黑人。"

"一滴血法则"是许多州奴隶制和种族通婚法律的基础，用于确定个人是被奴役还是自由身的法律地位。它的逻辑来自宪法中臭名昭著的3/5妥协条款，即在计算人口以分配在政府中的代表席位时，将奴隶人口按3/5折算。奴隶当然不能投票；但是白人奴隶主也想把他们计入人口，这样他们所在的州就可以获得更多的代表权，这无疑是人类历史上想要鱼和熊掌兼得的最令人发指的例子之一。美国是一个长期习惯于用族群和种族构成来对人加以量化的国家，黑白混血、欧亚混血、四分之一混血和八分之一混血这些词鲜明地体现了这一点。

在一个以比例和分数来计量人的国家，宣称某人是"百分百美国人"不仅是一种比喻，还是为了否认其中一些人具有充分的人性。

关联链循着优生学关于种族纯洁的观点发展，所有这些短语都可以相互暗示。人们会轻易把"纯美国人""百分百美国人""百分百盎格鲁－撒克逊人"混为一谈，20世纪前几十年，许多美国人都热衷于这么做。

1917年亚利桑那州的一篇社论说，"我们伟大的美国大熔炉中包含着热气蒸腾、烟雾弥漫、冒着气泡的混合物。这些半溶液中含有各种元素。一些观察人士对完美融合的可能性持悲观态度"。文章进一步称，另一些人则认为"（战争）危机已被证明是一种神奇的元素，它能将这种泡沫混合物沉淀为透明、坚硬、闪耀的纯美国主义的结晶"。可悲的是，即使是战争的催化剂也不足以神奇地创造出一种纯美国主义。"我们中间还有人爱德国胜过爱美国的自由。"[28]

查尔斯·埃文斯·休斯呼吁一种"百分百纯正"的美国主义，一种"不给任何连字符公民留有余地"的美国主义，为此得到人们的喝彩。只有"对国家坚定不移的忠诚"，只有"超越一切种族差异、全心全意的爱国主义奉献"才能获得默许。[29]纯美国主义拒绝任何少数族裔元素，但爱国主义的忠诚意味着超越种族差异：这其中的逻辑相互抵消，但并不妨碍任何人使用它。

因此，按照长期以来推行的"一滴血法则"的逻辑，任何非百分百美国人都可能被视为非白人、非美国人，或两者兼而有之。结合种族主义、仇外心理和地位因袭的本土主义创造了一个三段论，其中"百分百"既指纯白人，也指纯"美国人"，在修辞上可以互换。

在威尔逊发表"美国优先"演讲后，不出6个月，这几项措施之间的联系就已经十分清晰。堪萨斯州一位自称"南方民主党人"的读者向报馆去信，宣称"下一个重大的全国性问题将是美国为纯美国人服务的问题"。他说，"主要议题"已经由威尔逊总统进行了界定，这就是"美国优先"，这意味着美国必须决定"在其国家抱负、理想

/ 054

和同情心方面，是由纯美国人决定，还是由拥有一半外国血统的人说了算"。[30]

很快，谁也无法解开这些暗语。这也是部署它们的意图之一。暗语创造了貌似可信的可推诿的责任，而且不仅仅用于公共场合。它们还能为使用者提供一种逃避自己认知紊乱的方法。这些暗语是为了将水搅浑，以免人们看清自己的真实面目。

作为"美国优先"孤立主义最著名的倡导者之一，报业巨头威廉·伦道夫·赫斯特（William Randolph Hearst）支持休斯参选。赫斯特的社论在全国各地被转载，敦促美国贯彻"美国优先"，避免"结盟的纠缠"，这是对华盛顿当年演讲的另一种流行的曲解。

外界常常提及赫斯特集团"对'美国优先'的深切焦虑"。"赫斯特多次用加大的黑体字强调'美国优先'。"[31] "'美国优先！'是他的竞选宣言"，美国报纸上经常出现这句老生常谈，奉劝这个国家远离战争。[32] 诸如艾奥瓦州的《哈定县纪事报》（*Hardin County Ledger*）之类的小型地方性报纸尽数转载赫斯特的社论，在好几个月里，他反复声称："我们应该坚持不懈地避免'结盟的纠缠'，以我们自己的方式参与战争；用我们自己的钱财和人力来保卫美国。"[33]

因此，摆脱"外国纠缠"是另一种将"反连字符公民"的排外主义、本土主义、孤立主义和"美国优先"混为一谈的方式。它们全都搅和在了一起，因为想要避免所有这些纠缠并不像有些人想的那么容易。

伍德罗·威尔逊一直试图将他对"美国优先"的使用和孤立主义区分开来，坚称这一口号实际上是国际主义，意味着美国应该起带头作用。他后来说："美国优先是一个不属于任何政党的口号。"他坚持认为，对于民主党人（而不是奉行孤立主义的共和党人）来说，这句话的意思是："在每一个为人类利益服务的组织中，美国必须向其他民族传递它自己关于正义与和平的理想，借此来领导世界。"[34]

这是一个巧妙的策略，配得上老谋深算的外交家；但威尔逊在1916年竞选连任时提出的另一个口号——"是他让我们置身于战争之外"更加大胆。

＊　＊　＊

人们通常认为，"百分百美国人"这句话出自西奥多·罗斯福之口，1918年他在题为《加速战争》（*Speed up the War*）的演讲中说道："这个国家不可能存在五五开的美国主义。我们只能容许百分百美国主义。美国主义只能提供给美国人，没有其他人的份儿。我们只能效忠于一面国旗，那就是美国国旗。"[35]

/ 056

但这个短语至少在1915年已经开始流传了，当时一位拉比敦促他的犹太教堂遵循"真正美国主义的十诫",指示他们:"真正的美国主义意味着百分百美国主义。"[36]1916 年,查尔斯·埃文斯·休斯写信感谢罗斯福支持他,这封信后来在《纽约时报》和全国各地被转载。"没有人比我更真切地认识到,在鼓舞民族精神,呼唤彻底的——百分百的——美国主义方面,这个国家从你这里受益良久。"[37]

西奥多·罗斯福在卸任总统后的确发表了许多关于"百分百美国主义"和"连字符公民"的演讲,其中包括 1916 年《美国为美国人》(*America for Americans*)演讲。在这些公开演讲中,他通常会强调,这个问题严格来说是关乎对美国的忠诚,而不是一个人的族群出身。他经常提到自己的荷兰血统,同时承诺自己将亲自投票选举"任何德国、爱尔兰、斯堪的纳维亚血统或其他血统、信仰的美国人"为总统。因为一个人的出身而歧视他,这"违反了真正美国主义的所有原则"。[38]但在不断传播中,这些细节很快就被遗漏(值得注意的是,他只提到了北欧血统)。[39]

不久,"美国优先""百分百美国人""纯粹的美国人""爱国主义"或多或少地互换使用。1918 年,在全美发行的《巴尔的摩星报》(*Baltimore Star*)发表了一篇社论,将一个当地人形容为"百分百的爱国者,而不仅仅是百分百美国人,因为令人遗憾的是,许多百分百美国人甚至连百分之五十的爱国者都算不上。"[40]

在检视美国主义的过程中,衡量标准是什么?不是爱国主义,因为如果爱国主义存在,百分之五十的爱国者和百分百美国人之间就不会有区别。它必须带有"真正的美国人"的含义,几乎可以肯定,它会被解读成白人和土生土长的美国人。1918 年 7 月,南达科他州的一篇社论说:"所有愿意宣誓彻底效忠我们的政府并奉献其忠诚的人,都应该有资格享有'美国公民'的光荣称号。"[41]同样,在一篇广为流传、题为《连字符公民的自由》的文章里,一位新移民解释说,他做的事情确实还不足以令自己获得"百分百美国人"的标签。"三年前，我认为自己是一个彻头彻尾的美国人，就像一滴清水与另一滴水融合在一起一样，毫无差异地融入了美国人的生活，"他在《世纪报》（*The Century*）上发表的文章中痛苦地总结道："我早该知道事情不是这么简单。移民不能把自己改造成百分百美国人，就像兔子不能长出鬃毛一样。不管他是在德国的波兰人、在日本的中国人、在阿根廷的意大利人，还是在美国的德国人，都永远是二等公民。"[42]

当加利福尼亚州众议员朱利叶斯·卡恩（Julius Kahn）（外界称他为"或许是美国公共生活中最重要的犹太人"）[43]宣布，"我是美国人，因为美国是第一、最终，也是永远；其他任何国家都不可能吸引我，"《旧金山纪事报》（*San Francisco Chronicle*）将他的宣言作为"百分百美国人"的副标题，不过卡恩从未使用过这个表述。这些表达已经成为同义词，编辑认为它们是可以互换的。[44]

因此，当 1918~1920 年《旧金山纪事报》报头均打出"本报是百分百的美国"时，是向所有读者发出信号：这份报纸支持"美国优先"、"纯粹的美国人"以及政治孤立主义。

事实上，你越是把"美国优先"和"百分百美国人"联系在一起，你就会发现其与其他短语的联系也越紧密。

朱利叶斯·卡恩是德国出生的移民——也是"连字符公民"，1899 年当选为美国国会议员。1902 年，他与人共同执笔《卡恩－米切尔排华法案》（Kahn-Mitchell Chinese Exclusion Act），该法案使《排华法案》成为永久性法律。（换句话说，一个德国犹太人，只要努力工作，运气好，愿意排斥其他少数种族，就能被这个百分百俱

/ 058

乐部接纳。然而，中国人的运气就没那么好了）

在卡恩参议员被视为百分百美国人之后不久，另一位移民国会议员得到了同等地位，而且这个案例同样值得玩味。参议员克努特·纳尔逊（Knute Nelson）去世时，全国各地的讣告将他誉为"百分百美国人"，尽管他出生在挪威。

纳尔逊获得了成为纯美国人的免费入场券，这是因为（正如他的讣告中费神阐明的那样）他是"真正的北欧血统"的后裔，"来自拥有强大神灵、培养强大人类的种族"。罗斯福曾列出一系列愿意成为真正美国人的移民种族，纳尔逊恰恰来自其中，也就是欧洲最合适的地区——北欧。因此，他多年的公共服务可以证明"出生在海外的人对美国的价值，他能成为美国人，恰恰充分体现了这句使我们当中最杰出的人脱颖而出的表述，'他是百分百美国人'"。[45]

纳尔逊之所以能成为百分百美国人，正因为他是北欧人（这似乎有点矛盾），原因在于"北欧人"和"百分百美国人"同样交织在一起。好像嫌这一切还不够混乱似的：20世纪前几十年，"北欧人"是另一个暗语，它的使用方式与纳粹使用"雅利安人"的方式相同。

"北欧主义"认为，北欧人在生理上优于南欧人，麦迪逊·格兰特（Madison Grant）等白人至上主义者支持这一理论，他在1916年出版的《伟大种族的消逝：或欧洲历史的种族基础》（*The Passing of the Great Race: or The Racial Basis of European History*）成为优生学科学种族主义最具影响力的作品之一。格兰特写道：

/ 059

> 他们（北欧人）是由士兵、水手、冒险家和探险家组成的种族，但最重要的是，他们由统治者、组织者和贵族构成，这与阿尔卑斯山脉本质上的农民特征形成了鲜明对比。骑士精神和骑士封号，以及他们存在至今但已严重受创的对手，是北欧人独有的特征，欧洲人的封建主义、阶级差别和种族自豪感在很大程度上

可以追溯到北欧。[46]

格兰特警告说，美国面临"低等种族取代高等种族"的"巨大危险"，除非"本土美国人"（即本土主义者，早期欧洲移民的白人后裔）"运用他卓越的智慧来保护他自己和他的孩子，免受东欧和西亚源源不断的最低等种族侵入引起的民族竞争"。[47] 对这个迫在眉睫的危机，格兰特提出的解决方案包括设立贫民窟，对"劣等"种族实施绝育。

但实际上，"北欧人"可以用来描述指一切金发碧眼的白种人，或高加索人，或盎格鲁－撒克逊人或北欧人，以及那些确实来自挪威的人。（我们将看到，当种族主义者因对他们该憎恨哪一类人感到困惑时，这一点可能会导致有趣的闹剧。）

这一切并不体面，当时的观察人士对一切都看在眼中——这恐怕也正是这些宣传的用意，正如1920年一位北卡罗来纳州的妇女在写给当地报纸的信中明确指出的那样。"我不喜欢所有这些拿'百分百美国人''美国优先'排斥其他国家的宣传，不是因为我不是一个忠诚的美国人，恰恰正因为我是一个忠诚的美国人。"[48]

但许多美国人都欣然接受。一名儿子在战斗中丧生的科罗拉多州牧场主对中西部的民众说："你们这些人看起来不把这场战争当回事。对我们这些西部人来说，这是生死攸关的问题。我们建立了很多由百分百美国人组成的社团，我想告诉你们，任何不忠的言论或行为都将招致私刑，私刑仪式必不可少的要素是一根绳子、一棵树，以及一场绞刑。"[49]

爱国主义、公民身份、族群纯洁性和种族纯洁性被混为一谈：从"百分百美国人的社团"到私刑，这只是在修辞上简短地迈进了一步，因为背后的关联链已经建立。负载着更多意涵的短语依凭足够的力量相互撞击，可以引发真正的暴力；当口号创造政治现实时，它不再不

/ 060

仅仅是文字。

这位科罗拉多农场主凶残地威胁说，他会私刑处死任何在他看来不够忠诚的德国人，这并不是一句空话。仅仅一个月后，一个中西部的暴徒就这么干了。1918年，佛罗里达州一篇新闻以《暴徒可能犯了一个可怕的错误》为题，报道了伊利诺伊州一名"社会主义者因不忠言论被处以私刑"的事情。受害者在被绞死之前用德语祈祷；凶手后来在死者的口袋里发现了一份效忠美国的声明。[50]

私刑的威胁以一定的频率针对"连字符公民"。尽管"连字符公民"一词最常用于移民，但它也隐晦地让许多听众联想到"非裔美国人"（African-American）。早在1835年，废奴主义者的报纸就已使用"连字符公民"这一表述。[51]1855年，一位废奴主义者将"非裔美国人"与"撒克逊美国人"区分开来。[52]另一个人在1859年说："随着时代的发展，两个不可回避的最大问题是盎格鲁美国人和非裔美国人。"[53]

50年后，对"连字符公民"身份已经显示出公开的敌意，并不需要明确点明非裔美国人，就能含蓄地将他们与"盎格鲁美国人"或"撒克逊美国人"区分开来。这也不应该是一个意外：因为至少从内战前的19世纪50年代起，族群和移民在美国就彼此交织，当时美国发起了诸如"一无所知"之类的本土主义运动，由辉格党的残余组成的"本土美国人党"既反对为逃离革命和饥荒而涌入的欧洲移民，同时也反对新生的共和党人的废奴政策，后者很快将由林肯领导。

到20世纪早期，就像"美国优先"一样，对所有"连字符公民"的敌意已经为众多共和党人和民主党人所接受。

/ 061

* * *

尽管有七位总统游说反对私刑，但伍德罗·威尔逊不在其列；在压力之下，他只发表了一次演讲对此予以谴责。他也不太可能因为自己的竞选口号越来越多地与宣扬种族纯洁性的优生学理论联系在一起而感到不安。威尔逊反对"连字符公民"的演讲不仅仅是竞选策略。尽管他是一名国际主义者，其政府也通过了包括《联邦储备法》（Federal Reserve Act）在内的进步立法，但他在种族问题上立场保守。事实上，如果追溯到强迫奴隶建造白宫的时代，威尔逊是众多入主白宫的白人至上主义者之一。

威尔逊来自弗吉尼亚州，在南北战争爆发前出生。在成长过程中，他经历了一段被称为"败局命定"（the Lost Cause）的民族"罗曼史"。南方在内战中遭遇惨败后，南方人开始试图收复失去的东西，毫无疑问，那就是种族和经济霸权至上的旧社会秩序。他们讲述了一些故事，想要将他们反对"北方侵略战争"的崇高事业理想化，声称在这场战争中，北方人出于贪婪、傲慢、无知和怨恨，"入侵"了向来和平的南方。温和的南方人英勇地团结起来保护自己的生活方式，忠诚的奴隶一路为其喝彩。这个伊甸园式的神话将南方描述成失落的农业乐园，善良的贵族、勤劳的农民与忠诚的奴隶和谐共处：它与杰斐逊式自耕农的理想相结合，成为最早的对奴隶制的宣传和辩护。

自南北战争以来，民主党是南方的政党，在奴隶制和公民权问题上（"公民权"一词早在南北战争前的废奴讨论中就与非裔美国人的权利联系在一起）反对林肯的共和党，后者是北方和联邦的政党。战争结束后，林肯的政党逐渐演变为城市工业主义政党，而民主党在20世纪40年代前一直坚定地与南方农业主结盟。由于这种对南方土地制度意识形态上的忠诚，民主党同时也是州权、《吉姆·克劳法》[①]

---

① Jim Crow Laws，一部主要针对非裔美国人，但同时也对其他有色人种实施种族隔离的法律。

和白人至上主义的政党。

尽管伍德罗·威尔逊不是典型的"南方民主党人"——他曾任新泽西州州长，1912年当选总统时推行进步主义，但他的观点与他们并不总是截然不同。作为总统，威尔逊在联邦政府中实行种族隔离，包括在美国财政部和内政部设置了种族隔离的厕所。他的财政部长威廉·G.麦卡杜（William G. McAdoo，1863年出生于佐治亚州，当时正处于内战中）后来成了他的女婿，麦卡杜为这一决定进行了辩护，称"在这类事情上，很难忽视白人的某些特定的感情与看法"。对他们来说，幸运的是，很容易做到忽视黑人的感情与看法。

1914年，国家独立平等权利联盟（National Independence Equal Rights League）的一个非裔美国人代表团来到白宫，表达他们对种族隔离联邦化的失望。威尔逊坚称，这是"从两个种族的舒适和最佳利益出发，以便克服摩擦"。在得知如若继续支持种族隔离，可能会导致非裔选民在1916年大选中的联合抵制时，威尔逊感到非常不快。"他说，如果有色人种觉得投票给他是个错误，他们尽管去纠正好了，但他坚持在这个问题上不应该把政治卷进去，因为它不是一个政治问题"，而是"人的问题"。代表团离开时告诉记者说，威尔逊"声称进行种族隔离是为了防止种族摩擦，这种说法没有事实依据"。[54]

1915年，威尔逊成为第一位在白宫放映电影的总统。这部电影是由D.W.格里菲斯（D. W. Griffith）执导的《一个国家的诞生》（*The Birth of A Nation*），格里菲斯是南方一位上校的儿子。这部如今臭名昭著的种族主义电影改编自种族主义色彩更为浓厚的小说《同族人》（*The Clansman*），作者托马斯·W.迪克森（Thomas W. Dixon）在约翰·霍普金斯大学（Johns Hopkins University）就读时，与伍德罗·威尔逊熟识。迪克森本人就是"一滴血法则"的坚定拥护者，他在北卡罗来纳州对当地记者解释道，"黑人和盎格鲁-撒克逊人之间的本质区别是不可调和的"，因为"一滴黑人的血就会制造一个黑人"。[55]迪克森写了一系列书，将三K党的崛起加以神化，这属于种植园小说流派"月光与木兰花"的一部分，该流派的另一成员是作家托马斯·纳尔逊·佩奇（Thomas Nelson Page），伍德罗·威尔逊任命其为美国驻意大利大使。

纳尔逊的小说，如《在古老的弗吉尼亚》（*In Ole Virginia*，1887）和《红色岩石》（*Red Rock*，1898），帮助确立了这样一个程式：忠诚的前奴隶用方言讲述了他们对宁静的种植园文化的回忆，这种文化被好战的北方废奴主义者和对权力狂热的联邦主义者肆意践踏。一小群光荣的战士在战场上英勇作战，惨遭失败；一心只想着报复的北方扶植无能或腐败的黑人来征服无辜的白人；南部的无赖汉和北部的投机客纷纷涌入，剥削这些饱受战争蹂躏的城镇。在忍无可忍的情况下，南方军队以三K党这种高尚的形式再次出征，奋起捍卫荣誉和尊严。这些小说恶毒地把武装捍卫奴隶制美化为一种优雅的姿态。

《一个国家的诞生》以夸张、虚构的细节编派了这个神话，按照字幕卡的介绍，它讲述的是"北方和南方这对曾经的宿敌再次团结起来，共同捍卫他们雅利安人与生俱来的权利"。据报道，迪克森说他的目的是"彻底改变北方的观众"，写一个故事"把每个人都变成终生的南方党派"；而格里菲斯说，他对这部电影的一个期望是"催生白人尤其是白人女性对有色人种的厌恶之情"。[56]

它起到了效果。《一个国家的诞生》成了一部现象级的电影。北方白人观众欢呼雀跃；黑人观众则被吓坏了。这部电影引发了美国各城市的骚乱，鼓动了种族主义暴徒，导致了至少一起凶杀案：一名白人男子杀害了一名黑人少年，案件发生在印第安纳州，而不是在南部腹地。

《一个国家的诞生》以一己之力，重新激起人们对三K党的兴趣，而"上校"威廉·约瑟夫·西蒙斯（William Joseph Simmons）在观看了这部电影及其对三K党英雄形象的描绘后，开始复兴三K党。不久之后，像威尔逊的"美国优先"和罗斯福的"百分百美国主义"这样的口号成为复兴的三K党的暗语。

尽管三K党内部存在分歧，但它在全国势力范围的延伸，也像《一个国家的诞生》中所设想的那样，顽固地调和着南北矛盾。它呼吁"盎格鲁－撒克逊人"团结起来，对抗他们打算驯服的群体可能带来的威胁；南方种族隔离主义者威尔逊的当选起到了同样的作用，帮助美国在重建之后实现了统一。

与此同时，即使没有三K党的推波助澜，白人仍然继续在全国范围内残害黑人。1889~1922年，根据美国全国有色人种协进会（NAACP）的统计数据，美国有3436人被处以私刑——这只是官方记录。[57] 没有人知道还有多少受害者身份不详，下落不明。尽管大多数受害者是非裔美国人，但也有天主教徒、犹太人以及妇女被处以私刑。还有墨西哥公民被处以私刑，但美国未能起诉那些对此负有责任的人，墨西哥政府因此把美国政府告上法庭；意大利公民也被处以私刑，仅1891年就有11人涉嫌谋杀。

私刑并不总是（甚至不主要是）在夜深人静时偷偷摸摸的暴力行为。19、20世纪之交，在美国的许多地方，私刑已经成了一种娱乐、一种血腥的运动。公开私刑在光天化日之下冷酷地进行，事先会充分通知，方便人们远道而来，寻欢取乐。届时会散播传单和贴出告示，告知民众何时何地将举行私刑；当地报纸登出新闻，宣布即将实施的计划；记者被派去报道；许多家庭带着孩子来，一边野餐一边围观。受害者往往先遭受酷刑和残害；孕妇在大嚼花生消遣的人群面前被烧死。

1915年10月，作为13岁的玛丽·法根（Mary Phagan）之死的替罪羊，一位名叫利奥·弗兰克（Leo Frank）的犹太人——作为本应被绞死的 13 岁女孩玛丽·法根的替罪羊——在佐治亚州被处以私刑。两个月后，"上校"西蒙斯在佐治亚州的石头山（Stone Mountain）上点燃了罪恶的火焰，宣布三 K 党重生。

1916 年 5 月，在得克萨斯州，一位名叫杰西·华盛顿（Jesse Washington）的黑人农场工人在韦科市政厅前被处以私刑，人们声称是他杀害了自己的白人老板娘。华盛顿没有被绞死。他先是被阉割，然后被割去手指，继而在篝火上熏烤，持续了两个小时，直到被折磨致死。他烧焦的尸体随后被肢解，躯干被人拖着游街，身体的其他部分被作为纪念品出售。

事件发生在中午，当时有大约 1 万名民众围观，包括当地官员、警察和学校午休的孩子。有照片记录下了华盛顿被烧焦的尸体挂在咧嘴大笑的白人上方的画面，并被制成明信片。

在 20 世纪前几十年，这就是"百分百美国人"和"美国优先"对于众多美国公民意味着的现实。

当美国在 1917 年加入第一次世界大战时，威尔逊总统在参战前发表了一篇著名的演讲，坚称"必须为民主创建一个安全的世界"。不过，如果他说的是为了美国梦创建一个安全的世界，那也不足为奇，因为在战争期间"美国梦"几乎纯粹是用来形容美国参加这场欧洲战争的目的，或者说应该为之奋斗的目标是什么，这个短语已经摆脱了一切经济意涵。俄勒冈州的一则广告写道："向每一位忠诚的美国人吹响号角，让他们记住美国代表什么。让美国梦成真，为民主创建自由的世界。"[1]

尽管美国仍在讨论是否应该参战，但"美国梦"仍可能意味着和平。"在实现促进世界和平的美国梦方面，我们正在分道扬镳。"[2]但它越来越多地被用来为美国参战辩护，比如《芝加哥论坛报》指出，美国只能通过在欧洲为美国梦而战来维护自由。

> 如果美国的理念、希望、梦想以及美国人建立的机制不值得我们奋力地去维护和捍卫，那么它们也不值得我们奋力地去建立。美国通过战斗赢得了它在世界上的地位。如果它没有为政治自由和个人自由而斗争，那么今天人类的平等将只是抽象的理论，而非既定的事实。[3]

/ 068

尽管《牛津英语词典》引用了《芝加哥论坛报》的这段话，作为耳熟能详的"美国梦"定义的早期例句（即"每一个美国公民都应该有平等的机会，通过努力工作、决心和主观能动性来取得成功理想"），但该报的这段原始引文与成功或繁荣、努力工作或主观能动性并无任何关联。这篇社论明确提到了美国的民主结构、政治和个人自由以及捍卫平等的理想。

在 1916 年《芝加哥论坛报》社论的作者看来，那些才关乎美国梦，而不是成功。但《牛津英语词典》再次假设"美国梦"的含义与繁荣和自决相同，因此即使是那些并不支持这一含义的引文也可以作为"美国梦"来使用。

把美国梦看作对暴政威胁的自由承诺的，也不仅仅是《芝加哥论坛报》。1917 年 2 月，玛丽·E.T. 查宾夫人（Mary E. T. Chapin）——她在曼哈顿比尔特莫酒店（Biltmore Hotel）的讲话"在时髦社交场中轰动一时，他们不去教堂，但仍然觉得需要精神上的指引"[4]——发表演讲，敦促美国参战，她的演讲词在全国转载。几乎可以肯定，查宾夫人的言论是对孤立主义者的谴责，后者不断错误地引用乔治·华盛顿的话，为自己反对"外国纠缠"的论点辩护。

华盛顿梦想人类享有比世人所知更为广泛的自由……他为这个国家实现了这一梦想。我相信，华盛顿的梦想将通过这场伟大的战争扩展到欧洲，美国将被要求以这样一种方式结束这场战争：美国的自由梦想将传遍欧洲并最终包围世界。[5]

这个短语也被用来描述美国的军事实力和崛起的力量，批评这个国家拒绝参战，显得过于胆怯，这种用法就显得不那么和平，但政治色彩同样浓厚，比如 1917 年 1 月，《芝加哥论坛报》一篇推崇武力的社论说："乔治·杜威（George Dewey）摧毁西班牙舰队是完美地实现了美国梦，彰显了胜利的力量。"[6]有些文章讨论"关于从赤道到加拿大边界之主宰政治的美国梦"，而《华盛顿邮报》（Washington Post）则报道了"关于打造一支伟大商船队的美国梦"。[7]

美国在 1917 年 4 月勉强参战。六个月后，艾奥瓦州各家报纸转载了首府得梅因一家报馆的社论，宣称这场战争是帝国的"普鲁士梦"和民主的"美国梦"之间的较量。[8]面对暴政，对"美国梦"表述的早期使用将始终以捍卫自由为中心，认为这将是维护民主的决定性原则。

但与此同时，美国梦继续呈现出各种政治形态，从经济平等到国家进步的模糊概念。《芝加哥论坛报》特别喜欢使用它；一篇被广泛转载的社论批评美国在规划铁路方面缺乏远见。"我们必须学会以另一种精神展望未来，而不是总带着美国梦式的轻松乐观。战争的巨大压力正迫使我们迅速摆脱自满情绪。"[9]"美国梦"开始摆脱限定性的描述，不再是"关于"这个或那个的"美国梦"，而是一种松散的集体乐观主义的表达。

1918 年 4 月《芝加哥论坛报》再次提出了关于自由的美国梦，带着些许骄傲反思这一年的战争："它证明了有序自由的美国梦的现实，是对美国民族令人难以忘怀的承诺，配得上那些在独立战争和联邦战争中全身心服务的高尚的人们。"[10]"你意在保护你所居住的自由之国吗？"1918 年 4 月，堪萨斯州的一篇社论问道："美国永久和平的梦想对你有吸引力吗？记住，只有在为之战斗的情况下，我们才能获得和平。美国不想要战争，但这是一场终结战争的战争。"[11]

1918 年 11 月战争终告结束时，美国梦仍然可谓"有序的自由"，但也是民主秩序。美国梦不止一次被用来描述拟议中的国际联盟（League of Nations），内布拉斯加州的一篇社论认为，这将令"美国梦实质上成为现实"——在欧洲。和平计划制定了"世界邦联国家的宪法，规定了国家和人民之间的政府原则"，就像美国宪法规范了各州之间的关系一样。[12]联盟的捍卫者坚持认为，民主政府的美国梦可以在欧洲复制，以推广美国平等、自由、自决和正义的信条。

然而，事实证明，实现欧洲和平并非易事。1919 年加利福尼亚州的一篇报道称，威尔逊是在凡尔赛会议上"释放美国梦"，而这一年，民主党全国委员会主席指责共和党人蓄意破坏这一努力。"威尔逊总统一直在努力为人类描述自文明出现以来人类头脑中最宝贵的梦想。"在《圣贝纳迪诺太阳报》（*San Bernardino County Sun*）的编辑看来，这个民主梦就是美国梦。[13] 但共和党领导人无意支持这一特定的美国梦。

* * *

在美国重新讨论起国内将会建立什么样的民主之时，俄国革命引发了"红色恐怖"，人们担心苏俄共产主义会对美国的民主制度构成威胁，担心这个国家会被布尔什维克渗透。不平等仍在加剧，1919年"五一"骚乱不仅仅代表劳工冲突。"红色恐怖"以及包括无政府主义炸弹袭击在内的相关恐怖主义行动，与战争中的沙文主义狂热相裹挟，加上对"外国特工"、社会主义者、无政府主义者和其他"非美国"社会力量的恐惧与日俱增，引发了民族主义情绪的高涨。波士顿、纽约和克利夫兰传统上相当和平的五一游行，发展为示威者和警察之间的暴力冲突。

它们还再一次引发了对"百分百美国主义"的吁求，对无政府主义者和布尔什维克将美国"苏维埃化"的反对声浪，以及对"非美国"活动人士无休止的抨击，这些活动在40年后的冷战期间复活。"五一"骚乱之后，种族骚乱迅速蔓延。1919年夏秋，包括芝加哥和华盛顿特区在内的近40个城市爆发了种族骚乱，黑人市民对白人的攻击行为予以还击。

同年11月，宾夕法尼亚州雷丁市的共和党人在当地报纸上刊登了一则广告，宣称他们是"健全的百分百美国人，有意志和勇气抵制将雷丁市苏维埃化的一切企图或向其政府灌输非美国的一切思想或做法"。[14] 两个月后，内布拉斯加州的当地记者激烈地提出了相反的观点。"试图控制政治思想的政策是不符合美国精神的。驱逐出境的政策是专制行为。这当然不是美国的做法。一些百分百美国人在考虑把菲律宾群岛作为美国的西伯利亚是否明智。"

这位作者警告说："对言论和媒体的压制将适得其反。难道当局永远不明白，你没法通过监禁或驱逐思想的解释者来遏制思想？" 15

同化是对仇外心理的一种回应，一些人开始认为美国梦是对白人民族主义的纠正。"美国梦"用来描述移民经历和个人成功梦想，我能发现最早的例子是在 1918 年。关于移民回忆录《一个美国人的炼成》(An American in the Making)的书评结尾写道：

> 我们发现，对一个刚从乡村生活中走出来的欧洲年轻人来说，纽约是多么可怕。贫民区的噪音和污秽是多么恐怖！他遇到的那些形形色色的船员，态度是多么粗鲁！起初，美国是多么令人失望、心碎啊！但是这位麦克斯为了成功一路奋斗，最后他开始做起了自己的美国梦，因为他承认，到头来，是他在贫民区的老朋友和亲戚让他觉得奇怪和落后。

这是一个同化主义的梦想，但也是一个向上的社会流动的梦想：在做着美国梦的过程中，麦克斯把其他"奇怪和落后"的移民甩在了后面，拥抱了美国的成功梦。16

但是，其他有影响力的声音继续对将向上的社会流动视为国家理想的想法表示怀疑，甚至发出警告。1919 年，西奥多·德莱塞（Theodore Dreiser）——此时他还不是著名小说家，但已经是一个坚定的社会主义者——出版了《十二个人》(Twelve Men)，描述了一组对自己有影响的人。在书中，德莱塞写到了一位现在已经被人遗忘的短篇小说作家，称他的出众之处在于他"对美国政治或社会一点都不感兴趣——一个美妙的迹象。在经济和社会上，'先人一步'的美国梦不是他的一部分——另一个一流的标志"。17

显然，对向上的社会流动的美国梦的表述正在生成，但它绝不是一个普遍宣扬的集体理想，也不是这个国家应该集体追逐的"美国梦"。这种易变性远不仅是表明了一个显而易见的事实：思想可以随着时间的推移而改变。随着美国信条的理念——自由、民主平等、社会公正、经济机会、个人发展——被吸引着围绕"美国梦"这个短语凝聚在一起，它也开始呈现出一种更加独特的形态。但这种形态可能会发生变化，因为当前的政治或社会压力可能会使"美国梦"的天平向这个或那个信条倾斜。

1920 年，著名的浪漫奇幻探险小说作家乔治·巴尔·麦卡奇翁（George Barr McCutcheon）出版了一部名为《西风漂流》（*West Wind Drift*）的小说。这是一个荒岛求生故事，背景设定在第一次世界大战期间，不过年代史实极不可信，讲述的是 1917 年一群美国人从南美回国，打算加入美国的战争壮举，路上在一艘远洋客轮上邂逅。船长手下有"一个苏格兰裔美国人"、"一个爱尔兰裔美国人"和"一个来自巴尔的摩、没有归化身份的普通美国人"。书中的英雄人物自然是这位普通的美国人，因为普通的言下之意是"真实"。

这部小说的桥段显然是模仿 1915 年"卢西塔尼亚"号（Lusitania）沉船事件。故事中，远洋客轮被阴谋破坏者炸毁后，幸存者漂流到一个无名的岛屿，在那里他们开始建造岛上天堂。麦卡奇翁解释说，在生存主义经济中，唯一重要的是劳动力，所以这些岛民为自己的社会设计了一种新的货币：时间。工作时间是唯一的价值，因此也就成了唯一的交易物。

他们规定了每周的"营税"，每个人都以既定的时间量来缴纳，"学校、教堂、'医院'和'政府'将得到税收支持"。每个人获得同样的工作时间计数。"这里没有贪欲，因为没有囤积的机会。"相反，资源"做圆周循环"，从人到政府，再从政府到人。[18] 这就奇迹般地产生了一个乌托邦。

　　单薄的故事情节围绕着一些煽动分子展开，这些人都是外国人，乌托邦必须将他们清除出去，以保持这里的完美无缺。一开始，一位来自美国的银行行长还具有邪恶的资本家的所有特征（这位狡诈、傲慢、戴着大礼帽和单片眼镜的垄断者是美国民粹主义魔鬼论中镀金时代的脸谱化角色）。但最终即使是银行家也得到了救赎，因为从本质上讲，他是一个正派的美国人，尊重民主和正义，并且懂得平等的价值。

　　在一个引人注目的段落中，一位美国人称他们的社会是：社会主义最精致的境界。这与史上闻名的美国梦"民有、民治、民享"的精髓非常接近。到目前为止，这是我们所知的最罕见的社会主义学说，但我们的目光要更放得更长远。"从人民中来，由人民所治，到人民中去。"除了社会主义，你还能管它叫什么？[19]

　　无论大多数美国人如何形容今天的美国梦，可以肯定地说，社会主义不是美国梦的一部分。将林肯的"民有、民治、民享的政府"从葛底斯堡演说中摘取出来，与大家熟悉的社会主义口号"各尽所能、各取所需"（在1920年这句话就已经变成陈词滥调）相融合，便勾兑成了"史上闻名的美国梦"。

　　但书中的这位英雄——"没有任何连字符身份的普通美国人"很快指出，他们创造的并不是真正的社会主义："社会主义是一种博弈，你得从口袋里掏出一些东西放到另一个人的口袋里，不管他想不想要。我们的计划完全是另一回事。我们不打算平分口袋里的东西，甚至也不打算平分手里的东西。"[20]

　　他们的制度实际上是社会民主：清教徒的工作伦理激励个人努力，税收制度支持集体服务和互惠互利。这个"美国梦"包含了社会正义和平等、获得商品及服务的权利，抛弃了个人发展的观点。它不是主张财富的再分配，而是反对财富的积累。

从《华盛顿邮报》到《匹兹堡每日邮报》（*Pittsburgh Daily Post*）再到《圣路易斯邮报》（*St.Louis Post-Dispatch*），《西风漂流》被不断转载，这表明在 1920 年，没有人为这种准社会主义的美国梦的颠覆性形象所困扰。

事实上，在"美国梦"一词出现的前 20 年里，它通常被用来描述政治理想而不是经济理想；而在它被用来描述一种经济抱负时，"梦想"带有贬义，代表着一种幻觉，而不是理想。我在研究中也发现，"美国梦"这个短语在最初问世时，从未被用来赞美自由市场的自由。它讨论的是保护个人免受腐败势力和利己主义的影响。

美国梦关乎的是如何阻止邪恶的千万富翁，而不是自己如何成为千万富翁。

就像"美国梦"一样，在美国参加第一次世界大战时，"美国优先"这一短语的含义也迅速收窄。战时的爱国主义使得这个词与孤立主义格格不入；在接下来的两年里，它或多或少发展为纯粹的沙文主义，经常被拿来与"法兰西万岁！"和"统治吧，不列颠尼亚"等民族主义口号相比，同时却大肆嘲笑"德意志高于一切"是令人反感的军国主义。

这种立场的虚伪性经常被人指出。北卡罗来纳的一篇社论观察发现，那些坚持认为喊出"德意志高于一切"这类口号无异于高举魔鬼旗的人，正是最强烈地支持"美国优先"口号的人。但是，既然都打着军国主义口号，无非好战主义和民族主义的细微之差，这二者之间也没什么好选择的。社论警告说，如果"美国优先"成为这个国家的指导原则，它将不可避免地导致这个国家走向进一步的冲突。文章总结说："我们有信心相信，这个国家不是也从来没有信奉'美国优先'。我们希望并相信这个国家秉持的是正义优先。"[1]

但随着美国仇外情绪如今被军事化和彻底合法化，有了自己的宣传口号，这种希望越来越渺茫。这种情绪催生了一些真正可怕的诗歌：

> 美国优先！她的传统和法律，
> 她的理想崇高，要珍惜我们的事业；
> 她的土地肥沃，只容她自由的子民涉足；
> 我们将神圣地守护她和她的上帝；
> 所有肤色的子民再一次集结，
> 美国优先！从东海岸到西海岸。[2]

还有很多同样愚蠢的小说。1917年9月，《赫斯特杂志》（*Hearst's Magazine*）刊登了一篇名为《数小兵》（*The Pawns Count*）的故事。故事中的人物包括一个德裔美国人、"一个日本人"、"一位名叫哈桑（Hassan）的穆斯林恶棍"和女主人公卡米拉·范·佩尔（Cammella Van Peyl），尽管女主人公的名字听着像外国人，但她是一个信奉"美国优先、美国唯一、美国永远"的"美国女孩"。

在一则插画广告里，信奉美国优先的卡米拉申明："你唬不着我的，哈桑。"广告既充斥着对穆斯林的社会偏见，也将卡米拉的言辞包装得更华丽（"北方姑娘，天生泼辣"）。[3]

1917年和1918年席卷美国的战时爱国主义，当然不仅仅局限于美国梦或美国优先。"美国信条"的回归，要归功于美国前总统约翰·泰勒（John Tyler）的后裔威廉·泰勒·佩奇（William Tyler Page），他在一场"全国公民信条竞赛"中赢得了1000美元。佩奇的"美国信条"的开头如下：

> 我相信美利坚合众国是一个民有、民治、民享的国家,其公正的权力来自被统治者的许可;它是一个民主共和国,是集合了许多自治州的主权国家;它是一个完美的联盟,统一而不可分割;它建立在自由、平等、正义和人道的原则基础上,美国爱国者为之牺牲了自己的生命和财产。⁴

在接下来的几十年里,佩奇的信条在美国各地的学校和市政厅被反复背诵,并被灌输给成千上万的美国公民。正如在 1892 年撰写、在 1945 年获得正式地位之前已被广泛背诵几十年的“效忠誓词”(pledge of allegiance),佩奇的“美国信条”也会在反极权主义的斗争中回归。

* * *

第一次世界大战结束后,“美国优先”的含义迅速从战时的沙文主义回归纯粹的孤立主义。这当中不存在任何矛盾,因为它的民族主义本色始终如一。

威尔逊曾试图将“美国优先”归为美国在全球拥有领导地位的口号,但一股反对任何进一步结盟的民众浪潮压倒了这一努力。这个国家的情绪并没有多大的改变;大多数人仍然认为,欧洲的问题是欧洲自己的事情,美国政府应该把精力集中在国内。他们已经为第一次世界大战破了一次例;这个例外业已失效,现在是回归孤立主义常态的时候了。

威尔逊在《凡尔赛条约》上的立场以及他关于国际联盟的主张,在国内尤其不受欢迎。进步人士反对该条约向德国施加的巨额战争赔偿要求和与之伴随的巨额债务负担,也反对它任意处置领土,认为这是对他们为之奋斗的正义原则的背叛。保守派人士鄙视威尔逊建立国际联盟的企图，认为这是一场联盟的噩梦，而且将永远纠缠不清——
这一次，人们更准确地引用了华盛顿的告别演说。

国会特别反对第十条，该条允许采取集体行动来维持和平，要求
所有成员国"尊重并维持……联盟所有成员国的领土完整和现有的独
立免受外来侵略"。不干涉主义者痛恨这种表述，认为这掩盖了帝国
主义的倾向，是推行帝国联盟意志的借口。反对者认为，第十条规定
美国必须在全球范围内做出永久性的承诺，即一旦联盟遭遇"外部侵
略"，美国将在任何时间、任何地点派兵。

"美国优先"带给威尔逊事与愿违的结果：现在，他的对手称他
加入国际联盟的愿望是"站不住脚的"。

像沃尔特·李普曼这样的进步人士普遍认为，第十条中的一个问
题在于，战后对领土变更的解决方案是不公正的，而该条款将迫使美
国捍卫此种不公正。李普曼预言这将"给欧洲带来无尽的麻烦"，他
极其准确地警告说，《凡尔赛条约》肯定会成为"严重分裂、极度怨
怼的欧洲争议的前奏"。[5]

但也有人反对国际联盟，因为它似乎将民主代理权从公民个人手
中转移到了神秘的外国势力和国际金融家之手。特别是许多拥有小型
农场和企业的白人男性，他们认为国际联盟是对其政治霸权的又一次
侵犯，又一次将影响力从他们那里转移到"外来"团体之中，削弱了
他们的权力。

当美国政界人士和媒体呼吁征收保护主义关税时，他们开始讨论
所谓的"经济民族主义"问题，一个世纪后，这个说法也将重新被提
起。银行家们辩称，美国一定会"与其他民族的经济民族主义正面接
触并展开竞争"。[6]被广泛转载的《新共和》的一篇社论反驳说，建
制派反对德国民主自治，显然是为在美国建立后来被称为军工复合
体的"未来的军备、军国主义、经济民族主义和强权政治结构"找
借口。[7]

"美国优先"很快就被当作保护主义关税和反对国际联盟的战斗口号。市民写信给报纸，阐释为什么共和党是最爱国的政党。一封给《纽约论坛报》的市民来信这么写道："称共和党为'美国党'恐怕是恰如其分的，让我们高喊'美国优先'的口号。"[8]

在美国国内，威廉·伦道夫·赫斯特对《凡尔赛条约》第十条的批评最为尖厉。在赫斯特看来，国际联盟和第十条将不可避免地使美国卷入欧洲的外交冲突，他领导了在国内的运动，反对威尔逊说服国会签署和约的努力，重申国际联盟和世界法院是"令人作呕"的组织，其唯一的目的在于让美国深陷足以摧毁自身的外交冲突。

赫斯特在社论和给媒体的信中，公开威胁支持该和约的政界人士。赫斯特在其中一篇文章中写道，毫无疑问，任何爱国的政治家都希望美国公民"知道他是如何投票并铭记自己是如何投票的"。赫斯特准备利用他的出版物——"现在有 2500 万美国人在阅读，而且读者人数与日俱增"——"尽一切可能，避免这些政治家和他们的选票出现在美国人民面前"。

最后，如果国会接受了《凡尔赛条约》，赫斯特誓言要将他的出版物"奉献"出来，以求"组建一个新的政党……其主导理念将是'美国优先'，该党将仅忠诚于自由、民主和独立，正是这些令美国在世界所有国家中独占鳌头"。[9]

《斯克兰顿共和党人》警告读者，国际主义正以其"微妙的幻想""包装光鲜的笼统表述和对普遍情感的诉求"欺骗美国公民。"这个国家的人民不能忽视这样一个事实，那就是他们必须坚持的原则是'美国优先'。"[10]

关于国际宣传渗透到美国的担忧并没有因为某些成功的调查报道而有所减轻，其中一篇报道揭露了"欧洲假新闻局"，后者是一个"纯粹出于投机目的而向美国传播毫无根据或完全扭曲的新闻"的计划。[11] 宣传本身就是一个令人担忧的新想法，它第一次暴露出利用虚假或歪曲的信息来操纵舆论是一件多么轻而易举的事情。

　　战争期间开始出现了对宣传的担忧；系统性的宣传对民主的威胁是显而易见的，因为所有依靠群众智慧的制度的脆弱性都立刻显露无遗。关于广告的现代观念表明，政治口号可以帮助创建一个竞选品牌，说服选民不仅选择一位候选人，还选择一种政治立场。19世纪，有了知名度通常就足够了，想想《蒂皮卡诺和泰勒也是如此》①；而在20世纪，候选人越来越倾向于与意识形态如"美国优先"结盟。

　　"美国优先"以及与之相关的美国化理念，包括呼吁将英语作为国家官方语言，被吹捧为对抗外国宣传和外来观念的解毒剂。"美国优先必须铭刻在每个人的心中。在公立小学里只应有一种语言，那就是出自《独立宣言》、亚伯拉罕·林肯、西奥多·罗斯福的语言，"曾指挥罗斯福的骑士队并在1920年寻求共和党提名的伦纳德·伍德（Leonard Wood）将军说："要像避免死亡一样避免松散的国际主义，因为后者意味着国家的死亡。"12

　　尽管很多人竭力宣称"美国优先"是一个不断完善的理想，但许多知名教育人士公开鄙视它。哈佛大学前校长查尔斯·W.艾略特（Charles W. Eliot）在写给《纽约时报》的信中言辞犀利地说道：

　　　　美国优先——这种看法无论是出自本国人还是外国人，都极大地低估了美国人的智力和良好的判断力。只有那些有能力在1917年和1918年洞察美国芸芸众生的思想的公职人员，才能提出这样的看法，这说法似乎难以置信，却是一个屈辱的事实。13

---

　　① *Tippecanoe and Tyler, too* 是1840年美国大选中的助选歌曲，在与印第安人的战争中，总统候选人威廉·亨里·哈里逊在蒂皮卡诺战役中一战成名。

更具代表性的是，新泽西州共和党参议员沃尔特·艾奇（Walter Edge）宣布，"推崇'美国优先'公民与那些寻求'世界强国'梦想的人之间存在明显差异，后者将'无条件地将美国卷入欧洲的旋涡'"。[14]美国各地的社论对此表示赞同，批评威尔逊"固执地坚持"国际兄弟情谊的理想，而"世界尚未为此做好准备"。[15]"简而言之，美国人希望首先捍卫美国。"[16]

不久之后，"美国是优先，是最终，也是永远"的理念在全美范围内复苏。从特拉华州的威尔明顿到威斯康星州的绿湾，当地的报纸都把它作为自己的座右铭，印在每期的社论版上。

到1920年初，赫斯特的《纽约美国人》（New York American）——宣称它的"灵感来自'美国优先'"——拿出了500美元和100枚"'美国优先'银牌"，以表彰在纪念乔治·华盛顿征文比赛中获奖的学生，而华盛顿"一直支持美国是第一，是最终，也是永远"。[17]在接下来的20年里，赫斯特时不时地会在他从东海岸到西海岸的报纸上加上"美国优先"的报头。

/ 084

　　1920 年 3 月 19 日，参议院第二次拒绝批准《凡尔赛条约》，将和约发回威尔逊总统（关于他在六个月前中风的传言终于在此时开始流传）。第二天，《纽约时报》刊登了一些愤怒的美国公民的来信，坚称美国应该在和平进程中发挥主导作用，努力恢复威尔逊式"美国优先"的国际主义内涵，即在世界舞台上首先做正确的事。

　　"我们愤怒而羞愧地看到美国从世界舞台上的领导地位上坠落，"一封读者来信抗议道，"'美国优先'应该是指美国首先（而不是现在的最后）兑现它的承诺；美国首先，而不是最后，承担它的道义责任；美国是首先而不是最后，自愿做出牺牲。"[18]

　　1920 年夏天，共和党人提名沃伦·G.哈定作为总统候选人。1914 年，哈定以"繁荣的美国优先"为纲领，成功当选为参议员。现在哈定把它作为自己竞选总统的口号。"如果你愿意，你可以把它叫作民族自利，但我认为这是对爱国主义献身精神的一种激励——保卫美国优先，稳定美国优先，繁荣美国优先，考虑美国优先，尊崇美国优先，敬畏美国优先，为美国优先而活。"[19]

　　许多美国人确实称其为民族自利。北卡罗来纳州的一份报纸报道称，哈定被斥为"'自私、自我中心、沙文主义的民族主义的中世纪反动信条'的倡导者"。[20]《印第安纳波利斯日报》（*Indianapolis Journal*）早在 1895 年就告诉读者，英国人用沙文主义形容那些通过"挥舞战争旗帜威胁、恫吓和排挤其他国家"来寻求权力的人。沙文主义是欺凌弱小者的爱国主义；它专挑弱小国家，从来不讲原则，只谈荣耀；从来不为正义，只为私利。[21]

/ 085

　　1920 年夏天，参议员亨利·卡伯特·洛奇（Henry Cabot Lodge）在共和党全国代表大会上发表主旨演讲，以"美国优先"之名谴责国际联盟。洛奇警告说，美国人民永远不会接受《凡尔赛条约》。他宣称，"凡事先想到美国的人都不必害怕回应"威尔逊"专横的要求"。[22]

6月30日，哈定在新设备——留声机上录制了"美国优先"讲话，作为其选战活动的一部分；一个月后，他在接受提名时引用了这句话，承诺要用"美国优先"来反对威尔逊国际主义和国际联盟的"大错特错"。其他人注意到了这一讽刺。"总统候选人哈定正在拿'美国优先'大做文章。共和党人喊出的这一口号的问题在于，它是从威尔逊政府那里借来的。"[23]表面上看，哈定的竞选海报和四年前威尔逊的非常相似。

全国范围内发行的《美国经济学家》（*American Economist*）在社论中表示支持哈定作为总统候选人，并承诺哈定（"一个正直廉洁

的人”）将开创一个“民族主义而非国际主义的时代，我们将拥有一位以‘美国优先’为要务的国家元首”。[24]

但是，并不是所有人都相信这一点。北卡罗来纳州的一篇社论反驳道：“哈定参议员空谈‘美国优先’。可是谁想把美国摆在第二位？如果不是华盛顿的这群共和党参议员——哈定参议员也是其中一位——在维护世界和平与自由的强国协商会议上，首先落座而且坐在首位的如今一定是美国。”[25]

但对许多美国人来说，这句口号的爱国主义精神很快就不言自明。得克萨斯州在独立日当天刊登了一则广告：“明天——7月4日，美国人民将再次宣誓效忠于美国国旗，并再次宣誓相信《独立宣言》体现的伟大原则。美国优先已经成为所有忠诚的美国人的口号。”[26]

这种对公民美德的赞歌被一个事实稍微削弱了，那就是它推销的是洗衣服务（“你家的床单、桌布永远簇新——你家的衣服永远簇新”），图中山姆大叔对着“美国优先”沉思。

/ 086

不管这则广告是不是有意搞笑，关键在于"美国优先"已经完全融入全国性的对话，结果是，到 1920 年，在许多美国人看来，它就像独立日、《独立宣言》和山姆大叔一样具有标志性。

* * *

但它也仍然存在分歧。全美各地的人写信给当地报纸和《纽约时报》，谴责这种表述及其情绪，认为它代表着一种丑陋的极端民族主义。一位记者观察到，"当［哈定］第一次回国演讲，在结尾处六次重申'美国优先'时，人们觉得他肯定要脱口而出诸如'德意志高于一切'之类的话了"。[27]

另一位记者则更为直白地宣称："在我看来，'美国优先'是一个非常恶毒的口号。"[28]

这年 7 月，《匹兹堡邮报》指责哈定暗示那些不同意他的人就是没有把"美国放在第一位"。这篇社论认为，判断美国主义的标准不仅应该是战争期间对国家的热爱，还应该是"在和平时期对国家原则的忠诚。如果说在美国的信条中有一个原则更加突出的话，那就是对意见的宽容。由此可见，一个不宽容的人绝不是一个理想的美国人"。[29]

但是，哈定经常指责那些反对他的人不够正直，包括他自己党内敢于挑战共和党保守派的进步人士。这篇社论进一步说，哈定通过卑鄙地宣称"民主党人不支持美国优先"来攻击他的政治对手。哈定越早认识到，仅仅因为对手不同意他的观点就指责他们是叛徒的做法为人所不齿，对所有人来说就越好。[30]

《纽约时报》写得比《匹兹堡邮报》更妙。它认为"美国优先"这个说法本身就为人所不齿，并对它的"陈腐"嗤之以鼻，"有史以来所说的最多的陈词滥调。'美国优先！''同意，同胞们，让我们都热爱我们的祖国吧。'每一个共和党人的竞选演说都在反复念叨着这类激动人心的口号"。这篇社论总结称，哈定演讲最出色的地方在于，它为所有有头脑的人"彻彻底底地减轻了智力负担"。[31]

然而，这句口号仍然很受群众欢迎，尤其顺应政客们忙于煽动的排外恐惧。这年秋天，哈定在后来被称为"对外国出生人士的讲话"中，提出了以"美国优先"来抵御"连字符公民"的危险。哈定宣称自己"坚决反对任何当前或未来的连字符公民美国主义"，他警告说，国际联盟必定会把手伸向那些"心意从'美国优先！'转向'连字符公民优先！'的部分美国人团体。"

哈定认为，美国必须防范"有组织的连字符公民投票"，以避免对国家的控制权"转移到外国资本手中"。[32] 所有这些委婉语——国际主义将把选民分成个别团体，国家必须阻止有组织的连字符公民投票，外国阴谋集团在等着攫取美国的财富——实际上等于妖魔化作为一个整体投票的所有移民社群，故意将国际主义与排外情绪混为一谈。

哈定批评民主党未能为自己的价值观提出积极的理由，他说："我们不知道对手的立场是什么。我代表的是一个团结的美国，一个人道的美国，一个高效的美国，美国优先。"[33]

哈定的听众并没有忽视这些暗语的潜台词。1920年10月31日，一位愤怒的美国公民在大选前夕写道："'美国优先'和'我赞成置身事外'的口号让人不寒而栗。美国可能会对国际联盟'置身事外'，但它不会置身于历史之外。"[34]

1920年10月，美国共和党全国委员会主席威尔·海斯（Will Hays）宣称，他可以看到"共和党人在'美国优先'的旗帜下'走向胜利'"。[35] 11月3日，他们做到了这一点，在白宫和国会选举中取得全面胜利，包括在大选中战胜民主党候选人，此番民主党提名的副总统人选是富兰克林·德拉诺·罗斯福（Franklin Delano

Roosevelt）。

哈定在胜利后说，参加"一战"不是为了确保民主，而是为了确保美国在海外的权利：国际主义只会为民族主义服务。担心美国退出世界舞台的欧洲政界人士相互打气说，"哈定参议员的成功只是'美国优先'口号所代表的理念取得的暂时胜利"，但这并不意味着美国将长期坚持这一立场。[36] 毫无疑问，这只是一种竞选策略，美国将重返世界领导地位。

对许多美国人来说，一旦哈定获胜，"美国优先"似乎就获得了合法地位；很快，它被视为一项行政政策，而不仅仅是一句口号。1920 年大选后，有读者致信《纽约时报》为这种理念辩护："所有消息灵通的人士都明白，'美国优先'仅仅意味着保护和捍卫我们的国内事务不受任何不利的外界势力的入侵或干扰，"这包括"虚无主义的讨论和实践，激进的社会主义或外国宣传"。"美国优先"的唯一目的仅仅是抵御"分裂的影响"，该口号"在选举后期获得通过"，如今已成为政府的政策。"美国境内的每一个人都应该步调一致。"[37]

虚无主义、激进社会主义的威胁，以及"美国优先"旨在打击的外国宣传，都与欧洲知识分子有关，而且其中许多人是犹太人，这绝非巧合。这些带着异端思想的激进知识分子，被视为对"美国优先"的"普通"支持者的威胁，而"美国优先"——通过另一条关联链——成了一种公然的反知识分子立场。乡村人口认为，自鸣得意的国际化精英，如因侮辱美国中产阶级中的"乡巴佬"和"土包子"而出名的作家 H.L. 门肯（H. L. Mencken），在嘲笑他们的道德和宗教。

结果是，"美国优先"绝不仅仅是共和党人的问题。就在大选结束后不久，密苏里州民主党参议员詹姆斯·里德（James Reed）在麦迪逊广场花园举行的"美国优先感恩节"庆祝活动上说："我们已经走出梦境。"里德属于一个被称为"不可调和者"（Irreconcilables）的两党国会议员团体，他们单方面拒绝任何形式的《凡尔赛条约》。"美国人民拒绝降下美国国旗。我们已经走出了梦境。人民是永远可以信赖的。我们的盎格鲁－撒克逊祖先意识到了这一点。"讲到这里,里德加进了一些种族主义的调料。"他们知道,正如杰斐逊当年所知道的那样,人民的常识比少数知识分子的全部知识还要丰富。"[38]

这种考量使盎格鲁－撒克逊人、开国元勋和普通民众团结起来,共同抵制住在虚幻梦境中的外国知识分子(我们应该在这里稍做停顿,设想这种情景:博学的美国首任驻法国大使杰斐逊抵制外国知识分子)。指责身处都市、国际化的知识分子不如直言不讳的乡下人那么美国化,或者说不那么"真实",这并不是什么新鲜事;在美国历史的大部分时间里,它为该国反精英民粹主义的周期性爆发埋下了伏笔。到1920年,它已与"美国优先"联系在一起。

从"梦境"中走出来,里德所谓的"真实的美国"拥抱了沃尔特·李普曼所认为的一种幻觉,一种普通民众质朴智慧的梦想,一种显而易见的反智主义力量。并不巧合的是,李普曼就是来自纽约的第一代德裔犹太移民——参议员里德正以"盎格鲁－撒克逊"父辈的名义,鼓励其选民抛弃他这种类型的"外来"的公共知识分子。每一个团体都习惯性地指责对方抱有幻想,生活在虚幻中。

1920年早些时候,前参议员阿尔伯特·J.贝弗里奇(Albert J. Beveridge)在印第安纳州对一群"数量庞大的听众"发表了类似的讲话,将同质性与他的美国同胞的现实加以比较。贝弗里奇肯定地说,他不仅支持美国第一,而且支持美国唯一。

> 我是民族主义者;我反对国际联盟。我是民族主义者,这既是与生俱来的,源于信仰,源于思考,也是基于审慎的理由。原因何在?当这个国家成立时,它是一个同质的国家。我们现在不是一个这样的国家,而是一个不同种族团体的集合体,没有任何

一个种族居于主导地位。我们不是一个民族，正如法国人不是一个民族，意大利人不是一个种族实体。直到我们成为一个民族，种族界限消除，我们的血液、名字和目的趋于同一，我们才能成为世界上最伟大的国家，一个与众不同的种族。不是美国第一，意大利第二；不是美国第一，法国第二；不是美国第一，德国第二。我们的口号应该是美国唯一。

对于纯化"美国种族"的呼吁，以及回到单一种族的神话般的过去，现场大多数听众回以雷鸣般的掌声。[39]

* * *

1920 年，三 K 党也将"美国优先"作为其口号，这应该不足为奇。1919 年 7 月 4 日国庆节，得克萨斯州一名三 K 党领导人在演讲中宣称："我永远都支持美国是第一，是最终，也是永远，我不希望任何外国势力指指点点，告诉我们该怎么做。"[40] 当年美国只由种族纯正的北欧"普通人"组成的离奇幻想，也是三 K 党制造的国家起源神话，他们希望强迫堕落的美国回归这种过去——如果有必要的话，他们将不惜诉诸暴力。

私刑已经构成了一场全国性的危机，以至于在 1920 年的总统竞选期间，共和党人被敦促在自己的政纲上增加一项条款：将私刑定为联邦罪行。那年夏天，《纽约论坛报》刊登了一位读者的来信，建议共和党这么做。在同一版上，另一位记者说："诉诸种族因素太有吸引力了。这个国家必须消除一切排外主义。"他坚称，美国主义并"不代表'美国优先'——这个表述本身带着怀疑的意味，就好像还有第二种选择似的——而是代表'美国唯一'"。排外主义和外国势力领着这个国家误入歧途；"作为美国人，我们可以解决我们自己的问题，这样每个阶级、种族、教派都可以感到满意。"[41]这位作者反对过多地迎合种族元素，呼吁消除一切排外主义，并希望确保"每个种族都可以感到满意"，但他似乎没有看到这当中有任何矛盾之处。那一年，共和党没有在竞选纲领中提出任何反私刑政策，这使得美国的每一个种族都不太可能觉得满意。

相反，在地方政府决定如何或是否起诉动用私刑者时，本州自主权仍然被拿来当作借口。多数情况下使用私刑者并没有被起诉，在1918~1921年的四年里，美国至少有28人被公开烧死在火刑柱上。

到1920年，大多数美国报纸至少公开谴责了私刑。但是，为种族暴力做合理辩护所需的认知扭曲总是会造成令人吃惊的盲点。例如，1920年7月，北卡罗来纳州的一份报纸发表社论称，威尔逊和哈定的"美国优先"口号"只是有点自私"："一年前，美国领导世界；今天，我们完全被孤立。"

该报［讽刺的是，它名为《华盛顿进步报》（*Washington Progress*）］在这篇社论里谴责自私自利，而在同一个版面紧挨着的位置还发表了一篇社论，威胁要对美国黑人处以私刑。"又有一个黑人畜生对一名白人女子犯下了可怕的暴行，并导致另一名白人男子死亡，数人受伤。"文章这样开头，随后陷入歇斯底里的混乱："这已经是近期第二起事件，之前的那个黑人被私刑处死，对最后这一个也有此打算（原文如此）。"

在对道德和法律做了简短的口头承诺——"私刑令人震惊，不应得到许可"之后，这篇社论很快就开始指责受害者：

> 但情况每况愈下，我们不应容忍。黑人不妨彻底认清这一事实。如果有色人种中最优秀的那一部分愿意做出选择，他们可以帮助消灭这种罪行并保持种族间的相互好感。如果这种情况继续下去，不管人们如何谴责私刑，它还是会被不断使用。[42]

只要美国黑人不改善他们的生活方式，不接受白人强加给他们的部分公民身份，立即处决式的暴力就不会消失。

后来，历史学家无可辩驳地证明，针对非裔美国人的暴力行为是对他们在这一时期取得的政治和经济成就的强硬报复，而维持性关系的底线通常只是一个借口。早在1903年，美国当地报纸就承认了"经济竞争"导致私刑的事实。[43] 少数族裔越是能获得经济自主权并融入国家社会，引发的报复性暴力就越多。（压迫者认为少数族裔这么做是"傲慢"——他们没能搞清楚自己的位置——压迫者也用这种逻辑说服自己，让他们相信受害者是罪有应得，激发暴力者理应承受暴力）

针对黑人的暴力绝大多数是出于经济动机，即使在当时，外界也偶尔无法忽视这种动机。内布拉斯加州一份当地报纸在1920年报道说，"数千名黑人"被"白帽暗夜骑士"强迫在南卡罗来纳州的棉花地里干活。然而，标题对这种强迫劳动的描述略有不同："穿着三K党服装的'暗夜骑士'的行动拯救了棉花作物"。[44] 看来应该祝贺三K党做出"英勇"的决定，通过暂时恢复奴隶制来拯救眼看烂在田里的棉花作物。

与此同时，私刑正在南方蔓延开来。1920年，《达拉斯快报》（Dallas Express，自称是"南方历史最悠久、规模最大的黑人报纸"）指出，五年前北方的私刑非常罕见，因此一旦发生就会占据新闻报道的头条，而在南方，私刑并不那么受关注。[45] 但是到了1919年，美国82起私刑中，2起发生在科罗拉多州，1起发生在华盛顿州，1起发生在内布拉斯加州，1起发生在堪萨斯州。

1920年6月，三名在马戏团务工的黑人男子——他们分别叫埃利亚斯·克莱顿（Elias Clayton）、埃尔默·杰克逊（Elmer Jackson）和伊萨克·麦克（Isaac McGhie）——在明尼苏达州德卢斯被处以私刑，他们被控强奸一名白人女孩。这个据称的受害者后来接受了医生

/ 094

的检查，但没有发现身体受到侵害的证据。没有人因为谋杀被起诉。

两个月后，一伙 1000 多人的暴徒袭击了得克萨斯州的一所监狱，用私刑处决了被控谋杀一名白人妇女的利奇·丹尼尔斯（Lige Daniels）；他半悬在空中的尸体的照片被制成纪念明信片，尸身下方一如既往地挤满了傻笑的白人，当中也有孩子。

那年晚些时候，加利福尼亚州圣罗莎市又发生了一起公开的私刑事件，而且这次是一连绞死三人，其中一名围观者向媒体生动地描述了这一"令人作呕"的事件。[46]

甚至在当时，人们就注意到动用私刑的借口越来越站不住脚，似乎暴民再也不用为酷刑和谋杀寻找借口。《达拉斯快报》上的同一篇文章指出，公共舆论一度仅认为"黑人对白人女性实施强暴"可构成"足够的挑衅"。但现在"公共舆论变得更加纵容"。[47] 20 世纪初对美国黑人实行当即处决时提出的"理由"包括"胡言乱语""赌博纠纷""工资纠纷""债务纠纷""传播文学"。

对于三 K 党来说，"美国优先"提供了一块遮羞布：一种在社会和政治上都可以接受的仇外心理，掩盖了一种自发的种族主义，至少他们在公开层面声称其并没有清除"外来元素"，对黑人也没有任何敌意。但事实是，三 K 党很少攻击外国人，无论是新移民还是来自其他国家的访客。相反，"外来元素"是对错误的美国人群体的一种本土主义的委婉语：名称是用归化的美国公民连接的那类美国人，带有外来观念的那类，名字像外国人的那类，信仰外来宗教的那类，或者带有外来种族血统的那类。

* * *

但是，因为"一滴血法则"不可能行得通（毕竟所有的血看起来都是一样的），证明种族纯净度比像三 K 党这样的组织愿意承认的难得多。人们可能隐藏自己的真实血统，以白人甚至美国人的身份"招摇过市"，这种可能性可能会让本土主义者非常焦虑，而在焦虑的重压下，他们可能会鼓捣出一套关于当权者血统的阴谋论。

这就是为什么在 1920 年哈定当选在即时，他突然被人说成是黑人。

1920 年 10 月，媒体披露了针对总统候选人的秘密阴谋论，这是他的对手为了阻止其入主白宫捏造的。《纽约先驱报》头条写道，这是"震惊世界的政治堕落和道德败坏"的一个例证。他们揭露了"一个卑鄙的阴谋"，即"通过阴险地断言美国共和党总统候选人沃伦·G. 哈定带有黑人血统，从而'偷走'选举"。[48]

这一指控基于一种普遍的共识，即拥有"黑人"的部分血统不仅是不光彩的，而且会因为不是"百分百美国人"而被取消总统资格。"百分百美国人"可以被解释为黑人、外国人、叛国者，或者三者兼而有之。

愤怒的共和党主席向选民保证，哈定是"纯粹的盎格鲁－撒克逊人"，同时他也反对那些毫无根据的指控被广泛传播，而且还有那么多人相信，他声称这是"有史以来对拥有崇高荣誉的候选人最可鄙、最下流的攻击"。[49] 许多人感到震惊的是，即使是在现代，总统的荣誉也不足以使候选人免受有关他血统的下流谣言的伤害。

在美国各地转载的一篇社论中，来自哈定家乡俄亥俄州的一家报纸愤怒地谴责了攻击这位总统候选人合法性的"流言蜚语"。美国本应摆脱对人不对事的人身攻击。"本世纪的总统竞选主要是在公开场合进行，主要考察的是执政原则、候选人的性格和意愿。"[50]

有读者来信称，现在民主党人在散布哈定的祖母是黑人的谣言，试图恢复一种丑陋的"卑鄙的党派偏见"。没有一个民主党人正式支持这种"鬼鬼祟祟的宣传"，但是关起门来，他们都在四处散发小册子。[51]

对哈定的辩护不断涌现，有人拿出了他的家谱，详尽地解释了他家族的祖先来自何方（苏格兰拉纳克郡）、何时到来（17世纪），同时还承诺"要证明在他们之中没有掺进一滴黑人的血"。[52]

读者来信结尾写道，"美国人通常反对谎言，尤其是那种只有在暗处才会盛行的谎言。除非我们人民的天性发生改变，否则他们将在选举日展示自己对这场地下运动的确切看法"，这场以种族为理由、通过耳语诋毁总统合法性的运动。来信者确信："不能在美国自由开放的媒体上进行的政治竞选活动，对任何政党或候选人都没有好处。"

《圣路易斯邮报》报道说，俄亥俄州的三家报纸"谴责"谣言，宣称"沃伦·哈定拥有纯洁的心灵和纯美国主义，涌动着豪迈的爱国主义情怀，在他的血管中只流淌着白人纯净的血，他的祖先为他留下了绵延漫长的文化血脉，这是一群他可能以之为荣的男人和女人——他以他们的成就为荣，以他们美好的家庭生活和理想为荣，以他们纯粹的种族完整性为荣。"[53]

所有这些"纯洁性"即使不是同等的，也是相关的。纯洁的心灵、纯美国主义、豪迈的爱国主义情怀、纯净的白人血统、令人钦佩的文化、崇高的成就、美好的理想、纯正的种族，每一项都与其他密不可分。

从"美国优先"的"纯美国主义"到"白人的纯净血统"，这只用了几个简单的修辞步骤。这也不是美国历史上最后一次用带有太多"黑人血统"来暗示一位总统不算是"百分百美国人"，因而不适合担任总统，尽管似乎没有人要求哈定提供出生证明。

记者威廉·艾伦·怀特（William Allen White）广受美国人喜爱，被誉为"堪萨斯的贤人"。同年12月，他写了一封信，信中说道："这是一个多么该死的世界啊！"如果十年前有人告诉我，我们的国家会沦落到今天这步田地……我肯定会质疑他的理由。"[54]

第二部分 1920~1930 年

当哈定总统把美国的注意力聚焦于"美国优先"时，"美国梦"继续逐渐成为一种提升核心国家价值观，甚至是理想主义在日益世俗化的社会中的威望的方式，同时也促进了民族自尊意识的增长。

1921 年 1 月，沃尔特·李普曼写了一篇文章，此文从未发表过，但被收录在关于他的论文集中。在文中，他认为美国犹太人应该吸收而不是支持犹太复国主义："在巴勒斯坦建造锡安是一件了不起的事情，但实现美国梦同样精彩。"[1]

除了可能引起争议的政治立场（这也是李普曼的传记作者提到该文的原因），这段之前未发表的引文实际上代表了"美国梦"一词在描述抱负、同化和移民经历时最早的现存用法之一。这一想法显然清晰地留存在李普曼的脑海中，因为不出两年，他将在另一篇重要的文章中再次提到这个短语。

它在慢慢积聚文化势能。一年后，《匹兹堡新闻》（*Pittsburgh Press*）讲述了一个故事：三位有进取心的剧作家在长岛租了一套房子，"他们希望在这个避世之所勾画伟大的美国梦"。这是较早将美国梦视为职业抱负和快速致富计划的结合：进步时代的理想日益渗透进 20 世纪 20 年代美国人的态度中。[2]

1922 年初，《阿克伦灯塔报》（*Akron Beacon Journal*）仍有可能大书"世界和平的美国梦"，但这个词在经济语境中的使用不断增多，至少部分原因在于经济确实蒸蒸日上。[3] 20 世纪 20 年代，每一个美国人或许都有机会发财致富的梦想——不仅仅是繁荣，还是巨富——开始蔓延，彼时股市在承诺每个人花上几美元就能赢取大奖，就像百老汇和好莱坞也似乎在暗示每个人都可以成为明星，或者写一部热门剧一样。

随着国家对繁荣的关注成为定势，20 世纪 20 年代，一些作家以小说作为回应，这些小说现在被视为有关"美国梦"的经典著作，尽管这些小说都没有使用了这个短语。

1922年最畅销的美国小说是辛克莱·刘易斯（Sinclair Lewis）的《巴比特》（*Babbitt*），小说对美国人从众、粗俗的物质主义和全国性的商业崇拜进行了猛烈而颇受欢迎的讽刺。在小说的开篇，乔治·巴比特（George Babbitt）心满意足地凝视着一座银行大厦，将其视为"商业神圣殿堂中的顶峰，一个忠贞、热诚、高贵、卓越的人"。[4] 刘易斯写道，巴比特喜欢抱团，不假思索地遵守规则；他条件反射般地遵循共和党长老派主义，这"坚定了商界人士的信仰"。[5] 尽管巴比特在很大程度上是个天真的庸人，甚至在某种程度上简直讨人喜欢，但他的信仰仍然相当庸俗。如果从小说中走入现实世界，巴比特恐怕会为一些同行所理解的"美国主义"的丑陋所震惊；他虽然既愚蠢又自私，但并不恶毒。

刘易斯多次揶揄奉行"美国优先"的共和党人和"百分百美国人"。他解释道，巴比特是好市民联盟的一员，"属于最富裕的顶层公民"，这包括乔治·巴比特这类"普通人"，他们代表的是"推销员的繁荣"，但也包括"一些贵族，他们是一些比较有钱或是许多代以来一直有钱的人，如银行和工厂的总裁、农场主、公司的律师、时髦的医生"。[6]

"好市民联盟"有一个共同的信念，那就是"劳工阶级应该有自己的地位；而他们也认为美国的民主思想并非意味着财富上的平等，但要有健全一致的思想、穿着、艺术观、道德和语言"。[7] 通过讥讽"美国优先"的一致性，刘易斯不无讽刺地提醒他的读者，美国梦确实意味着"财富上的平等"，这是美国人在过去20年里一直谈论和书写的梦想，但共和党日益否定它的好处——他们支持的是无节制的资本主义。

巴比特的好市民联盟还支持"美国化运动，举办了英文、历史和经济学的晚间课程教育，和有关新闻的媒体教育班，如此一来，这些新抵达的外国人方能全面地了解美国。美国人解决劳工纠纷的方式就是让工人相信并爱戴他们的雇主"。[8]

资本主义对"劳工问题"的回应是教育工人，爱国主义意味着爱你的老板，这种观点不仅仅是一个笑话（尽管很好笑）。《巴比特》一书中的大部分怒气都是针对这样一种观点：商业是美国的宗教，这个国家崇拜的是金钱。在 19 世纪美国迅速扩张的时期，商业被提升到爱国美德的高度。正如历史学家詹姆斯·特鲁斯洛·亚当斯在 1931 年所主张的那样，商业不再是一种像所有其他事业一样受道德规范约束的职业，而是开始超越道德。"赚钱已经成为一种美德，它不再受美德的控制，而是与美德并驾齐驱。"[9]一个世纪后，从这种逻辑中生发出一种普遍受到追捧的观点——百万富翁一定是好人，否则他们不会如此成功。这是认为财富是上帝恩典之标志的加尔文主义庸俗观点的延伸。

早在 1913 年，英国诗人鲁伯特·布鲁克（Rupert Brooke）在纽约之行中就有一个令他震惊的发现：美国人实在是太崇商了。对此，他评论道："这一切都证实了来美国旅游的人正日益加深的印象，商业已经在不知不觉中发展成一种宗教，而且这不仅仅是轻飘飘的隐喻。"[10]

《巴比特》大受欢迎，引发了全美范围内的争议和讨论，由此"巴比特"成为一种人尽皆知的角色类型，同时也使刘易斯闻名海外。英国版的《巴比特》在出版时，增加了一个生词表，收录了一些难以理解的美国俚语，如 Gee（"清教徒对上帝的委婉称呼"）和 liberal（"心胸开阔的准美国人的标签"），在当代人眼中，这恐怕是"Throw shade"①的早期案例。

---

① 意指在公开场合微妙地羞辱他人。

那年秋天，《纽约时报》评论说，中西部居民对刘易斯的戏谑大为恼火，告诫纽约人不要过于享受这个以牺牲美国腹地民众为代价的笑话，因为"纽约人自身也经常是类似错误的受害者"。到目前为止，在美国其他地区有太多的居民被称为"非美国人"。（事实上，这篇文章接着说，"纽约是最具美国特色的城市"，原因很简单，它的居民"几乎来自美国的每一个村庄、小镇和城市"）[11]

巴比特是典型的美国中产阶级：无知、自满、轻信，不假思索地接受他那个时代的所有灵丹妙药。但是，尽管巴比特表面上自私自利，他被一种长期的、琐碎的不满困扰，隐隐地感觉到他身处的世界在精神上十分贫乏和虚伪，却不知道如何去识别或纠正它。他的故事现在经常被当作批评"美国梦"空洞性的杰出小说之一来讨论。但刘易斯从未提及美国梦；这类分析首先假设美国梦意味着物质主义，因此其空洞性必然被揭穿。

就在刘易斯写作这本书的时候，还存在其他美国梦，但是现在它们已经从人们的视野中消失。

* * *

在我能找到的所有文献记载中，最早将移民的"美国梦"与美国作为机遇之地的观念联系在一起的记录是在1922年，尽管李普曼在1921年那篇未发表的文章中已经含蓄地表达了这一含义。正如大多数最早将美国梦视为个人抱负的文献一样，1922年的这处说法表达的不是一种希望，而是一种失落。"美国梦破灭了"，1922年，俄勒冈州一份报纸在关于德国移民家庭的报道中写道，他们"梦想着美国是一片充满机遇的土地"，结果却签署了一份相当于契约仆役的合约，遭遇了"实质上的奴役，只能忍饥挨饿"。[12]

这似乎也是标题中"美国梦"的首批用例之一，表明读者越来容易理解这种简略的表述；从沃尔特·李普曼撰写的有关东海岸犹太民族主义的文章，到太平洋西北地区（Pacific Northwest）的一位编辑撰写的有关当地德国移民的报道，"美国梦"在美国各地日益清晰。

随着它越来越为人们所熟知，它也慢慢变得不再那么具体。不是关于这个或那个特定事物的美国梦——它只是美国梦，一种假设每个人都心怀同样的梦想，并且不被告知就知道它代表何物的用法。

但是，即使人们逐渐开始使用这个表达，好像它的意思是固定的，他们这样做的背景清晰地表明，它的含义实际上不断变化。在进步时代，美国梦被认为是控制不平等和保护民主的改良的梦想。20世纪20年代，美国梦的说法开始频繁出现，同时美国也在大举颂扬财富，传播对新财富侵入旧权力堡垒的焦虑情绪。有关移民问题的辩论在全国各地持续升温。

作为一个短语，"美国梦"可以把所有这些相互冲突的想法以一种令人不安的方式结合在一起。1923年，《芝加哥论坛报》发表社论敦促美国"关闭大门"，认为取消对移民的限制将是"伪装成人道主义的短视利己主义"。它坚持认为，反对增加移民在经济上站得住脚，并补充说："如果我们要成为一个和谐而同质的民族，我们必须自由地从事这项同化工作，而不需要不断地吸收新元素。"换句话说，通过同化的工作，移民可以与种族同质的观点协调一致，但前提是这个国家必须从已经存在的"元素"中挤压出异质性。不能再让新的元素融入这个大熔炉。

这篇文章的结论是，即使移民将提供廉价劳动力的经济论点是正确的，"我们仍应反对打开大门。因为我们美国梦的未来取决于美国公民的特性，而不是我们口袋里的现金"。[13]这就是进步时代的"美国梦"，可以明显地看出，它坚持认为评判美国的标准应该是它的价值观，而不是它的财富。但进步的理想正被用来为一种种族主义仇外心理辩护，这种心理认为，这个国家必须是"同质的"，而进入这个

/ 106

国家的这些"新元素",顾名思义,不可能具有良好的品质。即使他们带来了金钱,这些"元素"也会破坏"美国梦"。老移民可以留下;新移民被挡在门外。

"美国优先"的仇外情绪——这正是《华盛顿邮报》在1845年的一篇社论中提醒人们警惕的问题——正在渗入"美国梦"的思想中。它将导致美国信条遭到贬损,退化成"没有美国心"的人所信仰的自私自利的本土主义。

* * *

如何判断移民社区和少数民族的"价值"?对这个问题的解答变得日益紧迫。20世纪20年代初,对许多人来说,披着科学外衣的种族主义提供了显而易见的答案。1916年首次公布的斯坦福 - 比奈智力测试(Stanford-Binet intelligence tests)是将优生学假设制度化的最有效、最顽强的尝试之一。

到20世纪20年代初,智商测试被用来证明任何数量的群体分类都是正确的。1922年,沃尔特·李普曼为《新共和》撰写了一系列开创性的文章,抨击军队使用这种测试手段。这又为他一年后的论点铺平了道路,他认为智商测试会破坏美国梦,有些人(错误地)认为,这是"美国梦"首次出现在出版物上。[14]

李普曼一开始就尖锐地警告说,智力测试是"对一群人进行分类的工具,而不是'智力的衡量标准'。人们根据解决问题的成功程度来划分群体,但这些问题可能是智力测试,也可能不是"。[15]李普曼对这种做法错误的前提进行了严厉批评:"我们无法衡量智力,因为我们从未对它下定义。"此外,他还能清楚地看到关于智力"先天论"的优生学基础,正如他所指出的那样,这些主张"没有科学依据":"从受孕之日起,智力就与无数种教育和环境影响不可区分地融合在一起，因此我们无法甄别出其遗传基础。"[16]

1923 年 7 月，李普曼将智力测试的生物决定论视为对个人实现机会均等的美国梦的直接威胁。考虑到在半个世纪之内，以及未来几十年里，受教育的机会将被普遍视为实现美国向上社会流动的梦想的基础，李普曼的立场就更加引人注目了，因为他的论点恰恰相反。

李普曼在全美被广泛转载的《教育与白领阶层》（*Education and the White Collar Class*）一文中预测，由于接受高等教育的机会不断增多，专业管理职位的供给将在一代人的时间内超过需求。一些有志于从事新闻职业的高中生曾向李普曼请教，目前来看，"对他们开放的职业林林总总"，似乎拥有无数选项。可是到底有多少白领职位对毕业生开放呢？

/ 108

李普曼估计，美国大约有 1000 万个专业管理职位，但每年有 50 万名毕业生进入职场。现有职位的竞争已经非常激烈；要么经验丰富的人被解雇，为拥有现代技能的年轻一代腾出空间，要么年轻人被排除在与其教育相称的职位之外。考虑到产业环境迅速变化，一个国家如果面临毕业生过剩且无法胜任那些尚未成为现实的工作的局面，该如何应对？

李普曼认为，美国现在在偷偷摸摸地试图通过标准化考试来限制竞争激烈的高中和大学的入学人数。有些人利用标准化考试来证明拒绝包括犹太人和非裔美国人在内的"劣等"群体接受精英教育是正当的。李普曼坚称，这些测试是"一派胡言"，因为它们意在表明"只有一部分人口天生适合接受中等和高等教育"。这将人为地限制申请白领职位的毕业生人数。

李普曼认为，真正的问题"不是智力匮乏，而是工作岗位紧缺"。如果美国人继续坚持认为接受了高等教育就必须在办公室工作，而不是相信受过教育的人可以从事"熟练的手工工作"，那么这个问题只会变得更糟。李普曼认为，"真正的补救办法"是消除专业管理职位

/ 109

与社会优越感之间的"势利联系"。

教育应该被看作"打开生命宝库的钥匙",而不是"通往某些特殊职业的阶梯"。另一种做法则是将"高等教育局限于一个人数不多、精挑细选的阶层",这将"标志着美国梦的失败"。

正如李普曼在1921年的一篇关于犹太人同化的文章中所写的那样,他在这里是在唤起我们所熟知的美国梦。但他明确主张个人发展高于向上的社会流动:因为李普曼相信,美国梦意味着拒绝向上的社会流动。美国梦意味着帮助所有公民发掘他们自己的智力和精神潜力;仅仅关注经济发展或地位意味着美国梦已经失败。

李普曼补充说,如果没有广泛接受高等教育的机会,美国将会留下一个"识文断字但无知的民主国家,这就是我们的现状"。识字率和有无知识之间的区别至关重要:如果一个国家的选民能够阅读,但缺乏良好的信息鉴别能力,那么这个国家将会发生什么?

李普曼预言,这样一个民主国家将"越来越多地由海兰、汤普森和墨索里尼那种人来统治"。

1918~1925年担任纽约市市长的约翰·F.海兰(John F. Hylan),因其蒙昧无知、演讲空洞且含混不清而广受嘲讽。在海兰任期进入第四个月时,《纽约世界报》(*New York World*)质问,这座城市是否能挺过他四年的任期。"这四个月已经足够暴露他的无能",尽管事实上海兰"不适合担任公职的情况在竞选期间已经展露无遗"。海兰的竞选演讲"完全暴露了他的无知、他的煽动民意,以及他不适合担任一个在行政难度方面仅次于总统的职位"。在竞选时,海兰已经展现出"一个明智的选民需要知道的关于他的一切,他所说的都是已经实现的预言"。这很令人吃惊,但是"选民们看到了他,听见了他,并且选择了他"。[17]

绰号"大比尔"(Big Bill)的威廉·黑尔·汤普森(William Hale Thompson)在1915~1923年担任芝加哥市长,至今仍被视为美国历史上最腐败的市长之一，这主要是因为他与阿尔·卡彭（Al Capone）之间的公开关系，尽管这种关系后来才曝光。（1927年，他再次成功竞选市长，这一次他的竞选纲领是"美国优先"，我们将在后面说到这一点）而在1922年，贝尼托·墨索里尼刚刚在意大利掌权。

李普曼警告说，一个国民识文断字但无知的民主国家将选举出无能、腐败和法西斯式的领袖。

今天，人们普遍认为，美国梦依赖教育，唯有如此才能实现向上的社会流动。但在李普曼看来，情况正好相反：教育本身是一种公共和个人利益，而不是创造财富或地位的工具、手段。这是我发现的最早将美国梦与教育联系在一起的用法，但它是将教育与社会或物质野心区分开来，而不是将两者结合起来。

* * *

当《教育与白领阶层》刊载于1923年7月的《名利场》（*Vanity Fair*）杂志时，它几乎肯定被F.斯科特·菲茨杰拉德读到了。在这个月，他开始撰写一部心目中"伟大的美国小说"，这个故事讲述的是美国梦从追求个人实现堕落为对财富和权力的单纯渴望。

几个月前，菲茨杰拉德出版了他最不为人知的作品，这是一出名为《蔬菜，或从总统到邮递员》（*The Vegetable: Or, From President to Postman*）的戏剧，意在讽刺哈定总统。一篇评论精练地总结了《蔬菜，或从总统到邮递员》所传达的信息："一个人可能与这个国家的总统职位极不相称，造成无法估量的损失，但他可能具备成为世界上最好的邮递员的条件。"[18]

该剧始于1920年的晚上，当时沃伦·G.哈定被共和党提名为总统候选人。这部戏的主角杰里（Jerry）头脑不清，在等待结果的时候喝醉了，在第二幕他梦见自己当选为总统。他把家人安插进内阁，向全世界宣战，执政期间腐败猖獗，最后陷入谵妄，终于遭到弹劾。

《蔬菜，或从总统到邮递员》是对美国成功梦的辛辣讽刺，讽刺了以"人人都能当总统"这一理念为象征的美国机遇的承诺，以此来表明事实上并不是每个人都应该当总统。尽管该剧从未使用"美国梦"这个短语，但它建立在一个隐喻的基础之上，美国向所有公民承诺的权利和繁荣不只是一个梦，还是一种谵妄。

正如当年夏天《芝加哥论坛报》的一篇社论所言，菲茨杰拉德并不是唯一注意到"近年来美国精神发生重大变化"的人，但不同的人指出了这种变化的不同原因。菲茨杰拉德认为美国的精神贫困是由其唯利是图的野心造成的。而《芝加哥论坛报》则认为是由过度监管造成的。它抗议说，随着美国公民中"嫉妒和怀疑"的比重增加，"出现了规范个人的倾向……不尊重个人良知，扩大政府对个人或少数群体的支配"。这种统治与美国理想相左，是对美国梦的挫败。美国主义意味着摆脱一切暴政和对于个人不可抑制的信心。但近年来，我们越来越多地鼓吹古老的谬论，越来越多地放弃了对个人及其自由的鼓舞人心和充满活力的信念。"[19]

美国的自由之梦从定义上讲是不受监管的，但它正日益与从定义上（或至少从人性上）要求实现监管的平等与正义的美国梦发生冲突。一些人开始认为，美国政府是一个压制自由的威权引擎，而不是一个保障所有人自由的监管体系。在这个版本的国家想象中，生活在农村地区的"真正的美国人"同样是一股支持自由的革命性力量。而那些可能侵犯这种自由的特权的规定——包括那些为保护其他美国公民的自由而制定的规定——被视为有违美国精神，会伤及忠诚的、至高无上的个人。

如何平衡个人的需要和他人的需要——人类历史上每一个社会所面临的命题，这一棘手的问题也继续以民族主义和孤立主义辩论的形式出现在国际问题中。对于那些试图表达对共同、协作的价值观的需求的美国人来说——这些美国人肯定都是政治自由派，美国梦仍然暗示着把追逐自利作为集体成功的手段只会是一种错觉，这一点已经在进步时代清晰地表明。在《芝加哥论坛报》提出美国自由梦与监管相抵触三周后，宾夕法尼亚州的一份报纸称，美国梦是一种谴责孤立主义的幻觉。"孤立只不过是一场美国梦。'我们是我们所处世界的一部分，我们也可以发挥自己的作用。'"[20]

　　这不是"美国优先"的观点。

/ 6 美国优先 1920~1923 年：政府之简单

在 1920 年的"美国优先"选战活动中，哈定有一句贻笑大方的话，他当时说，"政府是件非常简单的事情"。如果当选，他只可能把事情做好。他承诺说，总统这份工作再容易不过。

他说："好政府差点就这样葬送在我们手里，因为它没有利用美国商业的首要合理原则。"[1] 哈定将结束这一切，承诺像经营企业一样管理美国政府，这一承诺受到许多美国人的欢迎，他们认为企业化正是国家所需要的补救措施。哈定保证，他将"减少政府对企业的干预，在政府中注入更多企业元素"。[2]

盐湖城的一份报纸不耐烦地指出："保守势力总是在念叨着一个商人居然要竞选总统。"《华盛顿先驱报》(*Washington Herald*) 观察到，民主党人也对"'商人总统'的广泛需求"做出了回应。[3]

哈定向美国保证，他将把美国从"战争的泥潭"中解放出来，并承诺对行政部门进行全面改革，使其更加高效。1921 年 3 月哈定上任时，他不仅完全控制了白宫，而且把持了政府的两大机构。共和党人将继续掌权，几乎不受任何真正反对派的制约。在这整整 10 年里，民主党完全不可能再有任何当选的机会，两党制近乎崩溃。

在哈定准备就任时，他宣称："我真诚地相信繁荣的美国优先。"[4] 在宣誓就职后不久，他一边享受着志得意满的兴奋，一边发表了一系列演讲，题为《我们共同的国家：美国社会中的相互善意》(*Our Common Country: Mutual Good Will in America*)。在演讲中，他 13 次提到"美国优先"，并将这一信条与良好的商业原则联系起来。"所有真正的美国人都会说，我也会这么说，'美国优先'！让我们共同祈祷，美国永远不会被划分为不同的阶级，永远不会受到连字符公民的威胁！"[5] 在一本呼吁"彻底消灭阶级"分裂的书中，哈定将阶级与种族背景混为一谈；突然之间，民主和经济平等的梦想看起来很像百分百美国主义。[6]

事实上，在哈定的总统任期内，不平等将急剧上升。他对美国繁荣优先的定义显然不包括社会安全网，而是要求经济政策"不要立足于限制每个人的收益机会，无论他是资本家还是最卑微的劳动者，而是基于永恒不灭的'美国优先'精神，为繁荣贡献各自的优点、能力和价值"。[7]

他继续说道："由于政府做了太多无效的干预，美国企业遭受了沉重打击。"[8]哈定遵守了他的诺言，不再进行无效的干预——事实上，他们根本就没有干预。虽然他的政府经常被形容成"自由放任"，但他们执行的与其说是一种不干涉政策，不如说是一种胡来政策。

在执政的第一年，哈定发现执政比他想象的要困难得多。1921年，北卡罗来纳州的一家报纸发表了一篇名为《政府之简单》(*The Simple of Government*)的社论，对哈定政府大加嘲讽。文章开头写道："哈定先生在竞选期间说'执政是件非常简单的事情'。"政府"提出了简单的想法，承诺多多，但几无成绩"，现在果真证明了这一点。共和党人"在竞选中高谈阔论"，当时"几乎所有的承诺看起来都像是争取选票的诱饵，但在获得选票之后，民主党的记忆力就不太灵光了"。[9]

哈定的承诺之一是减税，这个承诺非常吸引那些"赚得盆满钵满的家伙"，毕竟他们不喜欢为了自己的收益缴税。他们投票时相信，"共和党人有一种悠久的传统，那就是谁愿意捍卫共和党，共和党就会特别照顾谁"，知道他们能够"把所有资源保留下来为己所用"。[10]

到了1922年，许多人都在嘲笑共和党自1920年取得伟大胜利以来自爆式的螺旋式下滑。

／116

　　尽管我们往往会将20世纪20年代描述为经济繁荣的十年，在此期间美国确实经历了连续八年的增长，但牛市直到1924年才真正来临，而且只持续到1929年。哈定继承了这样一个经济体：在一个尚未普遍征收个人所得税的时代，战争支出远远超过税收。为了平衡预算，政府大幅削减开支，导致在这个十年的前两年出现严重衰退。1919~1922年倒闭的企业数量增长了两倍。农民尤其深受经济衰退的影响，战争期间他们在政府的敦促下贷款，然后被迫违约。很多农民未能恢复元气；小型农场的止赎不是始于30年代的大萧条，而是从20年代经济衰退时期开始的。甚至在繁荣时期，银行也在倒闭：20年代，将近6000家银行以每年超过500家的速度暂停营业，其中大部分位于中西部和南部。

　　此外，泡沫是短暂的。这不仅是因为股票市场建立在虚假的价值和大宗商品基础之上，充斥着庞氏骗局、不法经纪商（bucket shops）和其他不正当或明目张胆的欺诈，而且股市对实体经济也几乎没有影响。随着资金在虹吸效应下集中于少数寡头手中，不平等加剧。

美国人厌倦了多年来的混乱和不确定，厌倦了工人罢工和种族骚乱，厌倦了炸弹威胁和进步煽动者，厌倦了扒粪者，厌倦了从墨西哥战争到美西战争再到他们确信将结束所有战争的第一次世界大战。他们渴望稳定和安全，哈定承诺要通过把美国放在首位，特别是通过限制一战后持续激增的移民"回归常态"。

1920~1921 年，80 万移民经过埃利斯岛的入境关口进入美国，因此人们对美国吸收如此多"外国元素"能力的担忧只增不减。许多人认为移民的涌入只会导致进一步的失业，而"红色恐怖"继续助长人们对国内无政府主义者发动恐怖主义袭击的种族主义恐惧。1920 年 1 月初，作为"帕尔默突袭行动"（Palmer Raids）的一部分，至少有 3000 人被捕，500 名所谓的激进分子和无政府主义者被驱逐出境，突袭打着"百分百美国主义"的旗号，因此被普遍认为出师有名，而且得到 1917 年《反间谍法》和 1918 年《反煽动法案》的支持，这些法案在威尔逊执政期间通过，很大程度上已经背离了先前的进步主义。[11]

尽管许多反动暴力针对的是黑人、天主教徒，尤其是犹太人，但大量的暴力私刑也以激进分子和社会主义者为目标。1919 年，三名曾经的士兵在华盛顿森特勒利亚被枪杀，狙击手被认为是世界产业工人联合会（International Workers of the World，IWW）的成员。当地人"冲进 IWW 的大厅，围捕所有可疑人物"，这些人被强行"关进监狱"。一个据信是他们领袖的人被一群私刑暴徒抓住，"他们在他的脖子上套上绳子，把他吊在一根电线杆的横臂上，并开始往上拽"。直到警察局局长说服众人，他才获救，又被送回监狱，"险些送了命”。[12]

1920 年，厄普顿·辛克莱（Upton Sinclair）出版了一本小说，名为《100%：一个爱国者的故事》，部分灵感来自一个名叫汤姆·穆尼（Tom Mooney）的激进人士，他因 1916 年旧金山的一起爆炸案被捕并被判处绞刑，人们普遍认为他的罪名是莫须有的，而赫斯特旗下那些以反社会主义作为幌子的地方媒体也放大了这一指控。辛克莱的小说是以彼得·古奇（Peter Gudge）的角度讲述的，“彼得是爱国者中的爱国者，一个超级爱国者；是一个充满活力的美国人，向来不是懦夫；是一个‘充满阳刚之气的美国人’，一个百分百美国人……彼得是这般美国化，以至于他一看到外国人就充满了战斗的冲动”。[13]

彼得深信以下观点：

> 百分百美国主义将会找到一种方法保护自己不受欧洲布尔什维克主义的诡辩之害；百分百美国主义已经得出它的公式：“如果他们不喜欢这个国家，就让他们回到他们原来的地方去。”但是，当然，他们心知美国是世界上最好的国家，根本不想回去，所以有必要迫使他们离开。[14]

/ 118

对于彼得这样的人来说，“现在正是繁忙时刻。尽管有鞭打、私刑和监禁——或许正是因为这些事情，激进运动如火如荼”。[15] 在全国各地都有人遭到指控，那些主张自身权利的人，要为其主张引致的暴力负责。

20 世纪 20 年代初，所有激进分子都是外国煽动者、所有外国人都是激进分子的观点，对许多美国人来说已是不言自明的，而且政治气候往往主要由反移民情绪驱动，或与之有着内在联系。甚至在 1920 年 1 月生效的禁酒令，在很大程度上也是将移民群体的习俗定为罪行。北方传统的清教徒大多有节制地饮酒，在19世纪上半叶的"第二次大觉醒"后尤其如此。此次宗教觉醒引发了福音派的狂热传播，激起人们对"酒精恶魔"的敌意。

尽管19世纪的控酒运动在开始时，至少在某种程度上是一场广泛而原初的女权主义运动（在这个从法律和政治上妇女仍然受丈夫支配的时代，女性对于酗酒和家庭暴力问题毫无根治的办法，因此只好寻求预防措施），控酒很快就与反移民情绪纠缠在一起，正如爱尔兰人与威士忌、意大利人与葡萄酒联系在一起。宗教为针对"外国元素"提供了借口，而酒精也提供了一种途径去排斥据说会伤及本土美国主义的移民习俗。坚持"真切"而清醒的乡村价值观那种发自内心的纯粹，而不是城市世故的虚假幻想，这也是妖魔化城市精英、颓废享乐的另一种方式。

酗酒是移民和贵族的恶习，无论等级高低；那些反对酗酒的人自认为代表"真正的"美国人。正如沃尔特·李普曼所言，反对饮酒的"观点来自一种感觉，即喧嚣的城市生活不应被视为美国的理想"。[16]因此，1921年《坦帕时报》（*Tampa Times*）收到了一封读者来信，作者抱怨说，海兰市长不是"百分百美国人"："无论如何，纽约都不能算作一个美国城市。它有一个远非百分百美国人的市长……真正的美国人支持法律，不会将数以千计的外国人、酒鬼、赌徒、无政府主义者、白人奴隶贩子和诸如此类之人组织在一起，抗议原本保护他们的宪法。如果这群非美国人不喜欢这个国家的法律，他们越快离开这个国家，对我们就越好。"[17]

对于这位来信的作者来说，酒鬼、外国人、无政府主义者和白人奴隶主并没有本质区别。他们都被归为一类（"和诸如此类之人"），同样不真实，同样身负罪恶，同样非美国。而任何支持他们的人也不能被认为是"百分百美国人"。

这对一切外国人都适用。当美国驻英国大使在演讲中大胆提及

"美国和英国的共同利益"时，他遭到民主党参议员里德的严厉批评。里德要求召回大使，他宣称，这次演讲"要么出自白痴之口，要么可以看作叛国之举"。"我们应该安排一个百分百美国人取而代之，这个人必须相信美国优先、美国永远。"[18]

* * *

在执政的头几个月里，哈定和他的顾问们在敦促恢复孤立主义时，不断提到"美国优先"。俄亥俄州的一份报纸指出，哈定"强调美国优先的原则，以及外国联盟纠缠的威胁"。[19]早在1921年1月，就有报纸报道"'美国优先'将成为政策"，美国的"主权不会被放弃"。[20]很明显，"美国优先"是这届新政府施政纲领的基调。[21]到1921年夏天，美国各地出现了"美国优先社团"，其纲领包括倡导抵制英国乃至欧洲的商品。

到1921年底，也就是大选后的一年，哈定政府试图以"美国优先"的名义通过一项永久性的保护主义关税。[22]

然而，尽管这种表达充满着必胜信念，但显然仍在继续给许多听众带来不安。在几个月前，宾夕法尼亚州的一篇社论赞许地写道，查尔斯·埃文斯·休斯应该在海外代表哈定政府，因为他是"百分百美国人。他代表美国优先，但不代表孤立"。[23]

并非所有人都相信，美国优先可以如此容易地与孤立主义区分开来。哈定就职几个月后，一位牧师观察发现，"我们都渴望被称为百分百美国人"。但他坚称，"美国主义不是只考虑美国。如果美国优先的意思是美国自私自利，或者罔顾世界上的种种错误，我们很难称之为美国主义"。[24]其他一些人也同样注意到一股强大的社会压力，要求人们始终用同样的措辞展现爱国情怀："我们必须是百分百美国人，我们必须爱国，我们必须支持美国优先。"[25]

/ 120

就在哈定宣誓就职时，威斯康星州的进步媒体《首都时报》（*Capital Times*）追问："'美国优先'？为了谁？是金融统治者的美国优先，还是让世界变得更美好的美国优先？……哈定政府提出的'美国优先'的新理念到底为何物？是'美国优先'还是'美国高于一切'？"

这篇社论指责说，"美国优先"只是一个借口，目的是加强对"正在慢慢将触角伸向美国人生活的产业章鱼"的控制。保护性关税将"确保'美国优先'，好让这个国家的帝国主义者和金融统治者对全世界予取予求"。美国需要的是"寻求给予世人的'美国优先'"。

这篇社论中时不时出现代表愤怒的大写字母，它敦促美国"在反对战争、反对军备、反对帝国主义、反对民族和种族仇恨、反对孤立我们的关税的全球运动中首先站出来"。最重要的是，美国应该首先站出来"反对世界经济统治者的那些神圣信条，也就是财产权高于人权……当美国有勇气说'我爱我的同伴，无论他身处何方，我是世界公民'时，他们将是首屈一指的"。[26]

哈定政府对此不那么确定。1921 年 2 月，哈定的副总统卡尔文·柯立芝（Calvin Coolidge）为《好管家》（*Good Housekeeping*）杂志撰写了一篇文章，题目为《这是谁的国家？》（*Whose Country Is This?*）。他在文中宣称："我们的国家不应再被视作垃圾场"，而应该只接受"合适的移民"。

在谈到他心目中的移民类型时，柯立芝表示愿意向美国人推荐优生学和北欧人。"生物学定律告诉我们，某些有差异的人不应该混血或融合。北欧人成功地繁衍了后代。而其他种族的融合结果显示，双方都出现了退化。他们的身心素质表明，对一个国家来说，遵守种族法则和移民法是同等必要的。"[27]

并非所有人都认为保持美国的"纯净"是可能甚至是可取的。

1922 年初，在 1920 年大选中落败的民主党候选人詹姆斯·M. 考克斯（James M. Cox）给出了一个尖锐的评价："此起彼伏的'美国优先'口号是对人类智慧的嘲弄，因为不幸的经历告诉我们，我们是整个世界的一部分。"[28]

* * *

在美国政府加深了与"美国优先"的联系之时，三 K 党也在深化这种联系。到 1921 年 2 月，从印第安纳州、俄勒冈州到科罗拉多州、纽约州，从巴尔的摩、蒙大拿到得克萨斯，全美各地的报纸都报道了三 K 党使用了"美国优先"的口号。印第安纳州的一份报纸在一篇全国转载的专题报道中写道，"1921 年三 K 党的口号实质上是'美国优先'"，并指出第二次三 K 党运动是"那个南方重建时期著名组织的复兴"。[29]

1921 年，三 K 党已正式宣布与"美国优先"结盟，并在全国各地的报纸上刊登了一则通告，宣称："三 K 党的基本原则是美国优先、仁爱和种族主义。"[30]

《纽约论坛报》解释说，第二代三 K 党的一些成员包括"一些幸存的第一代三 K 党成员"；它现在正在分享它的"信条"。三 K 党的信条包括这样的承诺："我们将永远致力于纯美国主义的崇高原则，勇敢捍卫其理想和制度。我们承认人类种族之间的区别是由造物主规定的，在维护白人至上方面，这一点永远正确。"

与此同时，三 K 党在亚拉巴马州伯明翰市举行了一次公开会议，绰号"帝国巫师"的 W.J. 西蒙斯（W. J. Simmons）在会上宣布，该组织主张：

1. 百分百美国主义和对基本原则的恢复。

2. 白人至上。

3. 捍卫妇女的荣誉和家庭的神圣。[31]

    三 K 党头目在全国各地散发小册子,重复他们的"美国优先、仁爱、种族主义"的"信条"。他们抗议说,三 K 党不支持"任何关于宗教偏狭或种族偏见的宣传";该组织只是一个"由真正的男人组成的协会",他们相信"要做值得做的事,而且在所有事情上都秉持百分百美国人的立场"。[32]

    1921 年 9 月,《世界晚报》(*Evening World*)在头条揭露了三 K 党。头条的标题是"曝光三 K 党的秘密"。

    《世界晚报》指出,在五年的时间里,在全国范围内,三 K 党成员从 34 人发展到近 50 万人,在北部和西部的传播速度是南部的两倍多,这要归功于"高度组织化的销售队伍"。数百万美元以佣金的形式流入三 K 党的推销员之手;用后来的历史学家的话来说,三 K 党是美国最成功的种族主义金字塔骗局(racist pyramid scheme)。

信仰天主教的学校教师和当地政客正在被迫下台；三K党的牧师们"甚至在教堂的讲坛上宣扬对犹太人的仇恨"。三K党暴民剥光白人妇女的衣服并加以"虐待"，对做出他们不赞同的"私人行为"的白人男子，则会处以鞭打、身上涂柏油、粘羽毛等惩罚。他们还"警告"报纸在报道三K党时要小心。[33]

在接下来的三周里，《世界晚报》每天都在头版报道三K党的秘密活动，并向美国人介绍其神秘的仪式和暗语，如"克莱格"①、"克拉弗恩"②和"可兰"③。鉴于21世纪早期的美国反动政治，最后这个融入伊斯兰教经典的词特别具有讽刺意味，三K党神秘民族主义的愚蠢之处并没有被当代观察家忽视，他们注意到，三K党愿意接受任何听起来有点玄秘或深奥的东西。

一位美国历史学家在1931年回顾20世纪20年代的三K党时说：

> 它的仪式中荒谬的词汇可以用来表达对骗人的把戏、花哨的演出的那种幼稚的偏执，对秘密冒险的渴望，这种渴望在生活在单调乏味的地方的成年人身上依然存在。这是一个机会，可以将乡下的偏执狂包装起来，让他摇身一变，成为隐形帝国的骑士。[34]

《世界晚报》在1921年的系列报道收尾时谴责三K党是"恐怖主义"的支持者，三K党成员"绑架，殴打，往受害者身上洒柏油、粘羽毛，然后把他们扔到其他地方"。报道列举了最近的四起谋杀案，以及40多起鞭刑和27起"柏油和羽毛刑"。[35]

---

① kleagles，指负责招募人员的销售员。

② klaverns，意为地方分会。

③ Kloran，由"Klan"和"Koran"组合而成，意指帮派内部的"圣经"。

这些报道在全国各地被转载，每天都有200多万美国人读到。《世界晚报》显然相信曝光会挫败这个秘密组织，但他们的乐观是错误的。事实上，一些历史学家认为这一努力适得其反，帮了倒忙，等于给第二代三K党打了广告；在《世界晚报》揭秘报道后的四个月里，三K党招募人数激增，并成立了200多个新分会。[36]

当时所有人都非常清楚，三K党是一个恐怖主义组织，而且这正是其本意（事实上，它的仪式就把三K党的头目称为"恐怖分子"[37]）。堪萨斯州州长直截了当地说："我反对三K党，因为它意味着恐怖主义。"[38]1921年的一幅漫画在全国各地被转载，画中一条穿着裤子的腿，上面贴着"真正的美国主义"标签，正踢向一个穿着三K党长袍、举着"恐怖主义"标语的家伙。[39]

在 20 世纪 20 年代，没有人怀疑白人会成为恐怖分子。

1922 年 1 月 1 日，美国各地的许多读者以一篇来自塔斯基吉研究所（Tuskegee Institute）的报告迎接新年，该报告称 1921 年美国有 64 人被处以私刑，其中 59 人为黑人，5 人为白人；就性别而言，其中 2 人是女性。[40] 4 人被活活烧死。

这些只是被报道的私刑。72 起私刑被中途叫停；根本无从知晓在这个国家还发生了多少从未被发现的私刑事件。那一年，密西西比州是全国私刑案例最多的州，达到 14 起；得克萨斯州有 7 起。

几周后，三 K 党在路易斯安那州亚历山大市举行游行，游行队伍高举两个燃烧的红色十字架和横幅，上书"美国优先""百分百美国人""白人至上"等口号。他们还高举着其他一些标语，如"种族纯洁"、"好黑人是安全的，坏黑人小心，白人也是如此"和"支持堕胎者，你们小心着点！"[41]

那年夏天，三 K 党在得克萨斯州的一家报纸上刊登了一则广告，把"美国优先"等同于"百分百美国人"。[42]

The Ku Klux Klan is the one and only organization composed absolutely and exclusively of ONE HUNDRED PER CENT AMERICANS who place AMERICA FIRST.

1922 年 11 月的一份报道称，三 K 党试图在时报广场的核心区域建立一个前哨站，具体位置是在第七大道和四十二街的赫米蒂奇酒店（Hotel Hermitage），这促使海兰市长（他显然并不是一无是处）宣布纽约出现了"三 K 党势头"，并指示警察"击溃他们"。[43] 三 K 党人回应说，他们"拒绝被恫吓"；毕竟三 K 党人相信恫吓是他们的专利。与此同时，赫米蒂奇酒店表示不会"收容试图煽动偏见的人"，[44] 并将三 K 党成员赶出了酒店。

三个星期前，在大约六个街区开外的西四十五街，有人看到一名年轻的黑人男子亲吻一名白人女子，这名男子险些被一群暴民用私刑处死。[45]

1923 年 2 月，《纽约时报》报道说，三个燃烧的十字架似乎"吓坏了长岛镇的黑人"。那年夏天，据说有 2.5 万人加入三 K 党，参加了在东艾斯利普附近举行的入会仪式。[46]

一些打着"百分百美国人"旗号的组织开始录制歌颂三 K 党的歌曲：

> 住在隐形而神秘的帝国之城，
> 一个伟大而高贵的巫师，曾做过一个奇妙的梦。
> 在这个梦里，他看到了古老的荣光和自由的事业
> 被一个漂洋过海的民族取代，
> 带来属于原始大陆的旗帜和习俗
> 把它们牢牢地根植于我们的祖国。
>
> 合唱
> 三 K 党，三 K 党，三 K 党，
> 新教徒，非犹太人，土生土长，
> 戴着兜帽，穿着骑士服，披着长袍，
> 红、白、蓝三色旗下的子民，
> 我们不会效忠于任何人，我们生而自由，
> 我们向上帝和古老的荣耀屈膝，
> 在历史长河中铸就的崇高血统，
> 奇异神秘的三 K 党。

1922 年 11 月，三 K 党成立了"官方"妇女分会，并出版了一本名为《美国妇女！过去！现在！未来！》的小册子，概述了他们的信仰，并正式采用了三 K 党的基本原则，即美国优先、仁爱和种族主义。

The Paramount Principles of the Women
of the Ku Klux Klan:
AMERICA FIRST: First above all
other Nations on earth, first in thought
and first in our love and affection. The
Flag of our Glorious Country, the Star
Spangled Banner, first and foremost
before all other Nations or Principali-
ties.

* * *

　美国媒体最早提到"法西斯主义"似乎是在1921年初，当时一名驻罗马的意大利记者给《布鲁克林每日鹰报》和《费城大众纪事报》（*Philadelphia Public Ledger*）发去特电。他解释说，"毫无疑问，法西斯主义是一种暂时的现象"，这条消息让人暂时松了一口气，被全国各地的报纸转载。[47] 但贯穿1922年全年，随着墨索里尼的"公司国家"巩固了在意大利的权力，许多美国观察家得出结论：法西斯主义看起来太熟悉了。

　在墨索里尼接管政府的几周内，《纽约世界报》用一个简单的比喻向读者解释了"法西斯主义"："用我们自己形象的语言来说，他们可能被称为三K党。"[48]《坦帕时报》对此表示赞同："事实上，三K党就是美国的法西斯，除非它被迫公开，否则很容易获得类似的权力。"[49]

　就像将第二代三K党视为恐怖组织一样，视之为法西斯组织也不需要事后诸葛亮：他们的同代人可以再次清楚地看到其中的相似之处和危险。事实上，这种比较很普遍。圣保罗《呼声报》（*Appeal*）写道："受到法西斯主义或意大利三K党重大成功的鼓舞，美国三K党也在寻求获得美国的政治权力。"[50]

　《明尼阿波利斯星论坛报》（*Minneapolis Star Tribune*）曾在

1921 年夏天报道称，"法西斯是一个秘密组织，拥有一些三 K 党的手段"。[51]一年后，费城媒体形容法西斯为"那些难以驾驭的反动派，他们以'法西斯'的名义在意大利的公共事务中发挥作用，十分类似于美国部分地区由三 K 党成员扮演的角色"。[52]《纽约论坛报》有同感，认为"法西斯分子具备了三 K 党的一些特征，他们的做法在任何一个守法的民主国家都是站不住脚的"。[53]

1922 年 11 月，蒙大拿州的一份报纸指出，法西斯主义在意大利的意思是"意大利人的意大利。而这个国家的法西斯分子对此的表述是'美国优先'。在美国似乎有大量法西斯分子，但他们总是以'百分百美国人'为傲"。蒙大拿州的另一家报纸明确地称哈定的共和党人是法西斯分子，文章得出出人意料的结论："民主党人可能会说，美国法西斯分子在 1920 年赢得了选举。"[54]

全美各地的报纸报道墨索里尼的黑衫军在罗马夺取政权，称"意大利牢牢地控制在"法西斯分子之手。三周后，《纽约时报》也首次提到了德国一位边缘政治人物正在崛起。他的名字叫阿道夫·希特勒。

《纽约时报》在对希特勒的第一篇报道中称，他的反犹太主义似乎非常暴力，令人不安。然后引用了一位德国资深政治家的话，建议大家不必担心。这位德国"老练的政治家"认为，希特勒的反犹太主义只是一种竞选策略，其用意在于操纵无知的民众。这位政治家解释说，因为公众永远不可能欣赏政治家"更精妙的真实目标"，"你必须用更粗俗的言论和反犹太主义这类想法来满足大众"，而不是"揭示真正引领他们前进的更高层次的真相"。[55]他们都确信选战结束后，希特勒会转向中间路线，变得十分讲道理。

《纽约时报》记者显然不同意这一观点，并警告说，巴伐利亚宣扬的"国家社会主义与社会主义毫无关系"，而希特勒"可能并不知道自己到底想要实现什么"。然而，"他的宣传主旨是暴力反犹太主义"，这位记者重复道，并补充说一些犹太人已经离开了德国。[56]

　　那一年，一位名叫多萝西·汤普森的年轻美国记者住在维也纳，她刚刚成为《费城大众纪事报》和《布鲁克林每日鹰报》的驻外记者。在几个月内，汤普森就报道了维也纳反犹主义的兴起，以及罗马人对"法西斯意大利的真实想法"。[57]1923 年 11 月"啤酒馆暴动"失败后，汤普森去了慕尼黑，想要采访希特勒，但没能成功，之后她发表了一系列描述"希特勒的童子军秀"的文章，包括巴伐利亚其他许多密谋推翻德意志共和国的派系，以及希特勒在"墨索里尼的建议"下如何更新了自己的"俾斯麦式的梦想"。[58]

　　《得梅因纪事报》（*Des Moines Register*）在那年夏天写道，"这个'父系国家'组织是德国的三 K 党"。[59]几个月后，美国报纸第一次刊登了希特勒的照片，"他可能是欧洲最著名的躲避镜头的人"。不管希特勒以前对宣传有多厌恶，他都会很快克服这一点。

在希特勒的照片旁边，一篇报道抱怨说，"美国优先"作为外交政策毫无意义。"'美国优先'的口号在欧洲和美国都被当作一种伪装，更多的是用来掩饰美国完全缺乏外交政策。"这种优柔寡断对美国在国际上的威望"非常有害"。[60]

1922 年希特勒在《纽约时报》上首次亮相之前，《华盛顿时报》的一位专栏作家质问读者："你们有没有意识到这点，我们的美国法西斯分子就是三 K 党的那些先生？这个国家对他们的力量和发展一无所知。"这位专栏作家从一位消息灵通的华盛顿内部人士那里获悉，新一届国会的 75 名成员也已经加入了"三 K 党"。[61]

一个月后，圣保罗《呼声报》报道称，在一次会议中，大多数美国州长拒绝谴责"三 K 党"。报道总结道："坊间传说大多数州长都是由三 K 党推选上台的，他们在三 K 党问题上的沉默似乎为这一谣言提供了证据。"[62]

俄勒冈州州长警告说，三 K 党可能会将美国引向另一场内战，因为它正在全国范围"获得惊人的控制权"。问题是"最初人们宽容三 K 党，是由于他们认为它仅仅是反黑人，而不是反其他任何人"。

"反黑人"是一回事：显然，俄勒冈州的白人公民对此并不反对。但当他们发现三 K 党还反其他人，这也许包括他们自己时，他们开始抗议。"席卷了整个南部地区的暴行——用白色长袍和风帽遮住面孔的夜行者所犯下的暴行——在俄勒冈州也一再发生，法律和秩序就这样被美国的法西斯分子篡夺，情况一如在路易斯安那州那样。"[63]

在美国各地，从费城和艾奥瓦州到蒙大拿州和俄勒冈州，美国公民都面临三 K 党和意大利法西斯分子的威胁，他们占据新闻头版，似乎步调一致。没有人会忽视这二者之间的相似性。

1922 年底，三 K 党决定公开宣布打算与墨索里尼的法西斯分子

/ 130

/ 131

建立"联盟"。三 K 党的高级头目"大头目①"在亚特兰大举行的年度"会议"上承诺，作为三 K 党"欧洲扩张计划"的一部分，"法西斯将与我们一起在意大利建立三 K 党"。

亚特兰大的记者们清楚地解释了这一"扩张计划"，称其为"三 K 党入侵欧洲并组织发起维护全球白人霸权的计划"。

一些著名的三 K 党成员对大头目准备允许他们公开的敌人罗马天主教徒加入其组织表示震惊。这位大头目则表示欢迎所有"白人基督徒"成为三 K 党成员。当然，犹太人和黑人仍然被排除在外。[64]

1923 年初，百分百美国人、三 K 党和法西斯主义之间的联系已经非常明显，因此开始加入插入语来定义彼此。一位读者写信给《得梅因纪事报》，反对这个国家由"人数仅占总人数 2%"的经济精英统治。这些富豪选择"培育和鼓励像美国法西斯（三 K 党）和所谓的百分百资本主义守护团（美国军团）这类组织。二者都是'爱国主义者''百分百美国人'，随时准备将任何东西'美国化'"。这位读者对所有这些表述都半是怀疑半是恐惧地加了引号，同时补充说，百分百美国主义一直试图与法西斯主义者和富豪结盟。

"这些组织过去和现在的目的都是压制言论自由、新闻自由和集会自由，除非这种自由得到'三 K 党内部人士'的授权，"[65]而他们"头戴愚人帽、身穿棉睡衣的午夜游行是纵火、谋杀和驱逐出境的前奏"。两个月后，《圣路易斯邮报》（*St. Louis Post Dispatch*）报道了"美国法西斯主义即三 K 党的公开声明"。[66]

那年夏天，有报道称，三 K 党在幕后支持南方民主党人威廉·G.麦卡杜竞选总统。麦卡杜是内阁成员，曾敦促他的岳父伍德罗·威尔逊建立联邦种族隔离制度。加入三 K 党并支持麦卡杜参选的得克

---

① 指爱德华·扬·克拉克（Edward Young Clarke）。

萨斯州农民坚持认为，三 K 党并不是"反黑人"。该组织并不是健全的"美国法西斯主义"。[67]

SEIBOLD ON TEXAS--SAYS K. K. K. BEHIND M'ADOO THERE FOR THE PRESIDENCY

Order Not Anti-Negro—Farmers Joined it in Belief it is American Fascism

可以肯定的是，没有一个得克萨斯州农民坚称他们不是种族主义者，而只是法西斯主义者，但他们知道欧洲法西斯主义会带来何种恐怖的景况。他们对法西斯主义有限的一点认识，主要来自墨索里尼上台后《厄尔巴索先驱报》（*El Paso Herald*）发表的庆祝社论。报道称，意大利的这位新元首受到伦敦和巴黎的"法西斯团体"的热烈欢迎，并表示这些团体是"好组织，它们的存在是当今世界上最鼓舞人心的希望之一"。[68]

这篇社论指出了法西斯主义最鼓舞人心的地方：他们对国家的热爱，对激进主义的反对，以及维护政府权威的决心。然而，文章接着承认，法西斯主义者"并非尽善尽美"，有时"他们无视法律，并在必要的前提下使用武力"。

好消息是，"法西斯分子的暴力行为很少见，而且是零星的"；它主要执行"秩序井然的军队"的纪律。最后，"法西斯主义是健全的，对世界上那些似乎需要它的地方是有益的，因为它展现的是司空见惯、遵纪守法的爱国主义。它无疑是对激进主义的有力谴责"。[69] 没有什么比在令人遗憾的情况下只能选择使用非法暴力更能表达"谴责"之意了。

对意大利法西斯主义的维护并不局限于南方。《芝加哥论坛报》

/ *133*

也对法西斯分子"谴责"激进派的做法表示欢迎。该报1922年的一篇社论说,"我们不尊重针对法西斯暴力的大惊小怪,这些暴力针对的恰恰是一个为了自己的事业也会毫不犹豫使用暴力的革命派团体。美国的空想家和只会空谈的社会主义者动辄谴责法西斯诉诸非法武力,但法西斯主义直面的是复杂的环境,而不是理论"。[70] 任何对于"非法"一词感到如鲠在喉的人,都可能会被斥为只会在沙龙里夸夸其谈的社会主义者。

事实上,美国媒体提供了大量法西斯暴力的例子,许多观察人士选择忽略这些证据,因为他们利用它为自己的种族民族主义立场辩护。《圣路易斯邮报》评论说:"每个人都知道,法西斯政府统治下的意大利工人不敢罢工,因为他们已经彻底被法西斯的暴力吓倒,暂时屈服于它。"文章在结尾时宣布,至少到目前为止,"民主在意大利已死"。[71]

印第安纳州曼西市的读者得知,"法西斯发起了一场破坏运动",而且"暴力活动一直持续到1921年7月大选之后"。在那之后,暴力"有那么一点减少"。[72]

有那么一点。

* * *

说到土生土长的美国法西斯主义,不管支持麦卡杜的埃尔帕索农民想告诉自己什么,在1922年,任何活着的美国人都清楚地知道"反黑人"运动实际正在发生。全国各地的报纸都谴责了私刑,而在1922年,国会就《戴尔反私刑法案》(1918年首次提出)举行了辩论。[73] 哈定总统在1920年公开反对私刑。他宣称:"我相信联邦政府应当铲除私刑,清除美国这个美好名字上的污点。"他的发言赢得了包括黑人媒体《布法罗美国人》(*Buffalo American*)在内的多家报纸的支持。《布法罗美国人》一直是林肯派,对共和党的忠诚由来已久。哈定说:"我认为美国的黑人公民应该得到保障,享有他们所有的权利。"接着他补充道:"他们已经获得公民权授予的全部权利。"[74]

有了哈定在 1921 年支持《戴尔反私刑法案》,该法案 1922 年在众议院获得通过,之后南方民主党人在参议院阻挠议事,最终将其扼杀。一些议员威胁说,如果该法案通过,他们那一年将不会再通过任何一项立法,这实际上是使参议院受制于他们极端的党派立场。

《布法罗美国人》发表了一篇关于《戴尔反私刑法案》的社论,认为该法案理应代表"美国优先"的原则,并赞扬戴尔议员为之所进行的斗争。"除非他是一个百分百美国人,除非他对'美国优先'的信条深感兴趣——这一信条在竞选时为人所熟知,但现在已经被人遗忘,否则他就不可能起来战斗,他为的不是某一个种族,而是人道和人权。"不能让"政府'美国优先'的口号"连同"1/10 的人口"一起被遗忘,这一点至关重要。[75]

《戴尔反私刑法案》失败了,《布法罗美国人》将"美国优先"原则扩大到全体美国人包括黑人的努力也失败了。20 世纪上半叶,将近 200 项反私刑法案被提交到国会,但没有一项获得通过。

1922 年 6 月 14 日,非裔美国人举行了一场支持《戴尔反私刑法案》的"华盛顿无声游行",这比马丁·路德·金(Martin Luther King)发出自己的声音——令他的美国梦家喻户晓——早了 40 年。

就在参议院阻挠《戴尔反私刑法案》通过的时候,《波士顿环球报》(Boston Globe)发表了一篇措辞严厉的社论,题目为《私刑的权利》(The Right to Lynch),黑人报纸《达拉斯快报》和其他一些全国性的反私刑媒体转载了此文。《波士顿环球报》指出,"民主党人不喜欢这项反私刑法案,为了阻止就该法案进行投票,他们真是连嗓子都喊破了"。

《波士顿环球报》的编辑说,这对他们来说是一个令人惊讶的立场。"因为民主党人已经放弃了他们支持各州有权在各种事务上自决的传统立场，只在一个问题上例外。现在他们一次又一次地支持一个强大的中央政府，唯独在保留烧死有色人种的权利上破例。"[76]

《布鲁克林每日鹰报》登出了一幅漫画，画中"我们国家戴着头巾的眼镜蛇"正在窥伺着政府法制，旁边还刊出了一篇名为《美国法西斯主义》（*American Fascism*）的文章，把三 K 党和法西斯主义以及百分百美国人联系在一起。"在所有国家，一个普遍存在的因素是对伪爱国主义的诉求。意大利法西斯表现得极端爱国，而在世界各地，同样'百分百'的爱国者比比皆是。"[77]

文章称，西班牙法西斯独裁者普里莫·德里维拉（Primo de Rivera，他的儿子将在 10 年后建立一个法西斯的长枪党，不久该党与佛朗哥

的政党合并）和意大利的墨索里尼政府均采取了"欧洲百分百的爱国主义"的形式，并认为受三 K 党影响，美国也在迅速朝着极端民族主义暴力的方向前进。"对三 K 党不应存在任何误解。它在这个国家代表的观点与墨索里尼在意大利、德里维拉在西班牙代表的观点是相同的。三 K 党就是美国的法西斯，它决心以自己的方式统治，完全无视民主政府的基本法律和原则。"

它警告说，如果允许这些人接管这个国家，"我们将会面对一个独裁政权"。[78]

*　*　*

与此同时，在美国的意大利人和意大利裔美国人也加入了墨索里尼的法西斯阵营。"纽约法西亚"（New York Fascia）已成为包括"巴尔的摩法西亚"在内的美国各地墨索里尼支持团体的"母体"；所有人都"听从墨索里尼总理的指示"。[79]

讽刺的是，追随墨索里尼的美国法西斯主义者担心的问题之一是，从定义上来讲，他们属于"连字符公民"，却效忠于美国以外的国家。1923 年，全国各地的报纸就美国法西斯运动是否对美国构成威胁展开了辩论。《斯普林菲尔德共和党人》（*Springfield Republican*）说，单看名字就知道它是反美运动，因为它"强调的种族团结——可以说是一种泛意大利主义"，只会让"归化的美国公民精神"延续下去。《塔科马纪事报》（*Tacoma Ledger*）对此表示赞同，称"意大利政府认定"美国法西斯主义将使归化的美国公民仍然效忠于其"祖国"。这将使法西斯主义"像 10 年前德国的支持一样对美国主义构成巨大威胁"。[80]

尽管三 K 党和法西斯主义者都喜欢声称他们的立场纯粹是意识形态上的——当然他们会基于意识形态实施暴力——但他们也倾向于将

资本主义与白人至上混为一谈。1923 年春天，一位共和党政治家敦促南方"领导针对激进分子的斗争"，告诉阿肯色州的农民，"赤色分子正在煽动黑人"，并敦促"纯美国血统的人"采取报复行动。他警告说，由于"南方人民的种族纯洁性和政治传统"，"想在美国发起反激进主义运动，南方是最自然、最适合的地方"。[81]

一个奇怪的巧合是，拥有"种族纯洁性"的人是"激进分子"的天敌，这又回归了本土主义者向所有非"纯美国人"宣战的关联链——尽管这些人是在民族、种族还是意识形态方面都不够纯正。

但并非所有自称法西斯的美国人都支持墨索里尼。这年春天，美国各地的报纸均报道"某个被罢黜的克莱格"正在内布拉斯加州组建"据信是美国的第一个法西斯组织"。一位发言人解释说，"美国法西斯"是一个"法治团体"。他们将效仿意大利同行，反对"社会主义者、共产主义者和强大的革命劳工团体"，但"绝不是三K党的敌人或模仿者"。[82]

像意大利法西斯一样，他们身穿黑色衬衫，但不戴面具；15000件衬衫已经生产完成，并计划召开一次"怪物会议"。这位发言人说，"它不会与政治或宗教争端搅和在一起"，而只是针对社会主义者、共产主义者和劳工组织者。显然这些都不属于"政治争端"。[83] 据创立这个"非政治性"组织的前"克莱格"所说，这个"非政治性"组织将"反对'红党'和'三K党'"，但将"体现'三K党'的所有优点"。[84]

这位前"克莱格"没有详细说明三K党有哪些优点，但是很多美国人以为，如果美国法西斯不那么神秘的话，他们就不会像三K党那样危险。内布拉斯加州的一份报纸预测，如果"法西斯运动"将在美国迅速蔓延，那也不足为奇；据说美国已经有大约 2 万名法西斯分子。"在某些方面，美国法西斯与三K党相似，但很明显，'蒙面骑士'过于神秘，对公共安全构成威胁；而美国法西斯则不那么隐秘，也就不至于如此神憎鬼厌。"[85]

成千上万的美国人在光天化日之下被恐吓、被胁迫、被打上烙印、被泼上柏油粘上羽毛、被袭击、被恐吓、被折磨、被绞死，甚至被公开烧死在火刑柱上，这些受害者恐怕不会认同，令三K党成为威胁的，仅仅是它的神秘。

/ 7 美国梦 1924~1929 年：内心的意愿

1924 年，美国梦似乎已经烟消云散；那一年好像没有人再提起。也许这不是巧合，美国梦突然陷入沉寂，仿佛是被经济繁荣带来的喧哗湮没：1924~1929 年，道琼斯工业平均指数上涨了 216%。或许美国人都在做着快速发财致富的梦想，无暇梦及其他；这一时期，无尽繁华皆能触手可及的令人极度兴奋的信念占据着美国大部分人的心理。就美国梦最初被用来表达的进步主义理想而言，它似乎与它所倡导的进步主义一起，在一定程度上黯然失色。

但在某种意义上，这种表达也在积聚力量。仍然有作家在思考当时已与美国梦发生关联的理念，其中一位作家在 1924 年底完成了一部小说，这部小说现在被普遍誉为有史以来关于美国梦最伟大的作品之一。

在《了不起的盖茨比》（The Great Gatsby）中，菲茨杰拉德从未使用"美国梦"一词，但他的小说中充满了美国梦。故事背景设定在长岛，位于曼哈顿和大颈区（Great Neck，菲茨杰拉德称为"西卵"）之间，从 1922 年秋到 1924 年春，菲茨杰拉德在那里生活了 18 个月。小说的大部分情节发生在位于这两个地点之间的皇后区，小说中的富豪恶棍汤姆·布坎南（Tom Buchanan）的情妇默特尔·威尔逊（Myrtle Wilson）也住在那里。布坎南一家住在长岛——菲茨杰拉德非常清楚，在故事发生时，那里的三 K 党正忙着通过焚烧十字架来恐吓非裔美国人。

汤姆·布坎南是一名白人至上主义者，他对他从有关北欧主义的书中学到的无稽之谈的优生学滔滔不绝。"书的大意是说，如果我们不当心，白色人种就会……就会完全被淹没。讲的全是科学道理，都是已经被证明的东西……我们是占统治地位的人种，我们有责任提高警惕，不然的话，其他人种就会掌握一切。"在被晚餐上的同伴们嘲弄后，汤姆试图为自己的"科学"理论辩护。"我们是北欧日耳曼民族。我是，你是，你也是……我们创造了所有那些加在一起构成文明的东西——科学啦，艺术啦，以及其他，等等。"[1] 说到这里，他自己也陷入了困惑，没法再继续为科学种族主义的愚蠢辩护。

在小说快到结尾时，菲茨杰拉德强调了布坎南的愚蠢："一个简单的头脑陷入慌乱非同小可。"[2]

菲茨杰拉德对"美国梦"的影射主要出现在小说著名的结尾处，尼克·卡拉威（Nick Carraway）望向大西洋：

> 意识到当年让荷兰水手的眼睛放出异彩的这个古岛——新世界的一片清新碧绿的地方。它那些消失了的树木，那些为盖茨比的别墅让路而被砍伐的树木，曾经一度迎风飘拂，低声响应人类最后的也是最伟大的梦想，在那昙花一现的神妙的瞬间，人面对这个新大陆一定屏息惊异，不由自主地堕入他既不理解也不企求的一种美学的观赏中，在历史上最后一次面对着和他感到惊奇的能力相称的奇观。[3]

这段话继续铺展。盖茨比"经历了漫长的道路"才来到这里。"他的梦想就近在眼前，他几乎不可能抓不住的。他不知道那个梦已经被他丢在身后，丢在这个城市那一片无垠的混沌之中一个不知名的地方，那里合众国黑黝黝的田野在夜色中向前延伸。"[4]

关于个人抱负的美国梦，以及美国梦渐渐局限于物质主义的想法，可以说最终呈现在菲茨杰拉德的小说中，许多人认为确实如此。如果果真如此，那么在我们所知的美国梦即将实现的那一刻，它已经消逝，消失在一个黑暗共和国向前延伸的无尽田野中。

菲茨杰拉德是在回应一种文化，至少 20 年来这种文化一直主张一种内涵丰富的美国梦，它曾保护美国的信条，使之不受席卷这个国家的机械论观点的侵蚀。菲茨杰拉德捕捉到了物质主义攫取美国梦的那一刻——他记录了这一刻，并看到了它的代价：希望的破灭和无尽的失望；人们丧失的是惊奇的能力，而不是实现梦想的才干。

换句话说，《了不起的盖茨比》著名的结尾描述了美国梦的内涵在如何收窄，从对人类无限潜力的憧憬，到愚蠢的持白人至上主义主张的富豪对权力的贪婪欲望——他们的财富是继承得来，除了拿来显示自己的优势，他们根本无法想象还能用它做点其他什么。

菲茨杰拉德并未真正使用"美国梦"一词，却唤起了它在全国范围内开始遵循的轨迹：从正义、自由和平等的梦想到自私和贪婪的合理借口。美国梦一词开始用来描述这个国家正在背叛着什么，明确地说，是它的理想。

正因为如此，菲茨杰拉德小心翼翼地将美国梦与荷兰水手的商业野心而不是清教徒的宗教信仰联系起来，因为小说暗示，经济机会主义将摧毁"内涵丰富的"美国梦，而不是助其实现。理想主义被不受约束的资本主义扼杀：杰伊·盖茨比的伟大潜力被一个只教会他渴求财富和奢侈的表象的国家侵蚀，而汤姆·布坎南继承的资本实际上赋予他无限的优势，这种地位与白人至上难解难分。

换句话说，布坎南的白人至上是个无法回避的细节。它是菲茨杰拉德关于权力在美国如何运作的概念的核心，他清楚地认识到，美国的工业资本主义建立在对奴隶劳动的不道德的继承基础之上［这点他在 1922 年的小说《一颗像里茨饭店般大的钻石》（*The Diamond as Big as the Ritz*）中已有明确阐述］。

杰伊·盖茨比全盘接受了纯粹资本主义式的宗教。菲茨杰拉德在另一段名言中如此形容他的主人公："他是上帝的儿子，因此他必须为天父的事业效命，献身于一种博大、庸俗、华而不实的美。"[5] 盖茨比是一个典型的、具有象征意义的美国人，他吸收了美国人的所有信条，包括自我创造、有能力成为任何愿意成为的人。但作为 20 世纪20 年代的美国"上帝"的儿子，他必然会把天父的事业粗暴地按照字面意思理解为商业意义，一种为"华而不实"服务的事业——这种肤浅的美毫无价值，缺乏正义，华而不实。这就是财富的福音书。

1925 年春天《了不起的盖茨比》问世时，销量并不高，其矛盾的反资本主义论调在繁荣时期遭到美国人的反对或被忽视，这并不令人意外。相比之下，同一时期最成功的一本书是布鲁斯·巴顿（Bruce Barton）的《无人知晓之人》（*The Man Nobody Knows*），该书恰好在《了不起的盖茨比》出版一个月后面世。

《无人知晓之人》将耶稣基督奉为完美商人的典范，这本书在 1925~1926 年（据推测）是美国最畅销的非虚构著作之一。巴顿解释说，耶稣不仅是"耶路撒冷最受欢迎的晚餐客人"，而且是"一个喜欢户外活动的人"，还是"高管成功的令人吃惊的例子"。[6] 他的使徒就是他的雇员：耶稣"从企业的最底层挑选了 12 个人，把他们锻造成一个征服世界的组织"。[7] 他使用的比喻故事是"有史以来最有力的广告"。[8] 如果耶稣生活在 20 世纪 20 年代，那么他"将成为一个全国性的广告商……因为他在他那个时代正是最伟大的广告商"。[9] 各种洞见可谓层出不穷。

在巴顿笔下，上帝之子和乔治·巴比特几无分别。他告诉读者，耶稣是"现代商业的奠基人"，他把耶路撒冷盛宴的故事说成是"伟大的国定假日"，年轻的耶稣就是在这一天失踪的。当父母找到他时，耶稣显得很暴躁。

> "为什么找我呢？"［耶稣］问。"岂不知我应以我父的事为念吗？"……
>
> 他认为他的生活就是生意。他说的生意是什么意思？他做生意的原则在多大程度上适用于我们的原则？如果他再次出现在我们中间，在这个竞争激烈的世界里，他的商业哲学会奏效吗？
>
> 你会回想起，有一次他曾说出成功的秘诀……[10]

就这样，巴顿把《新约全书》变成了一本商业自助手册，将耶稣的话逐字逐句诠释为与"商业"沾边的表述，并用斜体字重点标注出来。菲茨杰拉德和巴顿在讨论现代美国对商业的崇拜时，都引用了《圣经》中的同一个短语"天父的事业"（但角度完全相反），这并非巧合。

一本将耶稣称为第一位伟大商人的畅销书，还原了美国长期以来将商业与宗教混为一谈的荒谬之处、对成功的崇拜，以及加尔文主义认为个人积累财富越多，必然意味着获得了更多上帝宠爱的堕落的观点。

* * *

1925 年 1 月，美国总统卡尔文·柯立芝在一次著名的演讲中宣称："美国人民的主要事务是商业。他们深切关注全世界的生产、购买、销售、投资和繁荣。"[11] 商业一直是美国人的价值观，但在所谓"柯立芝繁荣"的短暂岁月里，美国人几乎毫无疑问地接受了这样一个事实：经济兴衰的循环已经结束，人人都可以在股市上发财。

事实上，1923~1929 年，美国 93% 的人口平均收入下降，而在整个 20 世纪 20 年代，垄断和企业并购再次占据主导地位，6000 家独立公司被吞并，200 家大公司控制着美国一半以上的工业。到 20 年代末，美国 1% 的人口拥有 40% 的财富。

加尔文·柯立芝起了个好名字，因为从大众市场的角度来看，加尔文主义是他的基本信条。人们广泛引用柯立芝的名言："建造工厂的人是建起一座庙宇；工作的人是在那里敬拜，对于每个人来说，应得的不是轻蔑和责备，而是尊敬和赞美。"[12] 他对股市的信心是实实在在的，股价开始飙升，而专家承诺股市将继续上涨。然而，"柯立芝繁荣"是极不平等的：财富主要集中在上层，穷人继续被甩在后面。但这种对繁荣的信念很快就开始让人们觉得这是一种承诺，甚至是一种保证。

也是在 1925 年，人们对听到的关于美国梦的描述越来越熟悉。比方说，一篇被广泛转载的文章将迈阿密誉为"美国的造币厂，它是一块精美、闪亮的钱币，浓缩了代表美国自由梦想的坚实成分，那就是机会和成就"。[13] 20 世纪 20 年代中期，佛罗里达的房地产繁荣实际上是一个泡沫；一夜暴富的想法与"美国梦"如影随形。随着关于个人财富的美国梦日益泛滥，美国梦也越来越多地与"机会和成就的自由"这种不切实际、非平等的理想融合在一起。

我们以前也看到过美国的自由梦，当时它在第一次世界大战期间被动员用于反对帝国主义势力。它还将再次被动员与极权主义做斗争，不过眼下还不是时候。不同的语境仍然可以改变美国梦的含义，依据美国信条中的这种或那种价值观来重新定义它。

它仍然可能与国际主义有关，从洛杉矶到艾奥瓦州的不同记者称国际联盟同意建立国际法庭的协议是在实现"美国梦"，[14] 这些报纸向读者保证，"召开关于信仰和秩序的世界大会，实现美国 17 年来的梦想，其结果将是一个无与伦比的教会委员会"。[15]

美国梦对拓荒者和移民的羁绊也在加强。1925 年出版的一本书被描述为"唤醒早期美国梦中的城镇"，当时开拓者的目标仍是塑造这片土地。[16]《密尔沃基日报》（*Milwaukee Journal*）转载了一幅照片，画中是一群生活在芝加哥南部、生意（贩卖二手货）做得红红火火的犹太小贩。"那个美国梦似乎即将成真。"[17] 但它仍然只是"那个美国梦"，暗示还可能存在其他梦想。

诸如选美比赛中的"美丽女性的美国梦"或"'坚不可摧的国防'美国梦"之类转瞬即逝的提法表明，尽管向上的社会流动正在开始与"美国梦"这一表述趋同，但距离这个说法缩小到我们熟知的那个非常具体、有限的意义之前，尚有一段路要走。[18] 1925 年，一位牧师向他的会众保证，"我们的美国梦——基督化的个人主义、立宪共和国的原则以及基督般的兄弟情谊"将战胜"俄国布尔什维克主义和欧洲社会主义的奢望"。[19]

个人主义开始超越以美国梦为象征的其他价值观，但尚未抛弃宪政民主和平等的原则。

一个关于众议院代表席位的问题促使国会中的少数党发布了一份报告，反对开启一个先例，即腐败的政治可以"基于任何特殊目的选择任何它需要的人，而众议院对此将束手无策"。他们警告说，这不仅会对宪法造成威胁，而且"是对宪法的正面攻击，这个爆炸性的过程将削弱'代议制政府'这一伟大的美国梦的基础"。[20]

与此同时，即使个人的梦想与国家的梦想相连，这种梦想仍然是谦逊的，并且仍然坚守着这个国家开启了黄金道德时代的神话。《迈阿密新闻》（*Miami News*）在1927年报道说，"'耕种得当的小农场'曾是普通美国人的梦想"，该报在这里使用了过去式，表明杰斐逊式的自耕农梦想已成明日黄花。[21]

仅仅持续了四年的牛市正迅速走向崩溃。1928年，柯立芝决定不再参加竞选；据推测，他曾私下表示，他认为市场将出现异动。然而，他的副总统赫伯特·胡佛（Herbert Hoover）却向美国承诺，繁荣永无止境。他会在每一口锅里放一只鸡，在每个车库里放两辆车，在竞选过程中，他承诺美国"比任何国家历史上的任何时候都更接近于消灭贫困"。[22]

* * *

1929年10月19日，菲茨杰拉德发表了小说《游泳者》（*The Swimmers*）。小说讲的是一个名叫马斯顿（Marston）的美国人意识到国家的理想已经被金钱腐蚀的故事。马斯顿在一家银行工作，银行的名字起得颇具讽刺性，名叫"承诺信托"。

在小说开头，马斯顿那位水性杨花的法国妻子抱怨起她在里维埃拉看到的美国女人：

> "你该拿她们怎么看呢？"她喊道，"了不起的女士们，资产阶级，冒险家——她们都是一样的。看！……"
>
> 突然她指着一个正在下水的美国女孩：
>
> "那位年轻的女士也许是个速记员，但她非得强迫自己改头换面，从穿着打扮到言谈举止，就好像全世界所有的钱都归她所有似的。"
>
> "也许真会有那么一天的。"
>
> "这就是她们听到的说法；可这种事情只能是百里挑一，剩余的那99个都没戏。这就是为什么等到她们三十好几时，每个人的脸看起来都那么不满足，那么不快乐。"[23]

只有1%的人实现了美国梦，至于其余99%的人，未来等待他们的将只有不满和痛苦。认为最富有的1%或2%的人口控制着国家的想法已经成为不言自明的真理。德莱塞和安德森等作家曾警告，"美国梦"是对财富的一种危险的错觉，但在这里，它正在清晰地转向21世纪美国梦含义中隐含的"承诺"，以及当这个承诺几乎不可避免地破灭时随之而来的痛苦。

《游泳者》中的反派人物是一位富有、粗俗的银行家，他宣扬的是镀金时代财富福音的最新说法。"金钱就是力量……金钱创造了这个国家，建造了它伟大而光辉的城市，创造了它的工业，在它的土地上覆盖了铁路网。"[24]这个故事清楚地表明，银行家的说法错了，但他对美国的愿景正在胜出。

马斯顿感到越来越格格不入，他开始思考美国的意义，尤其是美国人对忘记历史的渴望。"他喜欢说，美国人生下来就应该有鳍，也许他们确实有，或许金钱就是鳍的一种形式。在英国，财产会产生强烈的地方意识，但美国人躁动不安，根基浅薄，他们需要鳍和翅膀。在美国，一种观念反复出现，即教育应该摒弃历史和过去，成为一种空中冒险的工具，不应被任何传承或传统的残余拖累。"[25]现代美国的繁荣取决于它不受历史或传统的束缚。

马斯顿最终认定，在以他的对手为象征的暴利社会中，他没有立足之地，但他不会放弃对美国所代表的理想的信念。菲茨杰拉德在书的结尾写到马斯顿驶向欧洲，目送美国渐渐遁去，成为自己的过去。这段结尾的魅力不亚于《了不起的盖茨比》中那段著名的结语：

> 在"庄严"号甲板上，看着城市逐渐褪色，海岸渐渐消失，他的心里涌动起强烈的感激和欢喜之情：美国远在那里，在工业丑陋的瓦砾中，富饶的土地仍然被推高，一如既往的丰沛和肥沃；在群龙无首的人民心中，古老的慷慨和奉献仍在继续斗争，时而在狂热和过剩中爆发，但永远不屈不挠、无坚不摧。当下，骑在马鞍上的是迷失的一代，但在他看来，那些继往开来的人、战斗的人都要更为伟大；而他所有的曾经的感觉，认为美国是一个奇怪的意外、一种历史性的运动，已经永远消失了。美国是最好的，也是世界上最好的……法国是一片土地，英国是一个民族，但美国仍然是一个难以表述的想法——那是夏洛①的坟墓和它伟大的人民的那一张张疲惫、憔悴、紧张的面孔，以及在阿尔贡②

---

① Shiloh，指南北战争时期发生在田纳西州、最终由北方胜出的夏洛战役。

② Argonne，指1918年的阿尔贡森林战役，此役美国远征军伤亡达12万人。

为国捐躯的乡村青年，只有在他们的身体衰竭之后，令他们奋不顾身的那句话才从空想变为现实。这是内心的意愿。

小说发表 10 天后，华尔街股市崩盘。

/ 8 美国优先 1923~1929年：一个爱国者，一个超级爱国者

"'美国优先！'自一战以来，我们已经多次听到过这种说法？"1923年7月2日，一位名叫普鲁登斯·布雷迪什（Prudence Bradish）的专栏作家叹息道。这让她想起了"我们过去常常听到德国人说的话——毫无疑问，他们至今还在说：'德国高于一切！'那种古老的'不管是对是错，都是我的国家'的腔调，正是我们无论如何都想要摆脱的腔调，就像我们除掉（或想要除掉）花园中的杂草一样。这是一个糟糕的论调，一个糟糕的想法"。

另外，7月4日独立日的全部意义在于庆祝爱国忠诚，这就造成了一个困境。布雷迪什提出，也许解决的办法是让每个人都说"美国优先！……美国优先于个人。"[1]

这一年晚些时候，一位署名"美国优先"的美国公民给《芝加哥论坛报》写了一封信，呼吁使所有使用"外国名字"的美国人美国化。他说，即使是第二代移民，"只要他们保留自己的旧名字，就无法去除效忠外国的印记。他们像外国人一样聚集，像外国人一样投票，像外国人一样说话。在我看来，他们永远不可能成为百分百美国人，除非他们放弃自己的外国名字，换成与我们的语言协调的美国名字"。[2]

这封信引起另一位读者的强烈反应，他指责"美国优先"是"无知偏执的可悲表现"。后者一开始就指出，"除非这位'美国优先'是印第安人，否则他就不是他所相信的那种'美国人'"。他想知道"美国优先"到底认为什么才算是一个严格意义上的"美国"名字，还指出就连美国（America）本身也不是美国名字，而是意大利名字，为的是纪念探险家阿梅里戈·韦斯普奇（Amerigo Vespucci）。[3]

巴尔的摩一位愤怒的读者同样反对一位记者最近的说法，这位记者"谈到了三K党的爱国热情，并断言'他们把美国放在第一位，把

其他所有国家摆在第二位'"。一个鼓动"迫害犹太人、黑人和天主教徒的人，还怎能扪心自问，以百分百美国人自居？"[4]"美国优先"一直与"百分百美国主义"的概念相去甚远，可是三K党有一个令人讨厌的坏习惯：但凡这两句格言同时出现，它们也会跟着突然冒出来。

海勒姆·埃文斯（Hiram W. Evans）在1922~1939年被奉为三K党的"帝国巫师"，1923年10月他在得克萨斯州发表了关于"现代移民的威胁"的演讲，引用三K党关于"来自国外的人口污染流"的观点，称移民威胁到"本土盎格鲁－撒克逊人"（他补充道："不唯利是图的动机将盎格鲁－撒克逊人带到我们的国家。"该说法之荒唐令人惊叹）。"优生学的案例由此进入我们的视野，不是这里有些那里有些，而是比比皆是，"埃文斯明确表示，这是因为带来"不好的结果"的异族通婚正在危及"真正的美国精神"。[5]

到1923年，三K党已经取得了令人不寒而栗的政治影响力。当年11月，《纽约时报》刊登了一篇长文，用醒目的图片展示了那些由三K党决定选举结果的州，并转载了全国各地三K党报纸的标题。[6]

这位记者走遍了由三K党人把持的各州，调查"所谓的'纯美国主义'势力"的崛起。三K党控制着得克萨斯州、阿肯色州、俄克拉何马州、印第安纳州和俄勒冈州的地方政府，甚至印第安纳州的非三K党人也认为该州约有50万名三K党成员，而三K党自称有70万名成员。那一年，如果没有三K党的支持，印第安纳州的任何一位候选人都不可能赢得地方选举，而俄勒冈州是"第一个屈服于三K党的州"，自1922年以来一直处于三K党的控制之下。

与此同时，俄亥俄州似乎"已经准备好加入蒙面游行，据说加利福尼亚州很快就会加入"。在那之后，争取州控制权的三K党把目标对准了密歇根州、堪萨斯州和西弗吉尼亚州，然后是肯塔基州、伊利

/ 151

诺伊州和密苏里州。这位记者尖刻地补充说，他们的目标是让每个州对居住在那里的"戴着兜帽的纯美国人"来说都是安全的；他们通过提名候选人来寻求政治控制，并通过其他方式让人们感受到他们的影响力，这样"三K党就不再是一个可以拿来开玩笑的东西了"。[7]一些美国人曾经觉得这很荒谬，但现在人们越来越担心三K党可能会控制政府甚至白宫。

这位记者还说，面对三K党的攻击，"这些州的参议员、众议员、州长、立法者、州官员、县官员和地方官员都保持沉默"。在即将召开的民主党全国代表大会上，人们的目光都集中在威廉·G.麦卡杜身上，据说他获得了三K党的支持。麦卡杜顶住了拒绝承认这一背书的压力，试图继续"作为三K党善意的不置可否的接受者"。[8]

《纽约时报》的记者预测，这种沉默无论是出于懦弱还是同谋，都将被证明是一种地方性流行病。任何质疑三K党操控即将到来的选举的人，"都应该设法让一位老资格的政治家在这些州中谴责三K党。也就是说，必须公开予以谴责"。[9]

早在大选开始前的整整一年，人们就对选举产生了异乎寻常的关注，部分原因在于1923年夏天，在"茶壶圆顶丑闻"（Teapot Dome Affair）不断升级的压力下，总统沃伦·G.哈定于8月突然去世，他当年轻易做出的承诺也不了了之。事实证明，哈定和他的政府肯定没有把美国的利益放在第一位。哈定政府有望证明是美国历史上最腐败的一任政府（尽管有必要在此说明，美国历史尚未结束）。

《华尔街日报》披露，哈定政府的内政部长阿尔伯特·富尔（Albert Fall）未经竞标，在海军部长埃德温·登比（Edwin Denby）的协助下，将联邦石油设施（当中包括怀俄明州的茶壶山）租给了私人石油公司。作为回报，富尔获得了40多万美元的"个人贷款"——按今天的购买力计算要远超400万美元。富尔是美国历史上第一位入狱的政府成员，但他不是最后一个。哈定政府的司法部长哈里·多尔蒂（Harry Daugherty）后来因收受贿赂被迫辞职，但逃脱了牢狱之灾。哈定去世一年后，政府提起诉讼，要求追回"被盗财产及报酬"，赃款总计逾 100 万美元。[10]

哈定政府是由裙带资本主义和空前的腐败定义的。这不仅仅包括哈定的老朋友、参与各种形式腐败活动且公然蔑视《沃尔斯泰德法案》（Volstead Act，即《禁酒法案》）的俄亥俄州的黑帮。此外，在任参议员时，哈定在夏威夷度假时遇到了查尔斯·福布斯上校（Colonel Charles Forbes）。1921 年，哈定决定将新成立的退伍军人管理局（Veterans Administration Bureau）交给他。福布斯在该局从事大规模诈骗活动，从承包商那里收受贿赂，出售医疗用品以牟取个人利益，而士兵却无法得到适当的医疗护理。参议院随后的证词显示，该局存放着 20 万封退伍军人寄来的邮件，但始终没有开封。福布斯也因此进了监狱。

然而，"美国优先"这一思想相对来说并没有受到茶壶圆顶丑闻太大的'影响，共和党总体而言也是如此，部分原因在于卡尔文·柯立芝出了名的廉洁，他在当选总统后一直追查哈定政府的腐败成员，而不是赦免他们。柯立芝获得了广泛嘉许，人们认为他是一个节俭、谦虚、朴实的商人，信奉传统的清教价值观。但有一点也是事实，似乎没有人充分关注已经曝光的腐败问题，并将其归咎于共和党：共和党将在接下来的两次选举中以压倒性优势重返白宫。

1924 年柯立芝竞选连任时，他的一个口号是"美国优先"；成千上万的"标语牌"上印着他和竞选伙伴查尔斯·G. 道斯（Charles G. Dawes）的名字以及他们的简历，旁边写着"美国优先"。这些标语牌是"专供装裱而设计的"。[11]（柯立芝还有一个更令人惊讶的口号："与柯立芝一起处变不惊"）

1924 年的共和党全国代表大会的主旨继续强调"美国优先"，宣称共和党是"坦诚而问心无愧的政党，没错，它骄傲地坚持把美国放

/ 153

在首位，拒绝接纳软弱而不稳定的国际主义，他们的忠诚和热情只对美国保留"。[12]

这一年，还有人鼓励工业家亨利·福特（Henry Ford）竞选总统。20世纪20年代中期的一项调查要求美国人对历史上最伟大的人物进行排名，福特名列第三，仅次于耶稣和拿破仑。他是白手起家的典范，他的创业史是典型的美国成功故事，20世纪20年代初，他广受欢迎；同时，他也是强烈的反犹太主义者。最终，他没有参选。

在1924年的民主党全国代表大会上寻求党内提名时，麦卡杜表示，"美国优先"因其与共和党腐败挂钩而遭到玷污。当一个支持者喊道："别忘了茶壶圆顶丑闻。"麦卡杜承诺："从现在直到选举日，我们不会让共和党人忘掉他们肮脏的丑闻……我们都希望本次大会的讨论将有利于美利坚合众国，因为除非民主的理念能比美国优先更加深入人心，否则我们不会取得任何成功。"[13]

但麦卡杜的参选在民主党内部引发了一场激烈的斗争。此前，芝加哥的一名政客指责他依赖于三K党的支持。这种说法迅速传遍全国，促使民主党在全国纲领中提出了一项"反三K党"条款，试图迫使所有南方民主党人正式与三K党断绝关系。

那一年，三K党成功地策划了从东海岸到西海岸、从缅因州的波特兰到俄勒冈州的波特兰的官员选举。在一些州，如科罗拉多州和印第安纳州，他们将足够多的三K党成员安插到要害岗位，从而有效地控制州政府。1924年，大约25%的三K党成员分布在印第安纳州和俄亥俄州。[14]三K党所表述的"百分百美国主义"，明确地定义为对财富和权力的兴趣，当时的观察人士对此已有明确的认识。

"上校"西蒙斯于1915年在石头山上点起一把火，由此组建了第二代三K党。同年，他"考虑到接受了2万美元的现金"，于是辞去党领袖一职。随后他成立了一个名为"烈焰剑骑士"的新组织。一位记者预言"烈焰剑骑士和三K党以后可能会就美国法西斯党的领导权问题发生争端"。[15]

在1924年的选举中，科罗拉多州的一名法官与一名得到三K党支持的对手展开了一场苦战，他向媒体写了一封公开信，讲述了自己的经历：

> 曾经有一名女士冲着我嚷嚷，"你不是百分百美国人，你反对三K党"。同这样的人讲道理是完全没有用的。他们花10美元就能买动一个人仇视别人，这笔钱花得太值了……在任何一次竞选中，我都没有见过这等赤裸裸的疯狂，它是如此的怨毒、如此的憎恶……他们是自卑情结的受害者，当他们读到三K党的文字，发现自己被称为"世界上血统最高尚的人"唯一纯粹的百分百美国人时，这种情结给他们带来了自高自大的错觉和与之相伴的妄想——江湖骗子得以利用他们的无知，将其转化为金钱和政治职位。[16]

纽约州北部一家报纸以明显的轻描淡写的口吻报道说，"三K党条款是政党的大问题"，并补充道，"争取和反对三K党纲领的力量角逐十分激烈，"令民主党纲领的所有其他条款相形见绌，包括该党对国际联盟和禁酒令的立场，"以及其他存在争议的问题"。[17]民主党的此次大会后来被称为"三K党烤炉"，因为大会召开时不仅气温飙升，而且与会人员情绪高涨，气氛非常热烈，以至于有报道着重指出，在1.3万名现场观众中，许多人向尖叫的代表吐口水。[18]公开谴责三K党的条款动议最终以一票之差未获通过。

大会开始时，《纽约时报》一则报道的标题称"麦卡杜对三K党保持沉默"，他的竞选经理拒绝向麦卡杜提出有关其在三K党立场方面的问题。[19]三K党贬称麦卡杜的一个主要对手是"犹太人、酒鬼和耶稣会士"候选人，并在大会上支持麦卡杜。麦卡杜一再被人追问自

/ 156

己的立场，但他要么保持沉默，要么无力回避，遭到广泛的批评。

最终，麦卡杜拒绝否认三 K 党的背书。人们普遍认为正是此举使他失去了总统候选人提名。

* * *

在大会召开前一个月，柯立芝签署了美国历史上规模最大、影响最深远的反移民法案。1924 年的《约翰逊－里德法案》（Johnson-Reed Act）又名《国家起源法案》（National Origin Act），引入了一种基于移民原籍国的配额制度。根据 1890 年的人口普查数据，它将移民人数削减了 90% 以上，使发放签证数仅占美国国民总数的 2%——故意跳过 1920 年、1910 年和 1900 年的人口普查，而挑选了基本上不受限制的移民"大潮"到来之前的人口统计学数据，这是一个有意为之的选择。

该法案的起草者之一、共和党参议员大卫·里德（David Reed）——不要将他与民主党人詹姆斯·里德混淆，尽管在他们二人之间实在没有什么挑选的余地——对参议院说，早期的立法是欠缺的，因为它"忽视了我们当中那些有兴趣将美国民众水准保持在最高标准的人，也就是那些土生土长的人"。

议员们积极寻求回归"更白"的本土主义，也就是更多移民属于"北欧人"的年代。他们根据早期的移民人数制定配额，鼓励来自北欧的移民，阻止或防备来自其他任何地方的移民。根据 1917 年移民法中按地理界定的"亚洲禁运区"，他们完全排除了亚洲移民。

这实质上创造了种族优越性的类别，其中西欧人和北欧人获得的签证比例上升，而东欧、南欧和亚洲人则受到严格限制或完全禁止入境。这一决定严重影响了美国与日本的外交关系。总体来说，《约翰逊－里德法案》是通过控制美国的种族构成，倡导一种从根本上来说属于优生主义的同质性理想，从而确定无误地创造一种可定义的美国身份。

此前的全国性讨论最终顺理成章地促使《约翰逊－里德法案》获得通过，这一点并非巧合。在整个 20 世纪 20 年代，美国最受欢迎的杂志《星斯六晚邮报》（*Saturday Evening Post*）刊登了一系列宣扬北欧主义的著名文章。例如，1922 年 1 月，一篇名为《关闭海门》（*Shutting the Sea Gates*）的文章告诉读者："某些生物学法则支配着跨品种杂交，无论对象是狗、马还是人。这些法则应该引起美国公民的极大兴趣，因为自 1880 年以来，已有数百万非北欧的外国人涌入美国，在美国最大的几个城市中，这些外国出生的人及其子女人数甚至远远超过美洲印第安人。"[20]

几个月后，明尼苏达州的一位市长宣布 1922 年 7 月 2 日为"美国的第一天"，当地的一位牧师对此做出回应，呼吁"美国的美国化"。他从麦迪逊·格兰特的《伟大种族的消逝》一书中直接照搬术语，阐明了美国化在优生学中意味着什么。同样，他把 1880 年定为一个分水岭（格兰特也这么做过），声称在那之后美国开始在种族上退化。

"1880 年以前，"这位牧师对他的会众说，"我们的大多数移民来自伟大的北欧民族国家，也就是欧洲北部国家——瑞典、挪威和丹麦；来自英格兰、苏格兰和爱尔兰；来自德国、比利时、法国和荷兰。这些人在很大程度上拥有管理自己和他人的能力。"他还说，他们是这个世界上的贵族，是"自愿的探险家、拓荒者、战士、水手和冒险家"。他几乎一字不差地引用了格兰特对北欧人的描述，声称这些卓越的北欧人是美洲的早期定居者，是"塑造国家"的制宪者。

然而，自 1880 年以来，情况急转直下。"大部分移民到美国的人来自欧洲其他两个主要族群——阿尔卑斯族群和地中海族群。"阿尔卑斯人（全部）属于"斯拉夫民族"；地中海族群中既有南欧人（他着重指出了意大利人、希腊人和西班牙人），也有北非人。他说，这些人从来没有成功地"管理过自己或其他任何人"，显然他不怎么了解亚历山大大帝、埃及帝国、罗马帝国、奥斯曼帝国或西班牙征服美洲的历史。这些人"生活水平低下"，一旦接触到更高层次的人，总会将后者排挤出去。"难怪全欧洲熟悉这类移民的美国人都在发出警报。"[21]

其次是社会主义者，他们所预言的无非"下等人的统治"。[22]

这位牧师怒斥道，美国不是"罪犯、穷人和无能之辈的垃圾场"，这与柯立芝"这是谁的国家？"的言论相呼应。他抱怨说，近些年来到美国的绝大多数人是"欧洲最软弱、最贫穷的人——失败者、无能和不成功的人，欧洲社会的最底层"。美国不应该成为"不能融化的元素的熔炉"。这个国家终于认识到，你不可能"从任何劣等种族中制造出美国人"。[23]

这种以纪念"美国第一天"为主题的社会达尔文主义反映了《约翰逊－里德法案》背后的普遍情绪。让种族和民族的时钟倒转的努力——就好像在1879年，美国的每个人都是"纯净的"一样，对于纯粹的幻象也同样重要。更有争议的是，试图重建美国历史上某个被神话的阶段，回到种族侮辱这一原罪之前的那一刻是徒劳的，这导致了人们不再重新思考这个神话，而是用暴力来实现不可能的事情。

大多数时候，纯净不过是对邪恶思想的一种伪善的暗语。密西西比州前参议员詹姆斯·K.瓦尔达曼（James K. Vardaman）广为人知的外号是"伟大的白人首领"（他的竞选口号是"给瓦尔达曼投票，就是给白人至上投票"），1923年，他编辑出版的《瓦尔达曼周刊》（*Vardaman's Weekly*），可以说是社交媒体的早期版本。《瓦尔达曼周刊》5月号将其主编称为一个"为美国的纯净、自由和安全而战"的人。[24] 这听起来似乎无可厚非，但实际上，使美国纯净的斗争包括瓦尔达曼那句臭名昭著的宣言："为了维持白人至上，有必要的话，本州的每一个黑人都将被处以私刑。"[25]

《约翰逊－里德法案》将一种观点法典化，即衡量一个人对美国社会的潜在价值的是其所属的人种和种族。在围绕它展开的政治辩论中，这一观点始终与"美国优先"联系在一起。当有人反对将日本人排除在外时，一名共和党国会议员在众议院宣布，"本党不希望得到那些不相信美国优先原则的人的支持"。[26] 在 1924 年 10 月的一次演讲中，柯立芝为限制移民进行了辩护，他告诉"在外国出生的选民"要首先为美国服务。"那些与这个国家共命运的人，必须首先忠诚于美国，其次才是忠诚于自己的母国"。[27]1924 年 5 月 26 日，柯立芝在签署《约翰逊－里德法案》，赋予其法律地位时宣布："美国必须保持美国化。"

换言之，他们想让美国再度伟大。

* * *

1924 年秋，一位通信记者写信给《底特律自由新闻报》(*Detroit Free Press*)，嘲笑三 K 党代表"百分百美国主义"的观点。信的开头这样写道："加入三 K 党，成为百分百美国人。"但这在实践中意味着什么？首先，"你必须在美国出生"，尽管"在哪里出生本身就是意外"。其次，你必须是新教徒，尽管大多数人在信奉宗教时都是听从自己长辈的安排。

除了出生这种偶发事件，三 K 党还提出了其他自相矛盾的定义。"他们要求你必须忠于宪法，紧接着又要你必须仇恨天主教徒、犹太人和黑人。对宪法的忠诚和对同胞的仇恨是不可能同时实现的。一旦加入了三 K 党，你就违反了宪法第一修正案。"其次，"你还必须是基督徒！身为教徒，你又怎么可能认同三 K 党的教义？"

最后，这位通信记者预言，如果美国在战斗中真的需要一条防

/ 160

线，那么在战斗结束之后，三 K 党成员将无处可见。但是，一旦"和平和富足的日子重现，那些不宽容的群体"就会再度兴起，"与之相伴的是百分百美国主义的呐喊，而天主教徒、犹太人和黑人又会再度被边缘化"。[28]

1925 年，卡尔文·柯立芝在美国退伍军人协会（American Legion）发表了演讲，该演讲被广泛报道。他向听众保证，"美国优先"仍是美国的目标：

> 广泛表达的"美国优先"的愿望不容批评。这是一个完全正确的愿望，我国人民应该倍加珍惜。但是我们必须解决的问题是如何让美国成为第一。通过培养民族偏执、傲慢或者自私，无法实现这一目标……我们只能在真正的意义上使美国成为第一，这意味着通过培养友谊和善意的精神，通过国内的进步和对国外的帮助，树立为人类切实服务的榜样。除非我们能够消除种族对立、恐惧、仇恨和猜疑，并在地球公民的心目中培养一种宽容的态度，否则很明显，战斗的成果将会不复存在，我们将进入一个为另一场冲突做准备的阶段。[29]

这是一个值得称许的雄心，但"美国优先"可能不是实现这一目标的最佳方式，尤其是因为"美国优先"继续与完全由民族偏执、傲慢、自私、种族对立、恐惧、仇恨和猜疑驱动的群体联系在一起，这包括美国退伍军人协会，它已正式保证要将"培养和延续百分百的美国精神"写入章程，而且它经常被指控为法西斯组织。[30]

/ 161

到 1925 年，全美三 K 党成员估计在 300 万 ~800 万人；大多数历史学家认为，在这个有着 1.15 亿人口的国家，大约有 500 万三 K 党成员，约占美国总人口的 4%。

到 1925 年，非裔美国人报刊《布法罗美国人》已经对共和党人将"美国优先"用于全体美国人而不仅仅是白人不再抱有希望。"为激起人们对'美国优先'的兴趣，应该在每个联邦部门任命一名有色人种联络官，负责向人民解释政府，向政府解释人民。这些事情都没有做，在黑人看来，这说明其长期效忠的政党对他们毫不关心。"[31]但林肯所在的政党对民权事业的漠不关心只会随着 20 世纪的发展而变得更加严重。

* * *

1926 年，当三 K 党开始面临选举失败和丑闻时，海勒姆·埃文斯在一本名为《三 K 党为美国主义而战》（*The Klan's Fight for Americanism*）的小册子中，再次宣传该组织。它试图解释"大批美国老派民众的性格和现在的心态。必须记住的是，大众有别于智识上混杂的'自由主义者'……如今在大多数美国人心目中，自由主义无非国族、种族和精神上的背叛"。

埃文斯称自由主义者为叛国者（根据定义，他们不是"老派美国人"，尽管很多自由主义者可以将其血统追溯到"五月花"号上的祖先，他们中的一些人只是不愿意这么去做），他接着列举了像他这样的"北欧裔美国人"的不满。

> 上一代的北欧裔美国人越来越不安，最终深感苦恼……我们在文化、智力支持和训练有素的领导力方面非常薄弱，从事的是普通人的劳动。我们要求把权力交还普通人，不是那群特别有文化、过度理智的人，而是完全没有被宠坏、没有去美国化的普通的老派公民，我们也期望赢得这场运动。我们的成员和领导人都属于这一阶层——我们站在把持着领导权的知识分子和自由主

/ 162

者的对立面，后者已经背叛了美国主义，我们希望从他们手中夺回控制权，这几乎是必然之举。

埃文斯坚持认为，他们的反精英民粹主义也是由经济焦虑引发的，或者用他的话说，是"经济困境"："提供给我们孩子的未来的保障日渐缩水。我们发现我们伟大的城市和对工商业的控制权被陌生人接管，他们获得了取得成功和繁荣的先机。"埃文斯重申了他们对"白人至上的基本理念"的忠诚，这一理念包含在"三K党的口号——'本土主义、白人、新教至上'"中。[32]

问题在于（如果还需要说明的话）三K党感到"不安和苦恼"，是因为他们对于权力和统治的既有保障确实受到他们寻求统治的人民进步的"侵蚀"，这群"陌生人"接管了他们认为本应属于自己的商业权力。对此，他们的反应是恐吓对方——黑人、犹太人、工会主义者、激进分子、外国出生的人和傲慢自大的女人，事实上这些人比三K党人"更不安，更苦恼"。

当曾经板上钉钉的政治和经济霸权面临威胁后，三K党把自己当作受害者，并为他们通过暴力重申这种日益减少的特权提供了各种理由。三K党否认公民平等，越来越多地把一切代表公民利益的政府干预视为压迫行为。过不了多久，他们就会把自己塑造成反法西斯政权的"自由斗士"。

这一年，英语中出现了一个新词——"极权主义"（totalitarianism），它由作家路易吉·斯图佐（Luigi Sturzo）创制，用来形容墨索里尼的法西斯主义。[33] 两年间，美国的演讲者就极权主义的后果展开了辩论。他们为当地观众给出了极权主义的定义："认为占主导地位的是国家，国家不可能做错事"，对国家的任何批评都是"叛国大罪"。[34]

但与此同时，"美国优先"也开始被排挤到这样一个空洞口号所能承受的范围之外。1927年，芝加哥市长"大比尔"汤普森发起了一场"美国优先"运动作为反英活动的一部分，但遭到全国媒体的嘲笑。汤普森放话说，如果乔治国王胆敢来芝加哥，他将"一拳抽扁他的鼻子"。他还要求公共图书馆根除亲英文学，坚称英国人正在从事殖民主义宣传。在某种程度上，他的反英声明无疑是有意讨好芝加哥众多的爱尔兰裔美国人。

全国各地的报纸都嘲笑这些荒谬的说法。在《大比尔的超级爱国者协会》（*Big Bill's Superpatriot Society*）一文中，《圣路易斯邮报》指出了汤普森俱乐部与三K党之间的关系。与三K党一样，"美国优先基金会"的入会费为10美元。"它的政纲与三K党相似，宣扬崇高的目标——更好的公民身份、忠诚"和其他公民美德。但它的真正目的看来是"诉诸无知和偏见，为了政治目的煽动种族和民族仇恨"。

这篇社论建议，汤普森的美国优先运动应该采用讽刺作家亚历克·伍尔科特（Alec Woollcott）最近写的一首诗作为主题曲。

> 我是百分百美国人
> 我是爱国者，超级爱国者
> 红色，红色，红色，红色，红色，我是
> 一片赤诚的美国人。
> 合唱
> 我是百分百美国人，
> 我是，我就是。[35]

《纽约时报》赞同《圣路易斯邮报》的观点，认为"通过喊出'美国优先'的口号，在这个充斥着帮派枪击、街头谋杀和腐败选举的城市里焚烧书籍、打压英国人，他激起了一些兴趣，带来了很多笑料"；同时也指出，汤普森的活动与三K党之间存在隐性联系。美国

/ *164*

优先基金会曾打动佐治亚州的三K党成员，后者"热情地支持汤普森市长和他的反英口号"。

但很快，这种偏见就开始发生冲突，"一些受过教育的三K党成员发现，三K党支持北欧人反对所有外来者，但在佐治亚定居的是北欧英格兰人；这个城市满是心怀怨恨的移民，它的市长试图朝北欧人的摇篮开枪"。

那么，当美国优先基金会攻击英国人的时候，他们怎么知道该支持哪类北欧人呢？三K党很乐意反英，可反着反着，他们得知英格兰人也是"北欧人"，而攻击英国人的是芝加哥的移民。突然之间，汤普森的"美国优先"不再是一个代表"真正的美国人"的有益团体，而是与令人憎恨的"虚假"城市结盟。他们不得不站在"北欧英格兰人"一边，反对汤普森的"美国优先"。这一切都非常令人困惑——这就是试图严肃对待任何像科学种族主义这种愚蠢的事情的后果。

《纽约时报》记者嘲讽地写道："这种幻灭是瞬间产生的，但它迟早会出现。因为当汤普森市长选择定价10美元作为加入他的仇恨社团的费用时，就已经触动了三K党的心灵和灵魂——他们的钱包。"[36]

正如上文中那位科罗拉多州法官指出的，"美国优先"组织，无论是汤普森基金会还是三K党，都在兜售仇恨。他们甚至给它定了相同的价格。

此外，声名狼藉的三K党与"美国优先"组织的联系开始给其追随者带来麻烦。1928年，《芝加哥论坛报》报道说，伊利诺伊州的共和党州长被迫否认"与三K党有牵连"，此前，相关谣言催生了一个新的口号："百分百美国人优先"。[37]

* * *

与此同时，民主党人继续受到内讧的困扰，还有人指责他们未能团结在选民可以信任的单一问题上。

密苏里州一篇充满愤怒的社论写道："这个问题势不可当地出现：民主党非得是头蠢驴吗？"[38]

麦卡杜此时还有影响力，他敦促民主党人围绕支持禁酒令来界定自己。许多南方民主党人支持禁酒令，他们的原旨主义与"美国优先"的理念相符。相比之下，马里兰州州长阿尔伯特·里奇（Albert Ritchie）则希望吸引那些痛恨禁酒令的城市少数族裔选民，并且从中发现，眼下的情况是乡村福音派少数团体获准制定管理美国大城市主要人口的法律。

密苏里州的这篇社论对这两种观点都不以为然，认为禁酒令既已获得法律地位，这艘船就扬帆起航了；民主党应该继续前进，团结起来对抗共和党。"美国仍然需要一个民有、民享的政府"，而且它需要一个政党来支持普通美国人反对大企业寡头和裙带资本主义，这些人在20世纪20年代控制着共和党的议程。[39]

社论还说："任何有观察力的公民都能看到，美国民主政府和寡头政府之间、人民政府和有权有势的少数派特权阶级政府之间的界限正在以多么迅速、多么冷酷无情的手段被划定。不仅美国的未来，而且整个文明的未来，都取决于赢得了这场战争的是美国民主还是美国法西斯主义。"[40]

社论总结说："民主党拒绝团结起来，为杰斐逊理论进行一场伟大的斗争，挑战梅隆和摩根的统治；如果它继续坚持内讧……所有既得利益者和特权机构都在敦促它这么做""不仅愧对伟大的重任，还将是彻头彻尾的愚蠢——这一点要更加糟糕。"[41]

尽管这篇社论很可能最早用"美国法西斯主义"来形容企业寡头政治和华尔街可能给民主政府带来的风险，但这远不是该国在1927年与美国法西斯主义幽灵所做的唯一一次对抗。还有一次较量发生在纽约阵亡将士纪念日游行骚乱六个月后，当时三K党和自封为美国法

/ **166**

西斯分子的一伙人在曼哈顿和皇后区与围观者发生冲突，7 名男子被捕，其中一人是 20 岁的德裔美国人弗雷德·C. 特朗普。"C"是克里斯特（Christ）的缩写。

第三部分　1930~1940 年

/ 9 美国梦 1930~1934 年：美元国

华尔街崩盘两年后，美国陷入了大萧条（Great Depression），这至少在一定程度上要归咎于"商人总统"，他们凭借激进的自由放任政策支配美国经济长达 10 年之久。胡佛认为预算需要平衡，他不愿反击——他的政府没有通过任何重大立法来应对经济萧条，而 1930 年通过的《霍利－斯莫特关税法案》（Hawley-Smoot Tariff Act）将美国进口关税提高到历史最高水平，这种贸易保护主义行为无非令经济局面雪上加霜。但民主党人也陷入混乱，他们中的大多数人都同意现行的财政思路，即平衡预算是摆脱危机的唯一途径。随着失业率上升，美国国民生产总值（GDP）继续大幅下降。到 1932 年，失业率达到 23%，仅 1931 年一年就有 2000 多家银行倒闭，数百万美国人失去住房、农场、企业和毕生储蓄。胡佛的回应是民族主义式的：他坚持认为大萧条的罪魁祸首是战后欧洲经济的不稳定，而不是根本上不健全的美国制度。

数以百万计的美国人失业，政客们似乎不愿或无力挽救这种局面。尽管华尔街崩盘后的自杀潮被严重夸大，但商界领袖开始惊慌，手足无措，要求政府采取行动，而普通美国人也在表达自己的愤怒。

1931 年，大萧条还在继续，"美国梦"一词终于开始主导全国的对话。这一切都始于历史学家詹姆斯·特鲁斯洛·亚当斯的著作《美国史诗》（*Epic of America*）。（他曾据理力争，要求用《美国梦》作为书名，但出版商固执地认为读者"永远不会掏 3 美元买一个梦"，并坚持让他更改书名。）[1]

这本书于 1931 年 10 月出版，立即引起轰动，让这个国家获得了一种方式来讨论它所遭遇的灾难，并找回失去的目标。对亚当斯来说，国家的失败主要是精神层面而不是经济层面上的。这一信息在全美引起共鸣。

亚当斯认为，追逐商业成功的幽灵正是令美国深陷大萧条的原因。亚当斯敦促美国摒弃对物质的关注，重拾它更高的理想，他声称："为我们所有阶层的公民创造更美好、更丰富、更快乐的生活的美国梦……从一开始就存在这个梦想或希望。自从我们成为一个独立的国家以来，每一代人都目睹了普通美国人为不平而鸣，他们要从似乎势不可当的力量手中拯救这个梦想，并驱散这股力量。"[2]

这是一个经常被引用的定义，但人们没怎么关注到其中蕴含的明确警告：每一代人的美国梦都会受到威胁，需要重振。亚当斯没有明确指出反对美国梦的力量，但在过去 30 年里，美国人一直在讨论民主的敌人（"为我们所有阶层的公民"）——威权主义——的方方面面。这自然包括专制，但也包括特殊利益团体、腐败、财阀统治和寡头政治、裙带资本主义和社团主义，以及随着暴政走向公司化而出现的各种形式的新兴极权主义。

亚当斯观察指出，每一代人都必须重新战斗；每一代人都会发现普通美国人被号召抵制威权主义的影响，重拾自由、平等和正义的民主梦想。他补充说："目前，我们可能面临这些斗争中最艰巨的一个。"

但对于亚当斯来说，民主还有另一个明显的敌人：物质主义。在整部《美国史诗》中，他反复强调，贪婪正在摧毁美国梦。"这不仅是一个关于汽车和高工资的梦想，更是一个关于社会秩序的梦想，在这种社会秩序中，每个男人和女人都能够达到与他们天赋相匹配的最高成就，并获得他人的认可，这一切都与其出生或地位的机缘巧合无关。"

亚当斯认为，美国梦是关于品质而不是购买力的力量。它坚决反对裙带关系和继承的特权。这是对美国既有信条的回归，是对民主和平等、行动和自决、正义和慷慨原则的回归。亚当斯认为，对个人财富和奢侈的渴望并不是美国危机的解决方案，而是问题所在。美国正

在失去它的灵魂，失去定义它的民主理想，转而满足于追逐浮华的
目标。

从某种意义上说，亚当斯是在让美国梦回归杰斐逊式的对"普通
人"的信仰，而不是沃尔特·李普曼式的对这种神秘民粹主义的怀
疑。但亚当斯也对安德鲁·杰克逊式民主的实用民粹主义提出了尖
锐的批评。在杰克逊的领导下，"任何人都能做任何事"的"美国主
义教条"根深蒂固。每个普通美国人都得知，他可以胜任任何工作，
"不经过特殊训练，就可以在日常生活中成为一个万事通，他找不到
任何理由要求公职人员具备特殊的素质或经验"。³

但是，正如亚当斯观察到的，一个万事通的工作质量可能达不到
这个国家所能提供的最佳水准。平均法则意味着"平庸是为完全平等
付出的代价之一，除非人们能够将自身提升到更高的水平"。

就像30年前的进步主义者一样，亚当斯认为，"美国梦"需要大
力维护一种致力于超越个人富裕的价值观的社会秩序。美国人一直记
得每样东西的成本，而不记得任何东西的价值："大小，就像财富一
样，成了'成功'的一个纯粹的象征，关于质的价值感被量取代，精
神价值让位于物质。"⁵

亚当斯身上也有他那个时代的盲点。他是从欧洲移民的角度、透
过白人男性的行为来看待美国历史，他称土著人为"野蛮人"，几乎
没有注意到"黑人"的存在，只关注到了少数白人女性。但亚当斯也
在描述一种被这些欧洲白人男性移民定义的民族精神。他所挖掘的自
我实现梦想的原则适用于所有人，甚至包括像他这样的普通美国人，
也往往会忘了当初的梦想。那些被忽视的美国人正在以越来越大的力
量指出这个事实。

《美国史诗》一书的大部分内容都是关于"粗鄙的个人主义"的
文化史，它解释说，美国梦由残酷的现实塑造：从荒原中攫取生命，
创造一个国家经济和意识形态来支持它。早期的移民习惯于自行决定

/ *172*

遵守哪些英国法律，这逐渐孕育了一种近乎闭关自守的自治文化。亚当斯写道，在整个美国历史中，我们都能听到"斧头在树上的咔嚓、咔嚓、咔嚓的声音，倒下的巨人发出的闷响——前进的伐木工人在清理木场；民主；'商业'"。[6]

他补充说，直到 19 世纪，美国人才开始说服自己，相信积累财富是一种爱国的义务，追求财富为的是个人和国家的共同利益，发展和建设国家事实上是公民的道德义务。这个谬论站住了脚。"如果赚 10 万美元是一种道德行为，那么赚 100 万美元就必须是一种高尚的美德和爱国主义行为"，至于赚钱的手段有多么不道德，倒是不用理会。[7]

富有从那以后被想当然地视为一种美德，有一天人们可能仅仅因为一个人有钱就相信他是好人，而不是认同肮脏的财富无论如何都不能洗白。而今，巨额的财富看起来总能表征道德败坏而非正直。

美国的个人主义使"经济的开发和发展异常迅速"，但是个人对"炫目的奖品"的争夺正在摧毁"我们的个人理想和社会责任感"。最富有的人仍然不担心特权，"因为特权对他们有利"；至于大多数普通人，"大约都会反抗这种极端个人主义制度的积弊"。

但是，个人主义总是能作为美国的"政府运行原理"卷土重来，因为国家深厚的资源意味着人们不断瞥见个人机会，并对政府横加干涉感到不满。

亚当斯认为，只有一条路可以让平等和机会的美国梦成为持久的现实。相信"政治家明智的家长式作风或商界领袖的无限智慧"永远不会奏效——但亚当斯并没有妖魔化富人。他看到了他们所代表的文化的价值，即奋力去追求社会教导他们要尊重的东西。只要财富和权力仍然是"成功的唯一勋章"，它们就将继续塑造这个国家的抱负，"除非我们在自己的灵魂中培养出某种伟大的力量"。[8]

指望有钱有权的人"抛弃这两者，成为一个蔑视精神财富的民主国家的精神领袖"是荒唐可笑的。同样的道理，没有一个政客会"超越自己权力的起源"。因此，寄希望于领袖毫无意义，"除非无数男人和女人通过亲身经历（也许得亲历幻想破灭），打心底里确认什么才是真正令人满足的生活，什么才算是古希腊意义上的'美好生活'"。[9]

为美国价值体系绘制发展谱系，这令《美国史诗》成了畅销书。亚当斯的想法受到了一个试图通过改变规则来度过危机的国家的欢迎；对许多人来说，在旧有的共同福祉基础上重新树立起共同责任感和公益意识而非实现共同富裕似乎是显而易见的答案，他们用"美国梦"来表达这种精神。他们的结论是：经济和道德的失败相互交织，是时候着手恢复国家的道德经济。自私自利不仅已经行不通，而且一败涂地。现在，人们需要关注更大的德行。

* * *

大萧条引发了一场国家认同危机。詹姆斯·特鲁斯洛·亚当斯以"美国梦"为名，为美国找回了这种身份认同。在他的书于 1931 年出版后，这个短语突然在国内的各种出版物中暴红，曝光率指数级增长。短短几周时间，随着作家和政客开始讨论它的演变，它开始进入全国性媒体的视野。

1932 年 1 月发表在《星期六晚邮报》上的一篇文章说："现在像我们许多人所做的那样去否认这个梦想，或者说它毫无意义，都是徒劳的。在我们迄今为止的所有梦想中，或是在一系列美国梦的任何一个片段中，我们在 1929 年陷入的这个梦因其规模、复杂性和各个部分的奇异性，将是最难以在现实中具体化的。"[10]

那几年，关于美国意义的其他著作的数量也在激增，包括《美国理想》(*The American Ideal*)、《谁拥有美国？新独立宣言》(*Who Owns America？A New Declaration of Independence*)、《美国资本主义的衰落》(*The Decline of American Capitalism*)、《追逐幸福：美国民主的故事》(*Pursuit of Happiness: The Story of American Democracy*)、《美国传奇：美国美好生活梦想的历史和文学》(*American Saga: The History and Literature of the American Dream of a Better Life*)、《美国的觉醒》(*The Awakening of America*)等。为了努力理解究竟是哪里出了错，美国开始以史为鉴。

1932 年 11 月，富兰克林·德拉诺·罗斯福当选美国总统，他所在的民主党的竞选纲领是美国人将获得"新政"，与美国签订一份"契约"，其中包括就业增长、国家养老保险、农业救济金和废除禁酒令。罗斯福在 1929 年连任纽约州州长的就职演说中概述了他的政治哲学："我们的文明不能持久，除非我们作为个体认识到，我们对世界其他地区既承担着个人责任，又依赖它们。事实上，'自给自足的男人'和女人已经像石器时代的人一样灭绝了。没有成千上万人的帮助，我们中的任何一个人都会赤身裸体，饿死街头。"[11] 在总统竞选活动中，罗斯福也一直承诺削减政府开支，但到头来，他会彻底违背这一承诺。

超过 1.1 万家银行倒闭，数百万美国人失去了毕生积蓄。失业率正逼近 25% 的惊人水平，货币价值继续在通货紧缩的螺旋中暴跌，国民收入减少了一半以上。沙尘暴带来的环境灾难导致了美国大陆历史上最严重的干旱，造成了移民危机，约翰·斯坦贝克在他的两部关于"美国梦"的经典小说中描写了这场危机，这两部小说——1937 年的《人鼠之间》(*Of Mice and Men*)和 1939 年的《愤怒的葡萄》(*The Grapes of Wrath*)——都是在大萧条时期写就的，而且都谈及移民工人的绝望和梦想。

亚当斯的"美国梦"关乎精神上的伟大，明确反对物质上的繁荣，对于这个正面临切实的贫困、举目皆是流浪汉和饥民的国家而言，这似乎是一种有悖常理的安慰。对富人来说，渴望获得精神上的改善已是一种奢望；而饥饿的人们一心只渴望食物。

相比之下，一种更加愤世嫉俗的观点可能会认为，这种转瞬即逝的梦想恰恰会在国家贫困的时期占据主导地位。因此，敦促公民专注于"更高的理想"，让他们不再执着于摆脱经济窘境，或许在政治上行得通。

但 20 年前孕育这一说法的进步时代实际上是一个相对繁荣的时代，生活水平不断提高，尽管许多美国人眼见少数人手中积累了大量财富感到非常不安，对其道德成本心存疑虑，但他们担心的不是个人而是国家。

亚当斯所普及的美国梦的意义，事实上几十年来一直潜伏在美国人的对话之中。正如我们所看到的那样，他正在恢复一种信念：如果平等和社会正义得不到保护，民主试验将失败，这一主张相当于绝大多数人在"美国梦"一词创造之初的几十年里对它的理解。大萧条并没有催生这个想法作为一种缓解的手段，而是重新发现了它，将之作为一种解决方案。

其他有影响力的作家也对物质主义的危害做了类似的诊断。弗雷德里克·刘易斯·艾伦（Frederick Lewis Allen）的《恍如昨日》（*Only Yesterday*）——第一本书写 20 世纪 20 年代历史的著作，在 1931 年出版。在书中，他谈到了上一个十年对富商的错误信念。"梅隆、胡佛和莫罗（Morrow）等人发现他们的财富是公职人员的一种资产，而不是一种负担；或者是 1924 年人们发起的广泛的民众运动，呼吁让亨利·福特当总统，这并非偶然。拥有数以百万的财产是成功的标志，而成功会受到举国上下的崇拜。"[12]

但美国对"成功"漫不经心的追求已经变成自我毁灭。在这个国家深陷危机的时刻，"美国梦"用来表达美国需要重新发现的道路：

一条远离而非通向物质主义的道路。美国的信条——自由、正义、平等、民主——必须首先得到恢复；人人享有繁荣的经济梦想只有在一个优先考虑这些原则的社会中才能实现。

文化与修养同根同源；价值观无法自给自足。任何精神都需要培养；美国已经停止维护民主，而是开始保护金钱。代价是显而易见的。

突然间，美国人开始对"20 世纪 20 年代的噩梦"和此前十年的"贫瘠"发表具有讽刺意味的评论，否定了爵士时代是一个繁荣和冒进的颠狂年代的老生常谈。回首往事，他们看到了近代精神上的贫乏。1933 年，亚当斯回顾了"贸易的突然扩张、我们的巨额利润、移民以及整个爵士时代的终结"，那时"美国梦变成了赌博、腐败和疯狂消费的噩梦"。

20 世纪 20 年代的道德贫瘠被普遍认为是 30 年代经济贫困的罪魁祸首，很明显，教育对于维护精神和个人成就的美国梦是必需的。1930 年，亚当斯写道："显然存在两种教育。一种教我们如何谋生，另一种教我们如何生活。当然，这二者永远都不应该混为一谈。"[13]美国人开始看到这种区别。

许多教育工作者开始承认，公立学校造成了目前的"社会混乱和不确定性"。其中一位是这么说的，"和我们其他的理念一样，它们过分强调物质上的成功"。学校一直在强化"快速致富的普遍的美国梦"，却没有教会学生"批判性地评价美国"。[14]人们把过多的注意力放在"为赚钱做准备上，但对金钱理应创造的丰盛生活并没有做什么准备。富人和有进取心的人既是学校也是市场的偶像"。[15]

1933 年，有些地方性的讨论提出了这样的论题："初中能否为实现美国梦的社会规划做出贡献？"一位校长认为，美国一直在"错误地"教导孩子们"追求幸福"，鼓励他们积累财富，退休时享受生活，而不是建立"美好和建设性利益的激励机制"，而后者有利于"我们孩子的身体、道德和精神福祉"。在经济紧缩时代，学校"只有通过树立更远大的成功理想，激发更广泛的社会意识"，才能证明其价值。[16]

另一篇文章认为，教育正是"詹姆斯·特鲁斯洛·亚当斯笔下的美国梦的体现，在专注于单调和物质的过程中，这种对心灵和精神的渴望曾经被剥夺，而教育会令我们在追求更充实、更丰盈的生活的道路上迈出一步"。[17] 对于教育应该把人们训练成温顺的工资奴隶，令其成为消费者，并为富人提供劳动力和市场的观点，普通市民表示明确反对。1934 年，教育改革家约翰·杜威（John Dewey）宣称："公共教育是美国梦的灵魂，是美国梦的核心理念。无论我们是什么样的人，是强还是弱，都被美国梦塑造。"[18]

这种表述正逐渐成为众所周知的真理，与基本的民族信仰融合在一起，传递出一个听起来越来越耳熟的美国梦。一个毕业班的学生被告知，这个国家的一项历史性实验是发明"美国梦——这是一片充满机会的土地，每个男人、女人和孩子都可以在这里实现他（她）最大的潜力"。[19]

一位经济学家在伊利诺伊州的一个讲堂上说，"典型美国人的内心愿望"是"保护这个国家，使之成为机遇之地、经济自由之地、个人事业和进取之地。这就是美国梦"。[20]

但他补充说，在过去的 75 年里，由于"金融控制的集中"，以及"一些重要的金融和工业领袖在我们的社会政治生活中日益增强的力量"，美国社会一直反对捍卫这一梦想。在美国新的"公司主义"制度下，少数人"成为自我选举、自我延续、基本上不负责任的受托人"，掌管着包括其同胞的储蓄和投资在内的国家资源。事实上，这位经济学家是从保守主义的立场出发，"抨击极端的新政举措"事实上是意欲创建国家垄断。保守派和自由派都认为财富和权力集中在少数人手中是对美国梦威权的威胁。

医疗保健也进入了美国梦的框架中：随着城市开始试验公共卫生系统，并付出了"公共红利"，他们认为，全民医疗保健有助于实现"亚当斯口中的'美国梦'，即社区中每个孩子都能得到平等机会的梦想"。[21] 捍卫美国梦意味着守护儿童的健康，而不是个人的财富。

早在 1932 年，媒体就报道说路易斯安那州的民粹派参议员休伊·朗最喜欢的一句短语是"美国梦"，为了实现美国梦，他主张没收"年收入超过 500 万美元以上的部分，如果这种收入还存在的话"。[22]

"每个人都是国王"，这是休伊·朗著名的承诺。不过，他自己倒开始表现出专制倾向，而民粹主义似乎又一次向暴政靠拢。许多观察家得出结论：休伊·朗唯一真正关心的国王是他自己，他最在意的是有朝一日自己能加冕。

* * *

美国梦作为社会正义的承诺，反对物质利益的利己主义，这意味着它对一些人也提出了国际主义和反孤立主义的正当理由。正如俄克拉何马州一位牧师所说，"美国梦"要求"道德法必须是任何稳定社会秩序的核心"，也意味着"孤立对我们来说是不可行的，在道德上是错误的"。[23] 正如在第一次世界大战前夕所做的那样，美国梦已经准备好走向国际，成为保护全世界民主梦的象征，为有朝一日定义冷战、塑造战后秩序的表述意义铺平了道路。

1932 年秋天，一位美国历史学家前往柏林大学，在那里举行了关于"美国梦"的演讲。这肯定是美国首次向世界其他国家介绍这个短语，就这个问题展开国际对话。"美国梦"仍然是一个不太为人所熟知的术语，《纽约时报》赞许诺林① (George Norlin) 博士在此次演讲中传播了这个短语，并介绍了他给出的定义，即"这既是一种愿望，也是一种原则和实践"，它是"美国人特质的基础，这种特质表现为'自力更生、自尊、睦邻合作和全体人民（而非特权阶层）对更美好、更富裕生活的愿景'"。这应该就是这个国家想要说服自己的理念，但诺林博士也分享了他此行中一个令人遗憾的发现：在德国，美国被称为"美元国"。[24]

两天后，富兰克林·德拉诺·罗斯福当选美国总统。他在1933年3月的就职演说中宣布，是时候面对"我们共同的困难。感谢上帝，这些困难只是物质方面的"。在这篇著名的演讲中，罗斯福告诉美国人，"我们唯一需要感到恐惧的，就是恐惧本身"。在演讲中，罗斯福还强调，美国在追求物质富足的道路上迷失了方向，将其他一切都排除在外。

罗斯福指控道："贪得无厌的货币兑换商的种种行径，将受到舆论法庭的起诉，将遭到人类心灵理智的唾弃。"由于缺乏真正的价值观，这些商业和金融领域的"错误领导"未能恢复人们的信心，因为他们"只知道自私者的处世规则。他们没有远见，而没有远见的人定将灭亡"。

美国人不应再"疯狂地追逐那转瞬即逝的利润"，而是需要认识到，"把物质财富当作成功的标准是错误的"；同样，"以地位、尊严和个人收益为唯一标准来衡量公职和高级政治地位，也是错误的信念"。

坦率来说，随着这个国家认识到一种新近觉悟的精神，现在是时候"改变伦理观念"了。不过，罗斯福向美国人民保证，"货币兑换商已经从我们文明殿堂的高处落荒而逃"，这一说法是否属实则是另

/ 181

---

① 科罗拉多大学校长，原书未给出全名。

一个问题。

在上任前几周，罗斯福政府实施了一系列全面改革，包括金融监管、救济计划、养老金、失业保险、福利、医疗津贴和税收改革。罗斯福政府还创建了公共工程管理局（Public Works Administration），在接下来的十年里，该机构向美国的基础设施投资数十亿美元。罗斯福新政第一次有效地将社会民主政策引入美国社会，他的政府创建了福利国家，并开始通过支出摆脱萧条。在美国加入第二次世界大战之时，新政已经使联邦政府的开支增长了一倍多。

起初，许多美国人，无论是自由派还是保守派，都认为新政是联邦政府的严重越权行为，许多人认为罗斯福滥用行政权属于危险甚至不道德之举。批评者称他为独裁者；捍卫者则唤他为国家的救星。共和党人将在本世纪剩下的时间甚至更长时间内坚定不移地推翻这些改革。后来，他们将以实现"美国梦"的名义采取这一立场。

在整个20世纪30年代，"美国梦"已经为有关新政原则的全国性辩论（教育、医疗、住房、不平等），以及关于美国社会演变的其他对话，提供了一种语言和历史框架。詹姆斯·特鲁斯洛·亚当斯一开始是罗斯福的支持者，但他坚决反对罗斯福的经济改革。亚当斯在1929年写给一位朋友的信中抱怨说，他再也负担不起请帮佣的花销，也没钱买个足够大的房子容纳他的图书馆。他还说："这只不过是世界各地民主的作用，而我正迅速成为一个反民主的人。"[25] 有崇高的原则是一回事，在生活中坚持这些原则又是另一回事；但是，人类社会长期未能实现其理想，并不意味着这些理想不再那么有价值，这一点同样正确。

尽管亚当斯在私下里抱怨不知如何处置传统，不过他还是在对这个国家丧失对美国梦的愿景将导致的后果发出预警。例如，1933年5月，他警告说，大型企业"似乎注定要统治这片土地"。如果企业财阀开始控制美国的政治经济，那么一度被定义为自由公民的美国人很快就会"沦落为单纯的消费者"。商品拜物教将接管国家；即将到来的"新产品的洪流""发现和应用"将"深刻地改变我们生活的物质基础"。

如果美国进入了一个技术先进的时代，除了"竭尽全力去获取和消费"不存在其他"任何处世哲学"，那么美国梦将会被致命地"扭曲"，它能做出的唯一承诺，就是每个美国家庭都可能成为"现代化的百货商店"。[26]

他还说，自金融危机以来，美国经历了"三种情绪状态"——困惑、恐惧和怨恨，"针对的是背弃了自己信任的银行家和其他领导人"。但现在，这个国家似乎"只是在坐等"繁荣回归，"等待重新开始的机会"。这个国家需要一种"更加理性的哲学。没有这样的哲学，美国梦注定要失败"，国家将"在精神层面上破产"。[27]

美国人已经重新发现，这个故事应该蕴含着某种寓意，但这种寓意的本质为何，仍然不清楚。

/ 10 美国优先 1930~1934 年：对现实的正式承认

1933 年，美国正面临着精神上的失败，而欧洲则面临纳粹势力巩固权力的问题——在希特勒成为总理后差不多整整一个月，罗斯福宣誓就任总统。三周后，《芝加哥论坛报》报道说，1933 年 3 月 22 日，"在慕尼黑附近的达豪"，希特勒任内的第一个集中营隆重启用。[1]

在两年前，记者多萝西·汤普森曾采访希特勒，称他"说法前后矛盾、滔滔不绝、举止毛躁、缺乏安全感。他就是典型的小男人。"[2] 她根据这段采访，于 1932 年出版了《我见到了希特勒》(*I Saw Hitler*) 一书，书中指出，《我的奋斗》(*Mein Kampf*) 是"多达 800 页的哥特剧本、可悲的姿态、不准确的德语和无限的自我满足感"。[3]

她认为，希特勒崛起过程中最不寻常的部分或许就在于它的前提："想象一下，一个未来的独裁者开始劝说一个主权国家的人民投票表决，放弃自己的权利。"[4] 她后来因为在第一次评估中"否定"了希特勒而受到嘲笑，尽管她低估了独裁者，但她也高估了选民。

当希特勒掌权时，汤普森对选民的自欺欺人和自我毁灭感到震惊。她写道，希特勒并没有"逼迫"德国人民；相反，"独裁是通过民众的意愿实现的……他向他们推荐自己，他们于是买了他的账"。超过 50% 的德国选民"刻意放弃了他们所有的公民权利，放弃了他们进行公共控制的所有机会，放弃了他们代表自己的所有机会"。总而言之，"他们毫不怀疑地就选择了独裁"。[5]

汤普森警告说，希特勒上台"很大程度上是因为所谓的文明人不相信他能做到"。问题是，他们自以为是地认为，他们的文明理念"受到所有人的极大珍视"。他们一致认为，自己的文化是"一种由偏见、标准和理念组成的复杂体系"，是在几个世纪里"以巨大牺牲为代价积累起来的"。

相反，知识精英需要理解的是，"这种文化对广大民众来说，实际上根本不是财富，而是一种负担"。如果经济状况恶化，令民众满腹牢骚，"饥肠辘辘、无所事事"，他们只会把这种"文明看作一种制约和阻碍的力量"。[6]

在这一点上，他们会把摧毁这个系统视为自由。

* * *

当欧洲法西斯主义站稳脚跟时，100% 的美国人发现自己卷进的麻烦事越来越多。到了 1930 年，三 K 党衰落，其政治影响力在选举失败后逐渐减弱，而包括选举舞弊、贪污和贿赂指控在内的金融和政治丑闻进一步削弱了其领导人的影响力。早在 1926 年，《纽约时报》就宣称"三 K 党的隐形帝国正在衰落"[7]；到 20 世纪 20 年代末，外界估计全国范围内三 K 党成员人数降至几十万人。1929 年世界经济大危机之后，许多农民意识到自己再也没有能力支付 10 美元的会员费。

一些历史学家认为，三 K 党成员至少在一定程度上是他们自身成功的牺牲品：他们赶走了担心会成为经济竞争对手的非裔美国人，结果发现再没有经济少数群体供自己剥削，需要找人摘棉花时，再也找不到强迫奴役的对象。[8]结果是，他们是如此忙碌，以致无暇来实施暴力。

然而，随着三 K 党的衰落，更多自称"美国法西斯"的团体开始取而代之。1930 年夏天，全美各地的报纸都忧心忡忡地报道说，两个月来，亚特兰大全城一直在为一个名为"美国法西斯"的新组织的活动而"兴奋不已"，这个组织实际上更喜欢自称"黑衫军"。尽管它公开的目标是阻止共产主义蔓延，但正如报道很快显示的那样，其成员的目标事实上是非裔美国人。"会员资格仅限于美国本土出生的白人。"黑衬衫是其官方标志，其支持者否认"与三 K 党有任何联系"，称这是一场"自发的运动"。[9]

据《巴尔的摩太阳报》报道，"源于失业的阵痛，以及其领导人那套共产主义将威胁白人霸权的说辞的精准号召力，该组织自称已经招募了 2.7 万名成员，"[10] 他们并非墨索里尼的意大利裔美国籍追随者；他们是土生土长的美国法西斯主义的本土支持者。不出所料，美国"黑衫军"的主要领导人是前三 K 党成员。

1930 年，伊利诺伊州的一份报纸报道说，除了"美国法西斯"，亚特兰大还有另外两个团体在"煽动种族骚乱"，分别是"白人十字军和三 K 党。当前美国法西斯分子表现得最为活跃。接下来的可能是'白人十字军'，而三 K 党看来只是它从前的影子，尽管没有人确切知道它的实力"。[11]

那年夏天，大约 7000 名"黑衫军"成员在亚特兰大游行，他们举着横幅，其中一条横幅上写着："回到棉花地去，黑鬼——它需要你；我们不需要！"[12]"美国法西斯协会和黑衫军"威胁亚特兰大的雇主说，如果他们不解雇非裔美国工人，将发起抵制活动并诉诸暴力，结果这些组织很快就面临大陪审团的起诉。[13]

1930 年春，一家奥克兰的报纸刊登了一版兄弟会招募广告，其中包括正努力招募新成员的三 K 党。"欢迎所有本土出生的信奉新教的美国人加入三 K 党。这个全美组织正在积极争取五万名新成员。我们希望参加 1932 年的州选举大会。加入兄弟会的机会成熟，它铁骨铮铮，代表美国是第一，是最终，也是永远。"[14]

但是，即使三 K 党作为一个组织正在瓦解，它的成员也没有突然放弃自己的信仰以及使用专横的暴力灌输其信仰的意愿。在奥克兰三 K 党登出招新启事 10 天后，黑人劳工大会宣布将发起反对"私刑和其他形式的白人恐怖主义"的运动。[15]

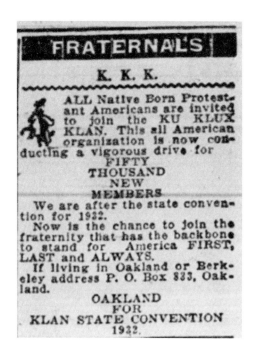

抵制运动未免来得太迟了。1930 年 8 月，印第安纳州马里恩发生了一次臭名昭著的双重私刑，有人拍到了一群白人笑嘻嘻地指着头顶上悬挂着的两具尸体，死者是托马斯·希普（Thomas Shipp）和亚伯兰·史密斯（Abram Smith）。这类照片流传已久，但现在它们被报纸公开登出。希普和史密斯的照片迅速成为一种象征，成为反私刑歌曲《奇怪的水果》（*Strange Fruit*）的灵感来源，这首歌的原唱是比利·霍利迪（Billie Holiday）。

印第安纳州的曼西市位于私刑发生地以南 40 英里开外，该市的《晚报》（*Evening Press*）在头版刊登了这幅照片。

When Lynchers Became Law at Marion

This remarkable picture—gruesome as it may be—was taken at Marion last night just a few minutes after two negroes, who admitted killing a white man and attacking a white girl, were hanged from trees in the courthouse yard. They had been badly beaten, stabbed and dragged across a cement walk—all this the picture shows. Only a small portion of the milling mob is shown in the photo.

　　这张照片的图片说明写道:"这张非同寻常的照片——尽管可能令人毛骨悚然——是昨晚在马里恩拍摄的,就在几分钟前,两名承认杀害了一位白人男子并袭击一名白人女孩的黑人被吊死在法院院子的树上。他们遭到毒打,被刀刺,还被拖过一条水泥人行道——所有这一切都可以从照片上看出来。但照片中只显示了少数在附近游荡的暴徒。"16

　　对此事件,《晚报》给出的描述是"令人毛骨悚然";邻近的曼西市看来并不准备使用更强烈的字眼。就在两名黑人男子被吊在树上的照片旁边,编辑刊登了一篇专栏文章,副标题"在空中"着实令人震惊,开头写道:"当形势真的开始好转时,你可以在空气中感受到它。"

托马斯·希普和亚伯兰·史密斯遭受的私刑有时被认为是美国最后一场公开私刑。可悲的是，事实并非如此。私刑在 1934 年仍然很猖獗，艺术家雷金纳德·马什（Reginald Marsh）以此为灵感，创作了一幅漫画。画中兴奋的人群中，一位白人妇女举起一个金发小女孩，高兴地告诉旁边的人："这是她第一次观看私刑。"这幅漫画刊登在《纽约客》（New Yorker）上。[17]

在马什的漫画出版不到两个月后，克劳德·尼尔（Claude Neal）在佛罗里达州的玛丽安娜市被处以私刑，在大约 5000 名围观者面前，他被控强奸并杀害了一名白人妇女。据《纽约时报》报道，私刑的消息"提前数小时被广而告之"，"成千上万的男人、女人和孩子兴奋地聚集在一起，渴望目睹这一奇观"。私刑"的残酷和残忍已经到了无法用语言形容的程度"。[18]

10 天后，一名美国全国有色人种协进会的白人卧底调查员从目击者那里听到了此前报纸不愿提及的酷刑和残害行为，他一一做了列举：

> 他们切断了他的阴茎。他被迫吃了它。然后他们割下他的睾丸，强迫他吃下去，还要说自己喜欢吃。然后他们用刀割他身体两侧和腹部，时不时有人剁下他的一根手指或脚趾。有人用滚烫的熨斗，从头到脚地烫那个黑鬼。……在酷刑过程中，有人会不时地在尼尔的脖子上绑一根绳子，把他挂到一根大树枝上，一直吊到他眼看就要窒息而死，然后他们会把他放下来，酷刑重又开始。[19]

尼尔的尸体从树下被放下来后，遭到暴民的侮辱，他们踩踏他的尸体并对着它撒尿，他们开车从尸体上碾过，小孩子用棍子捅它。

一些当地的报纸在早晨的报道中发布了当天晚些时候即将举行

"私刑集会"的消息。邻近的亚拉巴马州的《多森鹰报》（*Dothan Eagle*）在私刑当天下午的头条新闻中准确解释了当时的详细计划："佛罗里达州将把黑人置于危险之中，布鲁顿监狱中被抓的性罪犯将被肢解，并对其采取法律以外的报复行动。"[20]

另一个向当地人宣告私刑即将到来的标题是"三K党可能会卷土重来"。[21]三K党虽已垮台，但未彻底出局。

* * *

在三K党发现自己对美国反动情绪的控制力在下降时，"美国优先"这个词也继续被其他使用它的人玷污。当"大比尔"汤普森试图再次为摇摇欲坠的"美国优先基金会"争取支持时，他受到的嘲笑多于财富。

越来越多的人认为这种政治力量已经开始消退，就连汤普森有时也不得不承认这一点。1930年，当被问及"他于1927年问世的心血——'美国优先基金会'"的进展时，向来咄咄逼人的汤普森发出了一声完全不符合他性格的叹息，把它归为"过去式：'美国优先发展得不错，做了很多好事，'他说。'你可以在美国参议院中发现它带来的结果。'"[22]

但后来汤普森市长又做了一次尝试，邀请威廉·伦道夫·赫斯特来帮忙庆祝"芝加哥日"，以纪念1871年的芝加哥大火。这一天的主题是"美国优先"。报纸打出了"'美国优先'赫斯特"的标题。[23]

"America First" Hearst Welcomed by Chicagoans

几周后，在沃伦·G.哈定的家乡俄亥俄州马里恩市，另一位政治家也表示支持"美国优先"的立场。为了在中期选举中寻求连任，参议员罗斯科·麦卡洛克（Roscoe McCulloch）重新使用这个口号最古老的含义，坚称"我们必须首先考虑美国，然后再考虑世界其他地区"。他断言，"这个问题很明显：美国主义反对国际主义；国外资本反对美国资本，投资于本国产业；美国工人反对外国工人。保护性关税是拯救我们的唯一办法"。[24]

当地政客也采用"美国优先"的口号，将它与主张百分百美国精神的其他暗语加以整合："美国优先"和"美国为美国人"的政纲应该"向全世界表明，美国的大门只对那些宣称有意成为美国公民的人敞开"。在密歇根州寻求连任的州众议员维吉尔·A.菲奇（Virgil A.Fitch）表示，他的竞选广告承诺"提高经济效率，限制移民以减少失业，老年养老金，'美国优先'"。[25]

在1932年的总统竞选中，"美国优先"一度复苏，但这一次又转回到民主党阵营。《纽约时报》在一篇关于罗斯福参选前景的报道中提到了他的"进步原则"，以及"他坚定不移地捍卫美国的利益至上，反对以牺牲美国纳税人的利益为代价来帮助欧洲的政策"。[26]

与此同时，威廉·伦道夫·赫斯特在1932年积极为众议院议长、民主党人约翰·南斯·加纳（John Nance Garner）策划了一场总统竞选，设计的竞选纲领为"美国优先"，其目的是反对罗斯福和阿尔·史密斯（Al Smith）参选，赫斯特痛恨这两位候选人。他抨击他们与伍德罗·威尔逊的关系，指责伍德罗·威尔逊不支持"美国优先"这个表述——他恐怕是有点健忘了，毕竟人们普遍认为这个短语正是由威尔逊发明的。正如1930年的一篇文章所说，"自威尔逊1915年初在纽约的一次演讲中首次使用'美国优先'以来，它已成为整个国家的资产，但它被蛊惑人

/ 191

心的政客们误用为口号，可悲地削弱了它作为一种爱国诉求的重要性"。[27]

在赫斯特看来，加纳的对手是"国际主义者"，他们"愚蠢地追随伍德罗·威尔逊在政治上的野心，意欲干涉欧洲的冲突和复杂局面"。赫斯特认为，美国人民需要"回到美国主义的正轨"。"除非我们美国公民愿意为了给欧洲进贡而无限期地做苦力，否则我们应该亲自确保今年有一个以'美国优先'为指导思想的人当选总统。"[28]

赫斯特为加纳竞选站台的举动遭到沃尔特·李普曼的公开嘲笑。他在被全国转载的专栏里写道，"赫斯特先生满怀激情地说道，加纳支持美国优先，就好像其他候选人支持'美国第二、第三或第四'似的"。李普曼认为，加纳的对手"被泼了污水"，就因为

/ 192

> 他们都认识到在某些至关重要的方面，美国的安全和福祉与其他国家的安全和福祉息息相关。他们是"国际主义者"，因为他们都认为，当今世界存在一些必须通过国际行动来解决的问题。我想，这正是赫斯特先生想要否认的。[29]

对于赫斯特来说，遗憾的是，加纳辜负了其信任，同样承诺奉行国际主义政策。李普曼总结说，这次可怕的经历应该给了赫斯特一个教训。"这应该会让他明白，如果无人支持他的理论，那么他的理论肯定有问题。"[30]

李普曼并不是唯一一个蔑视"美国优先"的人。一篇被广泛转载的内布拉斯加州媒体的社论提出，在重新将其用作口号时应三思而后行。"共和党在1918年和1919年用来重新控制国家事务的口号，美国人民正在逐渐意识到这个口号的虚假性，"文章开头宣称："美国优先"是一个"由共和党人领导的一群人策划和执行的微妙而险恶的攻击的结果，已故的马萨诸塞州参议员亨利·卡伯特·洛

奇是幕后操盘手"，这一攻击直接激起了民众的仇外心理。

根据这篇社论的说法，洛奇精心推动了"美国优先"一词深入人心，因为"他想摧毁威尔逊"，并决定利用"普通美国人天生深深厌恶欧洲和世界其他地区的事实。在这种认识的基础上诞生了'美国优先'这个短语"。它滋生的孤立主义代表了"候任总统罗斯福面临的真正问题。在一些地方，'美国优先'的呼声仍然不绝于耳"。

社论最后说："我们还是诚实为好。是我们点起了这堆火。我们已经火上浇油了12年，现如今，我们实际上已经关闭了世界贸易的大门。"如果美国当初只是追随威尔逊的国际主义梦想，就会避免很多问题。事与愿违，美国被共和党人的呼吁所动摇，他们"诉诸古老的偏见，小心翼翼地保持着本能的怀疑"。美国人需要"做出巨大的牺牲和付出艰辛的努力"，才能从贸易保护、孤立主义的"死亡谷"中走出来。[31]

《纽约时报》对此表示赞同。它在1932年初写道："最容易获得欢呼的方式就是挥舞着美国国旗，高呼'美国优先'。"显然，美国人"厌倦了与世界为伴"，而"国际主义的种种不便激怒了每一个国家"。但这种态度不可能持久：美国迟早将面对国际形势，这种不情不愿、心照不宣的认识让国会陷入了"阴霾"，"表明华盛顿终于开始面对现实。这个充满希望的事件值得成为头条新闻：官方开始承认现实。"[32]

即使说人们对"美国优先"的热情在某些方面开始减弱，它也没有完全消失。在罗斯福总统就职典礼之前，纽约州共和党全国委员会主席发表了讲话，表示"希望当选总统的罗斯福致力于'美国优先'的政策"。[33]

罗斯福似乎做好了充分的准备——如果这个口号能吸引选民，他就会使用它，尽管他从未以此为基础进行竞选活动。《纽约时报》在一篇有关干涉主义的文章中打出了这个标题："罗斯福相信公众支持给欧洲'一点颜色瞧瞧'"。文中写道:"罗斯福不仅支持'美国优先',而且知道这意味着什么,以及如何予以执行。"[34]

1933 年夏天,也就是罗斯福第一个总统任期刚开始几个月,有报纸标题写道:"美国优先竞选活动在华盛顿展开。"宾夕法尼亚州的一家报纸宣布,"美国不再是全世界的橄榄球",但文章没有具体说明美国在何时曾被国际社会踢得如此之惨。它补充说,"作为'新政'的一部分,一项基于'美国优先'原则的外交政策目前迅速成型",不过也没有探寻"美国优先"带来了什么新内容。[35]

那年夏天,一名记者报道说:"美国优先是我们总统的口号。"显然他没有意识到这也是此前四位总统的口号。肯塔基州的一份报纸敦促道:"让我们所有人高喊这个口号,用和谐的语调赋予它应有的力量和音量。"[36] 如果读者认为这句口号已经被赋予相当大的音量,恐怕也是情有可原的。

不过,一位教授争辩说,随着反对孤立主义的呼声日益高涨,美国优先口号的音量不断减弱。孤立主义只会制造"情绪化和无关紧要的口号"。有了这些简单的口号,从"威廉·伦道夫·赫斯特和他的报纸集团",到"以'美国优先'、'一拳抽扁乔治国王的鼻子'和'没有世界法院'为竞选纲领赢得了芝加哥市长选举的'大比尔'汤普森","这些蛊惑人心的政客可以轻而易举地获得乡巴佬的选票"。[37]

这位教授坦率地(也许有人会认为他太不通世故)补充道,孤立主义"揭示了情感上的神秘主义、不可动摇的非理性、几乎令人难以置信的愚蠢和大量美国选民的地方主义"。孤立主义只是一种"流行的爱国神话",如同一团迷雾笼罩着美国文化。[38]

特拉华州的一份报纸更简洁地指出:"美国优先是一句好口号,但'更繁荣的美国'比它更好。"[39]

另一位教育家把美国在国际社会奉行孤立主义比作在国内执行个

人主义。在国内，"粗鄙的个人主义的不健全的基础"只会导致不平等，给"少数人和业主"带来越来越多的利润，让大多数人处于收入和购买力低下的状态，而越来越多的人根本没有赚钱能力，也没有获得这种能力的机会。在大萧条最严重的时候，使美国摆脱困境的唯一办法是将国家的"巨大资源"社会化，并对财富进行分配，"使全体公众获得繁荣所必需的收入和购买力"。[40]

这位教师补充说，在外交政策方面，这种个人主义已经发展为一种行不通的孤立主义。"我们也不能继续说：'美国优先，世界其他国家去死。'"[41]

俄亥俄州的一名记者致信当地报纸，抗议此前发表的一封署名为"一名共和党人"的信件中所采取的立场。他评论说："如果共和党能卷土重来或者值得回来，那将是通过否认和背弃这种可悲的党派观点来实现的。"他们最好改变其旧有的座右铭，"采用'美国优先，共和党次之'的口号，因为在一个国家的生活中，有时从党派之见出发产生的罪恶，比慈善所能掩盖的更多"。[42]

* * *

1934年5月17日，"新德国之友"（Friends of New Germany）组织2万名成员在纽约市麦迪逊广场花园举行集会。"新德国之友"于1933年获得鲁道夫·赫斯（Rudolph Hess）的授权，并获得希特勒的正式承认，被美国报纸称为"纳粹党在美国的附属机构"。[43]

他们说，那晚他们聚集在一起，部分是为了抗议对德国商品的抵制。这种集会越来越普遍；就在一个月前，一位记者致信《纽约时报》，抗议在"新德国之友"的会议上，"星条旗和纳粹党党徽"混挂在一起。

各家报纸都没有过多报道在麦迪逊广场花园举行的美国纳粹集

会。《艾伦镇晨报》（*Allentown Morning Call*）在第四版用小字号标题写道："纽约集会高呼希特勒之名。"报道称："今晚，在数百名纽约大都会警察的监视下，两万名纳粹同情人士在麦迪逊广场花园举行集会，他们高喊着希特勒的名字，并向抵制德国商品的人发出嘘声。"此外，还有"'800名德国秩序警察'"在那里帮忙"维持秩序"。[44]《布鲁克林每日鹰报》在第三版向读者讲述了"纳粹集会"后抗议者在街道上发生的冲突。[45]《芝加哥论坛报》在第六版予以报道，用寥寥数行字介绍了此次"示威"。[46]

然而，那天晚上在麦迪逊广场花园拍摄的照片表明，人们本就对事件给予了更多的关注；《纽约时报》在头版进行了报道，在第三版转载了一张令人胆寒的照片，并在第二天再度提及此事，不过之后便再也没有重提。[47]

两个月前，德国驻纽约总领事向美国人保证，"这个国家只有几百名国家社会主义者"。[48] 在两万名美国纳粹分子聚集在麦迪逊广场花园10天后，那里举行的一场次中量级拳击比赛得到比纳粹大型集会更广泛的全国性报道。到1935年底，"新德国之友"短暂解散，但在1936年初旋即重组，更名为"德美同盟"（German-American Bund）。具有讽刺意味的是，这个名称是用连字符连接起来的。

在集会后的几个月，《布鲁克林每日鹰报》的记者写道："美国人，醒来吧！""对纳粹威胁漠不关心，任何结果都有可能发生"；"新德国之友""正打着美国主义的幌子在美国传播希特勒主义"。这位记者自称是"美国优先且永远协会"布鲁克林分会主席，写这封信是为了"强烈抗议那些在美国制造偏执者的非美国式做法"。[49] 但是，以"美国优先"为名抵制偏执变得越来越少见。

1934年9月，詹姆斯·M. 特鲁（James M. True）创立了"美国优先！公司"（America First! Inc.），承诺"给新政一个 X 光检查"并"恢复宪法"。[50]《斯克兰顿共和党人》报道说，"美国优先公司"（文献记载中既有带感叹号也有不带感叹号的版本）将"打击并揭露源自新政的宣传和颠覆活动"。[51] 特鲁指控罗斯福政府与俄国有"共产主义牵连"，这一指控后来登载于包括《纽约时报》在内的全国报纸。[52] 10 月，美国优先公司宣布，美国全国信用社协会是"税务间谍"，在联邦监控系统中被用来监视美国公民。[53] 然后，它声称"所有支持新政和联邦政府的国会候选人都违反了 1925 年的'反腐败法'"。[54] 特鲁开始代表美国优先公司发表演讲，反复指控罗斯福政府"在很大程度上被共产主义者控制"。[55]

当地一家报纸生硬地承认，"美国优先公司成功地制造了一些轰动"，但无非通过偏执的宣传"对新闻进行了扭曲"。[56]

这年 9 月，威廉·伦道夫·赫斯特访问德国，会见了希特勒，并与其"亲密交谈"。[57] 许多美国报纸注意到赫斯特"对纳粹政权的同情态度"，谴责他对希特勒的支持是"不公平、有偏见和有害的"，是"战争时期最恶劣的宣传"，是"在直接鼓吹偏见、无知和仇恨"。[58] 这些记者认为他们的工作不只是报道赫斯特访问的事实；他们有义务做出判断并得出结论，指出他们所发现的诡辩和偏执之处。

当被问及与希特勒的谈话内容时，赫斯特回答说，这不宜公开。他说："拜访希特勒就像拜访美国的总统。"[59] 听闻赫斯特暗示美国总统有朝一日也可能与法西斯分子有某种相似之处，记者毫不掩饰对这种说法的蔑视。

/ 11 美国梦 1934~1939 年：历史的盛会

"有人见过行走的美国梦吗？"

1934 年，《纽约时报》在一篇题为《美国笔记》（The American Note）的文章中向读者提出了这个问题，看起来似乎有点难以回答。[1]但是到 20 世纪 30 年代中期，美国梦确实已经无处不在，从讲座到布道，从午餐时间的谈话到书评，从专题文章到政治演讲，无论你走到哪里，你都可能遇到它。

随着"美国优先"似乎日益被推挤到只有怪人和狂热分子才会潜伏的边缘，"美国梦"继续让人感到它的存在，它的意义仍然主要是呼唤人们回想自由民主原则和开国功臣的梦想，但它与向上的社会流动之间的关系也在加强。

英国的一本旅游指南将《美国笔记》形容为无限的进步和可能性的民族意识、对权威的漠不关心、创新的趋势，以及"无法熄灭的希望"。比起世界其他地方，这些力量在美国"更广泛地实现了人类的兄弟情谊"。

《纽约时报》的这篇文章引用了德·托克维尔的观点，称尽管民主政府不是效率最高的政府，但它产生了效率更高的政治体系所不能产生的成果："一种无处不在、永不停歇的活动"，一种能够"创造奇迹"的动能。《纽约时报》总结道，美国人可能会问："一个从 100 年前德·托克维尔访问时起就未曾有任何改变的美国梦，一个由詹姆斯·特鲁斯洛·亚当斯追溯到 300 年前的美国梦，是否还可以被人们当作一个梦？"在美国，民主已经成为"一种普遍的思想状态"，而且"但凡有什么东西延续了 300 年之久，那么在这个瞬息万变的世界里，它和大多数事物一样真切且持久"。[2]就像语言一样，梦想也能创造真理，使之变为现实。

到 1934 年，这个梦想似乎已经十分稳定，足以被称为现实，这倒不是因为它已经成真，而是因为它获得了大量认同，经久不衰，让人持续感受到它的存在，并且正在塑造美国的文化现实。

换句话说，美国民主平等的梦想之所以能够长期萦绕在人们心头，是因为有那么多的人一直在呼吁实现民主平等，尽管他们承认这个梦想还远未实现。希望和信念来自对梦想本身的承诺；它们并不依赖于它的实现，而是依赖于实现它的努力。

那年夏天，新墨西哥州的一家报纸以美国梦的名义为罗斯福的社会保障计划进行了辩护。文章称："在这里创造一个比起其他任何地方都能让普通人获得更好的喘息之机的社会。寻求保护普通人不受失业、意外事故和年老时司空见惯的困顿之苦，并努力保证他有一个体面的住所得以安居。这难道不正是在努力使古老的美国梦成为现实吗？"[3]

几周后，宾夕法尼亚州的一篇社论写道："如果不希望过去 18 个月的厚望破灭，"那么这个国家最好追忆一下这些理念，"它在共和国早期帮助我们勾勒了伟大的美国梦，令我们可以将视线转移到地平线以外，"梦想的内容是"最卑微的人拥有的权利可以和最有权势的人拥有的权利一样神圣，除非进步对于社会和人民来说意味着更好的生活和更真实的自由，否则这种进步就毫无意义"。这个"高尚的梦想"可能会随着时间的推移"蒙尘或磨损"，"但它仍然是我们最好的遗产；如果这个时代的混乱意味着什么，那么它一定意味着这个梦想的复兴和实现它的新努力"。[4]

那年春天早些时候，詹姆斯·特鲁斯洛·亚当斯也同样宣称，民主的美国梦本身就是美国对世界做出的最大的智力贡献。在一篇题为《粗鄙的个人主义》（出自西奥多·罗斯福的名言）的文章中，亚当斯认为，美国实际上并没有培养出多少出类拔萃的思想家，而是培养出了创新者和发明家：美国培养的不是爱因斯坦，而是爱迪生。

"也许我们最显著的贡献是我所称的'美国梦'，"亚当斯（带着些许自我推销的意味）总结道，"我们相信，无论阶级或环境如何，所有人都有过上更好生活的权利和可能性"。亚当斯认为，美国人对个人主义的信仰意味着无论是共产主义还是社会主义都不可能掌控这个国家，因为二者在本质上都属于专制统治。捍卫美国的不是资本主义，而是个人主义。而个人主义需要得到一个民主政府的保护，以免被大公司扼杀。

随着有关美国梦的讲座、文章、演讲和著作在美国各地如雨后春笋般涌现，这一短语的含义很快就出现了分歧。不过，人们仍广泛引用它来描述社会正义的理想，以及经济不平等给民主自治带来的问题。

然而，在美国梦的意义引发争论之时，那些认为罗斯福政府非法侵犯了个人权利和自由的人也在努力宣扬美国梦。当新政给国家价值体系带来压力时，自由再次在美国梦的天平上倾斜。例如，加州理工学院（California Institute of Technology）校长在一篇被广泛转载的电台演讲中警告说，"独裁的危险"是对"自由和进步的美国梦"的威胁。

《洛杉矶时报》对读者说，"国家主义"（stateism）——这个R.A.米利肯（R.A.Millikan）博士在广播中创造的"有用的新术语"，包含了"共产主义、社会主义、法西斯主义、官僚主义和家长式作风"。"美国的理想是作为自由和机遇的国度，每个人都能获得自己的价值和品质赋予他的地位，而国家主义对它构成最大的威胁。"如果美国人接受了"过多的家长式作风"，这将导致国家"从自由走向专制"。[5]

米利肯博士警告说："过度的政府干预可能会破坏美国梦。"但即便是反对政府干预的保守派人士，也仍然接受政府应履行"监管"职能这一基本前提；他的演讲只是反对政府"插手"过多或者手伸得太长。过度活跃的政府可能会带来问题，但在20世纪30年代，任何严肃的舆论都不反对政府发挥适当的监管作用，即使是那些反对政府过度干预的右翼人士也是如此。保护个人免受他们无法控制的力量的侵害，是政府的职责之一。

米利肯总结说，"美国梦"只能通过"在［美国］公民中广泛地分配权力和机会，而不是将其集中在具有政治头脑的官员甚或暴君手中来实现"。[6]

支持自由市场的资本家和自由民主党人都通过"美国梦"来描述他们日益分化的国家理想，但他们都认为，美国梦与政治家或独裁者积累了大量财富和权力的做法是不相容的，也都相信自由市场与政治自由不是一码事，或者说二者之间并不是互为因果的关系。

事实上，美国梦仍然与政治领域的民主和自由紧密相连。新泽西州一家报纸转载了一篇对美国军团的布道，题目为《美国梦》。它以《圣经》中的一段文字开始："你们蒙召，是要得到自由。"和大多数人一样，布道词的撰写者也注意到詹姆斯·特鲁斯洛·亚当斯对美国梦的定义，并宣称这个梦想"受到了挑战"，只有当人们"觉醒，令梦想成为现实"，它才能成真。"如果不是这样的话，我们可能会目睹民主的失败，目睹普通人无法获得应有的地位，目睹美国梦所承诺的人类愿望无法一一实现。"[7]

* * *

1935 年，获普利策奖的自由派历史学家、记者赫伯特·艾格（Herbert Agar）发表了多篇专栏文章，这些文章被广泛转载。他声称美国大多数人仍然"支持所谓的美国梦。这不仅仅是所有人都能享有较高生活水平的国家才会有的梦想。它与美国本土无关；它是全人类共有的。"

对艾格来说，自由与平等是不可分割的。他解释说，"美国梦关乎人民的自由，指的是从真正意义上说，人民拥有相当的独立性，命运尽其所能掌握在自己手中。国家的梦想还包括人人平等，"而且不仅限于法律上的平等，"更在于人人都有机会使自己过上有尊严和有价值的生活"。[8]

每个人都希望生活在舒适中；使美国梦与众不同的不是个人成功的承诺，而是自决的承诺。然而，这仍然留下了一个悬而未决的问题：自决在哪种情况下实现得最好？是自由放任的政府，还是通过干预以防止更强大的文化或经济力量干涉个人主权的政府？

1935年底，艾格出版了《自由的土地》（*The Land of the Free*）一书。在书中，与我们的直觉相反，他辩称，"美国主义的失败"在于"它未能提升私有财产权"——不是少数人而是多数人的财产权。"对美国主义的背弃伴随着财富、特权、权力越来越集中在少数人手中"，这与"美国梦……自由国家的自由人，在土地和机械生产中拥有切实的所有权并享受自由的最终果实"背道而驰。[9]

美国梦的理念总是向后延伸，重新唤起许多美国人担心丧失的原始价值体系。虽然乍一看，这似乎是对黄金道德时代的怀旧，但它更像是一个振奋人心的提醒——不是美国过去更好，而是它昔日的梦想更远大。

不久，随着当地居民以美国梦为主题的演讲、戏剧和盛会如雪崩般涌现，将美国梦视为国家进步的持续推动力的想法，与关于美国历史的更广泛观点融合在一起。他们中绝大多数人所持的基调不是必胜主义，而是向善论，因为在此时，道德乐观主义开始重新抬头。

俄勒冈州波特兰市的一名律师在当地的一次选举和野餐会上谈到了"美国梦"，重点讨论了"普通人自由和平等的梦想"。[10]宾夕法尼亚州阿伦敦市的高中生举办了一场名为"美国梦画卷"的盛会，讲述了美国从殖民时期到1935年的"大熔炉"的历史。优秀毕业生发表关于美国梦的致辞，谈道："追溯到早期殖民地时期，这个国家不断向西进行工业扩张，在这一过程中，物质增长和追逐利润的理想在疯狂的投机浪潮中失去控制，直至 1929 年陷入崩溃的泥潭。"在演讲结尾处，他表示"要承认美国日益增长的物质主义"，并敦促国家"恢复美国生活中人性的一面"。[11] "'美国梦'——体现在《独立宣言》中的信条，'生命权、自由权和追求幸福的权利'——正在被遗忘，被对财富的疯狂追求掩盖。"[12]

在纽约的宾厄姆顿，一位牧师大谈"美国梦相对于民族主义宗教"。他认为爱国主义不同于"破坏性的"民族主义，"我们的一些兄弟称其为'百分百'民族主义"。这种白人民族主义"与《独立宣言》和"宪法"序言以及美国梦格格不入"。[13] 不久，被明确定义为立宪者民主平等理念的美国梦，就成为对"百分百美国人"民族主义言论的谴责。

对许多人来说，美国梦的意义在于，它不是国家给予公民的东西，而是他们必须为自己创造和重塑的东西。纽约《伊萨卡》的一篇社论对公民责任感的丧失表示遗憾，评论道："在任何社会中，当天生具备领袖才能的人拒绝领导权时，不称职的领导者就有机会乘虚而入。这就是人类社会的历史。在智者放弃承担领袖重任时，独裁者就会出现。想要美国梦成真，就必须有一种公民责任感。"[14]

在弗吉尼亚州威廉斯堡举行的国旗日仪式上，一位发言者说，威廉斯堡的殖民地背景应该提醒观众，"《独立宣言》中有关 18 世纪哲学的某些概念是永恒的。如果想要美国梦成真，我们必须借鉴昨日的历史来评价今日之现实"，谨记国旗代表了美国梦的"精神"，即"自由、平等全民皆享"。[15]

所有这些呼吁都没有假定美国梦已经实现。对这个国家的期许，使普通的美国人再次呼唤当初的誓言，而不是抱怨承诺没有兑现。如果这个梦想有朝一日真的能够实现，那也将是全体美国人努力的结果。

/ **205**

马克·肖勒（Mark Schorer）于 1935 年出版了他的第一本书（后来他为辛克莱·刘易斯撰写了权威传记），讲述了他在威斯康星州的成长经历。一篇评论描述了他所生活的这个中西部小镇究竟出了什么问题："忽视了美国梦，一边是物质上的进步，一边是精神上的逐步解体。对于这个过程，我们在生活和在关于美国场景的小说中，都已经司空见惯。"美国梦仍然是一种大而化之的手段，用来捍卫超然的理想、反对物质主义——只注重物质进步就意味着"忽视"美国梦，而这一选择将不可避免地导致精神上的分裂。[16]

亚利桑那州图森市的一位校监在一次教师会议上谈到了在协调自由和平等方面的困难。他解释说，"问题在于美国梦是双重的"，它既"孕育于自由之中"，又"致力于平等"。[17] 随着国家的发展和工业化，以及越来越多的美国人（包括被剥夺公民权的人）坚持认为国家价值体系也适用于他们，美国信条中自由与平等、自由与正义之间的冲突越来越明显。

"美国梦"一词的流行，使美国人将注意力集中在这样一个事实上，即民主原则往往与企业资本主义存在直接冲突，如果不对后者加以遏制，强有力的商业精英将自发地趋向威权主义，向富豪统治集团靠拢。

艾奥瓦州的一位政治学教授预测，美国的"时势似乎预示着独裁者的到来"，因为"如果面临失败的威胁"，资本主义将"接受他的统治"，他们宁愿选择一个支持华尔街的独裁者，也不会选择一个试图监管华尔街的社会主义者。美国需要"坚定地支持我们的美国梦"，以确保"我们的民主不会失败"。[18] 随着极权主义的阴影在欧洲蔓延，美国梦与民主的联系必须进一步巩固。

如何调和自由与平等的关系？这个问题变得越来越清晰，而它也暴露出人们对自由的理解存在越来越大的分歧。在俄勒冈州尤金市，扶轮社的一场演讲警告说，美国人"眼看就要破坏我们的国家梦想。

这都是因为我们没有看到自由和平等之间存在的内在联系！我们在自由的祭坛前敬拜，代价却是牺牲了平等。恢复和重振美国梦唯一可能的途径就是在我们的社会生活体系中再次理解平等的内在价值"。[19]

1936年的一篇文章认为，不难看出，自由民主原则"被以爱国为幌子的人无耻地使用，也不难看出，它们很快就变成名义上的原则。然而，它们不能轻易被丢弃；如果未来还有一线希望的话，它们根本不会被抛弃，因为它们代表的不仅是个人自由和言论自由，还代表美国梦中充满动力的一切，代表民主理想的活力和永恒的新意"。[20]

平等不仅是经济上，而且是政治上的。普通美国公民在讨论国家价值体系的意义时，也达成了这种至关重要的共识，这意味着随着定义"美国梦"的公民逐渐放弃有关平等的语汇，转而支持旨在保障个人成功的自由，"美国梦"最终将发生转向。在战后美国梦的论述中，唯一重要的自由将日益局限于自由市场的自由。

这一年，巴尔的摩的一则头条新闻写道："社会民主的基础已被摧毁。"一位经济学家兼作家发表了一个演讲，认为"工业资本主义已经摧毁了自由、平等和社会民主的'美国梦'之根基"。[21]

今天，许多美国政治评论家经常声称美国梦与社会民主是背道而驰的。但当一度攫住整个国家的想象力时，美国梦几乎成了社会民主的同义词。与之对立的是威权主义，无论是右翼还是左翼。

* * *

到1935年，新政开始让美国摆脱萧条。失业率几乎减半，从23%降至14%，而国内生产总值也同样大幅增长，在一年内增长了11%，银行倒闭的速度已逐渐放缓。住房拥有率也在攀升。

在匹兹堡，一份简短的告示指出，新政下的联邦住房管理局（Federal Housing Administration）虽然成立仅一年，但其"为实现居者有其屋的美国梦所付出的努力，比任何政府规定都要多"。1935年，美国梦刚刚开始与自有住房联系在一起，但二者的关联仍然不普遍。[22]1936年，赫伯特·艾格编辑了《美国是什么？一份新的独立宣言》（*What is America？ A New Declaration of Independence*），呼吁政府为住房所有权提供担保，以此来应对住房危机。如果没有"真正的财产，真正的竞争"，美国人的生活将会更好，因为这个经济体进行规划时考量的将是所有人的利益，"而不是强盗大亨为了彼此的利益而计划的国家"。[23]很明显，风险已经社会化，但利润仍然私有化；没有资本主义的道德风险，资本主义就没有道德可言。

那种认为如果资本主义凌驾于道德经济之上，美国梦就会受到威胁的观点，并不仅限于像艾格这样的进步人士。1936年春夏，前总统赫伯特·胡佛通过高举美国梦的大旗，敦促共和党同僚在即将到来的大选中团结起来反对罗斯福新政。胡佛的这番话预示了反对政府福利支持的共和党人将在未来100年的大部分时间里利用这些论点。《纽约时报》在报道胡佛在共和党全国代表大会上的演讲时称，"胡佛谴责新政是法西斯主义，呼吁为了捍卫个人自由进行一场'神圣的圣战'"。[24]但就在一个月前，胡佛还批评美国是一个"法西斯主义"国家，"大企业"为了私利管理着国家。

美国面临的严峻危险是对美国自由的破坏。我们必须再次为一个建立在有序的个人自由和机会基础上的政府而战，这就是美国的愿景。如果我们失败了，我们将继续沿着新政的道路前进，建立的将是基于集体主义理论的个人政府。在这些思想下，我们的政府可能变成某种法西斯政府。在这种情况下，大企业以牺牲个人自由为代价，以谋取财政利益为目的而管理着国家。或者我们会成为某种社会主义国家。在这种情况下，每个人都能因其对政治权力的贪婪而获得相应的好处，而代价则是彻底丧失自由。

我不知道社会主义和法西斯主义哪个更邪恶。我只知道这不是美国梦。它们已成为世界的噩梦。[25]

没有人——即使是写过一本名为《美国个人主义》（*American Individualism*）的书的前共和党总统——认为企业富豪应该治理国家。"国家主义"是右翼日益关注的问题，但保守派也认识到，人类自由受到大企业和极权主义的威胁。

1936年10月底，在第二次选举前夕，罗斯福在麦迪逊广场花园发表演讲，向大企业宣战。他说："商业和金融垄断、投机、不计后果的银行业、阶级对立、分裂主义、战争暴利，是和平的宿敌，我们必须与其做斗争。"美国的金融力量"已经开始将美国政府视为自己事务的附属品"。但是"由有组织的金融势力组成的政府和由有组织的暴徒组成的政府一样危险"。[26]

两年后，甚至《财富》（*Fortune*）杂志也提出了类似的论点，同时批评了共和党人和罗斯福新政。这篇社论严厉谴责了前几届共和党政府所助长的贪婪。文章开头写道："共和党以前的做法无甚可圈可点之处，他们向来有自知之明，知道自己是在利用联邦权力为私人牟利。"

但《财富》杂志也反对罗斯福的"反动限制和干涉，它以民主的名义，为了公众利益而设计，却像阴影一样笼罩着美国梦"。[27]自由与监管之间的界限将继续面临争议。

1937年，经济发展再次严重受挫，重新陷入衰退。或许与此相关的是，美国梦与物质富足之间的关联也重新浮现。1937年1月，在第二任期总统就职典礼上，罗斯福谈到了国家繁荣的回归，并对美国人民说了一句传诵至今的话："衡量我们进步的指标，不在于是否令富者更富，而在于是否令穷者衣食富足。"

罗斯福的这番话让一位记者想起"1929年经济崩溃前夕，'总是郁郁寡欢的赫伯特·胡佛总统'发表的有关'消灭贫困'和'每口锅里有两只鸡'的演讲。这些话听来似曾相识，因为繁荣仍是我们国家的目标，"这位记者厌倦地写道："物质充裕仍然是我们的美国梦，我们正在为之奋斗的乐土。"无论理想主义者如何坚持，"在美国，对热情、对精神体验或者智识成就的崇高向往，还没有成为良政的一部分"。[28]

印第安纳州的一篇社论指出，物质上的不安全开始动摇美国人对更宏大的美国梦的信心。美国人曾经相信自决，认为他们所面临的贫困基本都是咎由自取，而大萧条结束了这种"轻巧的观念"。当美国人意识到，他们的前途不仅取决于自己，而且"取决于（他们）不希望理解或预见的力量"时，围绕着国家认同，另一种不安全感油然而生。这个国家必须使自己"摆脱经济萧条的影响，不仅因为我们必须把人们从真真切切的匮乏中拯救出来，而且因为这种不确定和怀疑的感觉正在使美国梦蒙上阴影"。[29]

罗斯福总统在 1937 年敦促国会给予联邦政府援助，以"拯救"个人农场所有权的"美国梦"、"家庭规模化农场的美国梦"，由此他成为最早使用这个短语的主流政治领导人，也成为率先将美国梦与财产所有权联系起来的领导人。[30]（罗斯福后来再也没有在公开演讲中使用这个短语）

/ 211

同年，约翰·斯坦贝克出版《人鼠之间》一书。书中，移民工人伦尼和乔治梦想拥有自己的农场，这样他们就可以"在自己的土地上居住"。斯坦贝克将这种恢复美国伊甸园般的丰饶景观的田园梦想，与现代美国生活的可悲异化、普通人无法实现自决或自给自足进行了对比。

现在人们通常认为《人鼠之间》是第一部对"美国梦"进行经典审视的小说，而且写作年代正逢该短语在美国广泛使用。但这仍然是一部从未使用"美国梦"这个短语的美国梦小说。事实上，书中始终未曾出现"梦"这个字眼。斯坦贝克的故事虽然将主人公的欲望与财产所有权和繁荣联系在一起,但也将他们的希望与平等和集体社会正义联系在一起,这是当时"美国梦"更为突出的含义。

1937年底,一篇名为《美国梦:居者有其屋》的社论被广泛转载,这多半要归功于罗斯福的承诺,美国梦与自有产权房屋之间的联系突然成为从犹他州到阿肯色州再到亚拉巴马州的全国性话题。[31] 1938年,宾夕法尼亚州雷丁市的一篇短特写告诉读者:"多年来,我们一直珍视'美国梦':每个家庭都有一幢房子和一个花园。"[32] 然而,将白色尖桩围栏与"美国梦"这一短语联系在一起仍有一段路要走。(白色尖桩围栏是非常具有标志性的装修风格,它们直到二战后才与"美国梦"联系起来。)[33]

霍雷肖·阿尔杰和他笔下的成功故事总算是再次被人记起。1937年,一篇关于古根海姆(Guggenheim)兄弟的文章认为,他们的故事是"美国梦的素材,活脱脱就是霍雷肖·阿尔杰笔下的人物"。[34] 两年前,《财富》杂志上一篇名为《美国共产主义》的文章被广泛转载,文章认为,"穷孩子的美国梦成真"能在美国构建起一道反对共产主义的屏障。这会让"即使收入最微不足道的苦力也能相信自己有可能成为百万富翁,也会阻止唤起劳工的马克思主义阶级意识。有人打趣说,美国的无产阶级只是暂时没有钱的资本家"。[35]

不过,直到1943年,《纽约时报》似乎才把霍雷肖·阿尔杰和美国梦联系在一起。具有讽刺意味的是,它在一篇文章中向读者保证,美国正在"重拾霍雷肖·阿尔杰对美国梦的感觉"。虽说是"重拾",但这其实是这份全国性的报纸首次提到这种感觉。[36]

自决的理念从来不会与个人的雄心壮志相去甚远;像霍雷肖·阿尔杰和成为总统这样的个人成功的象征正日益进入这种表达的轨道。宾夕法尼亚州一篇文章援引一位英国作家在1937年访问美国的话说:"每个男孩都有机会成为总统的美国'梦'已经破灭。"他解释说:

"英国人一直认为，美国人认为每个男孩都有可能成为百万富翁，这是你们国家的基本理念。"但"大多数美国人现在相信这样的想法太牵强了"。[37]（很明显，再怎么牵强也没有一个女孩成为总统那么牵强，因为后者的可能性甚至没有被考虑在内）

1938年，"自由企业"的概念（它本身是对"私营企业"这一日益不可信的旧概念的重新定义）开始普及，并与"美国梦"联系起来，进一步改变这个短语的含义。关于"个人无限进步的美国梦是否已经终结"的辩论开始兴起，尽管自1914年以来，个人无限进步的想法并没有明显地与美国梦联系在一起，当时李普曼认为这个国家"无限进步的梦想"需要加以遏制，因为它与对辉煌过去的幻想一样愚蠢和危险。[38]

但现在，尽管这句话攫住了美国的想象力，但"无限进步的梦想"已不再是愚蠢的幻想，而被视为美国梦的核心。1939年初，美国商务部部长发表了一篇广泛流传的演讲，他在演讲中说："保护我们的自由企业制度不再仅仅是美国梦，而是美国的当务之急。所有能够为我们的国家福祉做出贡献的人，其机会与自由都必须得到保障。"[39]

通过自由企业实现个人不断进步的美国梦的基础正在建立；但是，要等到一场野火席卷一切后，才能真正得到夯实。

* * *

人们在呼唤美国梦时，也许有一点是始终保持一致的，那就是认为它应该适用于各行各业的普通公民，无论是成为总统的梦想、富有的梦想、自由或平等的梦想，还是教育或正义的梦想。每当不平等和寡头政治的力量似乎又在限制普通美国人的机会时，美国梦就会重新成为讨论的主题。

在整个20世纪30年代，许多辩论都表明有一种信念被广泛接受，那就是美国梦依赖于监管大企业，其动机不是保护消费者，而是保护小企业。康涅狄格州哈特福德的一位编辑坚持认为，"杰斐逊和杰克逊这两位楷模总统在尝试以各种方式实现美国梦时，首先想到的是小商人及拥有小额资产和强烈民主责任感的美国人"。说到西奥多·罗斯福进步的共和主义，他认为："国家离不开大企业，但它应该认识到，一个完全由大企业组成的国家最终将不得不接受高度的规划和管理，无论监管者是公共机构还是私人机构。如果这个国家想要保持民主的本质，它必须确保小商人也能保持活力、繁荣和生机。"[40]

著作颇丰的赫伯特·艾格在 1938 年出版了另一本书《追求幸福：美国民主的故事》（*Pursuit of Happiness: The Story of American Democracy*）。《纽约时报》在书评中突出强调了艾格对"富国贫困"的抨击。具有讽刺意味的是，美国的不平等意味着平均收入和收入中位数之间的差距在扩大：富人太富，以致他们抬高了平均收入。"我们国家的富人比任何其他国家的富人都富有。我国真正富裕的人口比例比任何其他国家都要高。同时，我们的贫困人口比例又是如此之高，以致我们应该羞愧低头。"这篇评论说，这种不平等"显然与杰斐逊宣扬的'美国梦'相悖"。在艾格看来，经济不平等是"汉密尔顿对商业、工业和高高在上的金融业偏爱"的必然结果。这位书评人还说："很少有美国人会对他所说的巨额财富有悖于更明智的先辈们的精神和意图的说法提出异议。"[41]

如今，如果在美国主流报纸上读到一篇文章，假设"很少"有美国读者会质疑这样一个前提——积累巨额财富有悖于美国梦，有悖于开国元勋的精神和意图，肯定会让读者大吃一惊。但正如我们所看到的，这远非一种另类的立场，尽管它关于开国元勋的说法在很大程度上是虚构的。

问题是，在 1938 年，不同政治派别的美国人仍然普遍认为，不平等将摧毁美国梦，因为美国梦主张的就是民主和经济的平等，衡量的是集体而非个人的成功。争论的焦点在于如何最好地实现这种平等。

* * *

与此同时，正如第一次世界大战期间人们凭借着民主自由的美国梦与帝国主义势力作战一样，在第二次世界大战进入倒计时之际，这个美国梦迅速成为一种表达反对欧洲法西斯主义的方式。

1938年初，《洛杉矶时报》敦促美国人在捍卫民主时提高警惕。自由主义政府对企图摧毁它的力量过于宽容，将会面临风险。它警告说："如果自由主义放任敌人以自由之名发起攻击，它就会陷入自我毁灭。"由于大多数人很少花时间分析政治事件或研究历史，民主总是会面临被选民的感受而不是其理性分析塑造的风险。如果感情压倒了理智，它可以"在短时间内把我们的国家从世界上最先进的国家转变为最歇斯底里、最不理性、最落后的国家之一"。

《洛杉矶时报》的这篇社论强调，"我们需要在这片土地上建立一个更具积极性的民主制度。如果不想看到我们的子子孙孙被剥夺与生俱来的权利，不想看到美国梦像泡沫一样破灭"，美国人就必须意识到"自由必须予以捍卫。它是赐予我们的礼物，但它也是通过斗争得来的，并且只有通过斗争才能保留下来"。这场斗争将包括教导所有美国人不仅要向国旗致敬，还要"珍视这面旗帜所象征的理想"。应该"教导孩子们学会分析宣传"，帮助他们培养更好的判断力。"应该就迫害的起因和后果，对他们进行教育。"最后，这篇社论极富预见性地警告说：

> 除非我们摆脱我们的地方主义和政治腐败，除非我们埋葬狭隘的仇恨和偏见，除非劳动力和资本学会为了所有人的利益团结

在一起，除非我们消除贫困和不安全，同时给个人留有足够的发展余地，除非我们镇压叛徒，建立自己的力量以抵御来自外部的有毒宣传，否则美国及其民主理想将从地球上消失。[42]

"美国梦"是一种将美国民主与极权主义或威权主义企图以及推动法西斯主义的偏见和种族主义区分开来的方式。美国梦正在与一些长期以来与"美国优先"联系在一起的信条产生隐隐约约的冲突。

1938 年，马里兰州的一份报纸称："'美国梦'中最美好的部分和美国本身一样宽广。美国主义并非建立在狭隘的种族基础上。"这个国家需要诉诸"美国性格中的宽宏与慷慨，而不是偏执和仇恨"。美国不应将自己定义为"反法西斯"，而应通过"纠正滥用权力，让自由在精神、智识和经济财富方面结出累累硕果，让法西斯主义在所有自由人眼中显得贫瘠、匮乏"，以此来保护民主。[43]

那年秋天，来自费城的巴鲁克·布劳恩斯坦（Baruch Braunstein）博士发表了题为《伟大的美国梦——犹太人如何加强它》（*The Great American Dream: How Can Jews Stronger It*）的演讲。布劳恩斯坦正在为"一个致力于为从欧洲逃往巴勒斯坦的犹太难民提供资金的组织"筹款，在接受采访时他谈到了对欧洲犹太人的困境以及对国内反犹太主义的看法。

布劳恩斯坦看到了美国各地"反犹太主义抬头的确凿证据"，并警告美国不要想当然地认为"这里的法西斯主义形式会与欧洲的不同"。法西斯将是"疯狂的，而且它完全有机会在这里发生"。话虽如此，但也未必一定会沦落至此："伟大的美国梦不在于将不同种族的文化磨合成一种共同的统一体。杰斐逊和这个共和国的缔造者所构建的真正的民主是建立在这样一种理论基础之上的，即每一个独立的群体都可以通过自己独特的传统和文化做出很大贡献。"多元主义是答案，而且是一个与美国梦相一致的答案。

布劳恩斯坦敦促美国犹太人寻求"与那些促进和平、公平分配财富和收入、为所有群体争取政治权利和自由的力量结盟,与有助于巩固一个自由而宽容的美国、信奉'伟大的美国梦'的所有群体和力量结盟"。[44]

《基督教科学箴言报》(*Christian Science Monitor*)一篇关于亲纳粹的"德裔美国人同盟"(其前身为"新德国之友")势力开始抬头的社论,在美国各地被转载。文章称,"德裔美国人同盟"的纲领"受到国家社会主义原则的启发",融合了"美国主义""反共产主义""对犹太人的敌意",并已与"其他十三支民族主义力量"联手。这篇社论警告说:"如今的美国人正面临许多不同的组织,它们声称自己在推销一种优越的美国主义,但真正的美国主义不包括种族仇恨,也不以对群体的仇恨和对抗作为行动的基础。"[45]

可以肯定的是,这篇社论并没有稍做停顿,承认从历史上看,在美国,违背这一原则要比遵守它时更为清晰可见;《排华法案》、精英学府拒绝招收犹太人的历史,更不消提奴隶制、种族隔离以及持续存在的私刑,这些引人注目的例证都没有出现在编辑的笔下。

但关键是,各种肤色、各种信仰的普通美国人都能清楚地看到,而且不惮于承认,种族主义和反犹主义如同洪水猛兽,从根本上不利于美国梦。1938 年,《基督教科学箴言报》的编辑是共和党记者罗斯科·德拉蒙德(Roscoe Drummond),他后来参与成立了民主监督机构——"自由之家"。

这一理想再次得到重申,这种重申与其说是断言,不如说是对自己和其他任何人的规劝。这篇社论最后总结道:"美国主义并不是建立在狭隘的种族基础上。'美国梦'中最美好的东西和人性本身一样博大精深。"[46]

即使这是一种幻想,它也是一种必要的幻想,一种不断将民主平等原则重新奉为信条的民族幻想,一种使那些被排除在幻想之外的人更有可能维护其平等权利的幻想。承诺若遭背弃，文明或将逐渐溃亡，但只有在毫无承诺可言时，文明才会灭亡。

换句话说，保持持久的警惕是为自由付出的代价之一，包括要对自由的脆弱性和独特性形成基本的认识。一名16岁的犹太难民在安全抵达美国后，写了一篇《祈祷文》，美国各地的报纸在社论中引用了该文。文章的开头很简单："我要感谢自己生活在一个由民主而不是由武力统治的国家。我要感谢，我是幸福和自由的。"编辑们对这位难民传递的信息做了一些加工。

> 我们忘了感谢美国梦——这就是美国的现实。然而，对我们来说，还有什么比美国梦更重要的吗？如果我们失去了那个梦想，我们不是失去了一切最可宝贵的东西吗？如果我们忘记了自由和自主的长期理想，我们不是也就遗忘了将我国建设成一个伟大国家的那种力量吗？如果我们放弃了宽容，给予他人与我们同等的思想和表达自由，我们不就是等于背叛了自己的祖先吗？ [47]

从梦想到现实的飞跃并不像看上去那么轻巧。语言再次塑造了文化现实；只要经常主张梦想的权利，它就可以通过践行梦想的人们的共同信念来实现。这篇短文尖锐地指出，没有了宽容，集体自由也不可能存在；一个只强调自由的意识形态很容易忘记这一关键条件，尤其是在一个高度重视个人主义并将其视为平等象征的国家。自由需要容忍他人的自由。

"美国梦"既是一种谈论如何调和平等与自由的方式，也是一种避免这种情况发生的方式，它把自由、平等和民主混为一谈，就好像它们是同义词一样。正如我们一直看到的那样，"美国信条"这个短语也遇到了类似的局面。1938年底，一位"小镇商人"给当地报纸写了一封信，将这些理念糅合在一起，从加利福尼亚州的圣克鲁斯

/ 218

/ 219

到阿肯色州的小城霍普（居民 7475 人），这封信在全国各地被转载。爱国主义不仅是"盲目的忠诚"，这位没有具名的商人写道："它还是人们坚定不移地为之奋斗和牺牲的东西，在这个国家的建设中，它是值得付出所有鲜血、泪水和辛劳的东西。"

这种无形的东西与繁荣无关。值得注意的是，这一点从未被提及（如果作者真的认为繁荣很重要的话，恐怕会轻易指出来）。相反，这是这位作者上学时接触到的"美国信条"，也就是于 1918 年成文，20 世纪 20 年代流行并灌输给像这位作者这样的公民的信条。离开学校 20 年后，他将美国梦和美国信条融入了反法西斯斗争。

他相信，任何理解美国信条及其所代表的美国梦的人，"都将坚持以一种不会破坏或削弱美国传统中那些无价的元素的方式来解决当今之问题"。整个国家"基于这样一种认识，即美国梦中蕴藏着难以言喻的珍贵的东西"。[48]

这种难以言喻的珍贵的东西属于每一个美国公民。

* * *

然而，如何识别那些无法言喻的东西，是社会公正和平等还是自由与机会？这个问题越来越突出。1938 年底，《财富》杂志发表了一篇颇具影响力的社论，在全国广为流传。文章主标题是"商业和政府"，副标题点明了这篇文章的论点："美国梦的本质是自由和革命"。《财富》杂志推崇的美国梦强调的是个人机会，将"美国梦"作为一种代表个人成功的方式，将其更有力地推向国家层面的讨论，这或许并不令人意外。

/ 220

但即便是《财富》杂志也完全愿意承认政府监管的大前提。这一点是不言自明的。问题不在于政府是否应该监管，而只在于监管的力度有多大。尽管新政为国家带来了很多好处，但《财富》杂志认为，新政使国家权力过度扩张，并危及自由和个人主义原则。

社论开头写道："美国梦是西方世界伟大革命的产物。对自由的创造者来说，它意味着个人的机会。这种体现在美国梦中的自由意志主义革命是人类历史上的一个转折点，是一种不可逆转的经历。从这方面来说，后来的一切运动都是反革命的，任何主张回归制度主义的学说，即法西斯主义，都是反革命的学说。"[49]"自由意志主义"一词最初来自神学词汇，自进入 20 世纪以来，很少在美国政治语境中使用；到 30 年代末，随着有关自由和自由企业的辩论升级，这个词又有了用武之地。[50]

《财富》杂志继续阐述道，自由——一个被制宪者青睐的"高度具体化的词"，"最近已经被广义上的'民主'一词取代，而开国元勋甚少使用这个词"。随后，《财富》杂志明确提出了其核心主张："诚然，民主的概念是美国梦的一个组成部分，但它并不是最重要的。"民主政府无非达到最终目的，也就是实现"个人解放"的一种手段。

《财富》杂志的社论最后批评了罗斯福新政，称"现任政府的发言人几乎从未提到过自由。他们大谈民主，就好像美国梦的核心是民主而不是自由"。[51]

《财富》杂志断言，高度具体化的"自由"一词是开国元勋美国梦的核心，但这个说法存在一个问题，那就是开国文件在谈及对奴隶制的保护时，措辞确实"高度具体化"。这些文件确实体现了自由和民主平等（尽管在使用"民主"一词时非常谨慎），这一事实是从战前到现在所有根据法律主张公民平等权利的基础。但是，《财富》杂志认为，美国民主制度只是为了支持个人的解放而创立的，与无视通过法律保障所有这些被解放的个人的平等权利，并不矛盾。

似乎这种不和谐还不够明显，《财富》杂志选择用"解放"一词来形容美国的自由——这个词与美国黑人的自由联系最为紧密，当初

/ 221

使用它时，曾经的奴隶及其后代还远未享受到"解放"理应包含的充分的政治或经济自由。

这篇文章对自由的意义进行了探讨，在 20 世纪 30 年代的全国性讨论中，这绝不是第一次，也不是唯一一次。相反，它只是代表了辩论的展开方向。《财富》杂志将自由意志主义的斗争带到了社会民主的力量面前。"美国梦"的正确含义成为这场长期斗争的文化战场之一，而这场斗争尚未结束。

正如一封来自田纳西州的信所表明的那样，《财富》杂志将自由置于平等和社会正义原则之上的观点，清楚地被该刊的首批读者注意到。"《财富》杂志将自由的理想与'美国梦'联系在一起。事实上的确如此，"这位作者表示同意，"但是，如果存在对梦想的威胁，它不是来自对自由理想的任何不满，而是来自我们的社会经济体系不足以满足人类基本需求的共识。"[52] 问题不在于自由的价值，而在于如何生存。

在危机之时，美国信条所蕴含的理念之间的紧张关系有时已达到临界点，而经济萧条与极权主义的崛起相裹挟，无疑构成了一场危机。但同样值得注意的是，尽管《财富》杂志和许多美国报纸在 1938 年就已准备好为自由在美国梦中的核心地位而战，但就连《财富》杂志也相信，赚钱并不是美国梦的核心。[53]

此外，在驳斥"美国梦"意味着民主平等的观点方面，《财富》杂志的尝试只是众多例证中的一个，这些例子肯定了当时理智所具有的牵引力（否则他们就不会花如此大的力气对此发起抵抗）。在辛辛那提，有人发表演讲，宣称"到处都在宣扬美国梦。这还不够——憎恨专制并不意味着能保证自由——反法西斯并不等同于支持民主"。

我们可以从这些言论中推断，美国梦不仅无处不在，而且广泛等同于支持反法西斯民主。这位演讲者敦促美国人为抗击法西斯主义做出更多努力，而不仅仅是在口头上将美国梦称为民主；而《财富》杂志则认为，美国梦的意义不仅仅在于民主。但如果在一件事上他们能取得共识的话，那就是美国梦象征着民主，反对专制。[54] 而且，美国梦的解释力越来越强。

美国梦固有的对威权主义的敌意很容易就能联想到种族平等问题，但《财富》关于此的争论显然是在回避种族平等问题。这再次表明，事后诸葛亮并不需要看到这一点。1939 年的阵亡将士纪念日，威斯康星州希博伊根市的一位牧师发表了一篇讲话，表明许多人都认识到种族平等和宽容总是与美国梦的原则紧密相连，就像他们同样宣称美国信条可以追溯到 19 世纪。

这次演讲是为了纪念在战争中阵亡的士兵，他们代表了不同的种族、文化传统和信仰。演讲一开始就指出，作为美国生活的一部分，征兵时从未歧视过非白人基督徒。

/ **223**

成千上万的犹太人和黑人为了实现这个美国梦而献身，但他们肯定无法安眠。只要我们仍然把他们当作局外人，冲着他们的孩子关上机会之门，看到任何诋毁他们的毫无根据、充满偏见的说法都信以为真，他们就无法安息。埋在这个墓地里的，是美国人的骨灰——他们原本来自英国、德国、法国和荷兰，他们来到这里，为的是宗教宽容、政治自由和经济机会。他们不希望我们在这里一方面空谈美国主义，另一方面却基于肤色或种族而拒绝给予这些独特的美国特权。

这位牧师总结说，美国人需要"忠诚于"那些为国家理想而献身的人，并承诺"我们将维护自由和正义的美国理想"，以帮助"捍卫和全面实现美国梦"。[55] 全国各地的普通公民，不论黑人还是白人，长期以来都已认识到民主平等和个人自由的普遍原则同种族和族裔歧视是不相容的。

在希博伊根市的这位牧师致辞两个月后，一位读者写信给圣路易斯的一份报纸，提出"种族偏见"是美国面临的最大的问题之一，对此也是有解决方案的，那就是实现"不同国家、信仰和教派的人能够和平共处、为共同利益而努力的美国梦"。[56]

关键不仅在于社会正义原则与最近的发明相去甚远，更重要的还在于曾经将"美国梦"视为一项从根本上反对偏见的平等主义原则的普通美国人的人数。

社会正义与个人梦想之间的摩擦是另一部经典的"美国梦"小说的主题。这部小说的重点是，美国梦是一种被背叛的承诺，它摧毁了那些相信它的人。这本书就是约翰·斯坦贝克的《愤怒的葡萄》。该书出版于1939年3月，它从未真正使用"美国梦"这个短语，但是和《了不起的盖茨比》一样，它也使用了梦的象征意义，将美国梦的理念渗透到读者的意识中。当乔德一家勉为其难地决定离开家，向西前往加利福尼亚的"应许之地"时，斯坦贝克用美国梦来描述他们离开的时刻：

> 临到要走的时候，他们都不由得像爷爷那样恐惧起来。眼看着那小木棚在阳光里显出鲜明的轮廓，眼看着提灯的光线渐渐黯淡，不再投射出晕黄的光圈，眼看着星星几颗几颗地在西边隐没下去。一家子梦游似地站在那儿，他们不是看着某一件东西，而是看着整个黎明、整片大地、整片原野。[57]

后来，当乔德一家与其他流民家庭联合起来时，斯坦贝克进一步强调：他们都被西部充满希望和富足的集体梦想吸引。"晚上，出现了奇怪的情形：二十来家变成了一家。孩子们成了大家的孩子，失去老家成了大家共同的损失，西部的好光景成了大家共同的美梦。"[58]

* * *

在《愤怒的葡萄》出版前两个月，欧洲法西斯主义的游行声
势越来越浩大，不容忽视。《纽约时报》就《美国传奇：关于美好
生活的美国梦的历史与文学》（*American Saga：The History and
Literature of the American Dream of a Better Life*）一书撰写了一
篇书评。书评一开始就明确提到当前的政治局势。这位书评人写道：
"今时今日，美国人对自己的历史及其意义表现出的兴趣比以往任何
时候都更加浓厚，这并非偶然。正如我们的祖先在 3/4 个世纪之前所
做的那样，我们现在也在问自己，美国式的民主意味着什么？我们提
出这个问题是因为我们知道它正面临威胁。"他补充说："毫无疑问，
我们现在正处于一个转折点，我们应该敏锐地意识到恢宏的历史画卷
正徐徐展开。"[59]

/ 225

Ever Hear
of the
American
Dream?

/ 12 美国优先 1935~1939 年：它会在这里发生

美国梦占据了全国的话题，尽管"大比尔"汤普森的竞选活动让"美国优先"声名扫地，但威廉·伦道夫·赫斯特和其他支持者无意不战而退。

1935 年 1 月 29 日，参议院否决了一项美国加入常设国际法院的提议。长期以来，新闻界一直将美国的这一雄心壮志称为"参与国际司法的美国梦"。参议院的投票在很大程度上是对赫斯特及查尔斯·E.库格林神父策划的媒体运动的回应，后者是"基督教阵线"（Christian Front）颇具影响力、观点偏激的反犹主义发言人。在对国际联盟的攻击结束之后，对国际法院发起的斗争就揭开了序幕，整整 15 年之后，国际法院的最终失败几乎具有同样重大的影响。中西部的孤立主义者被认为是粉碎这一企图的功臣；这次失败被宣布为"美国优先"的又一次胜利。

《布鲁克林每日鹰报》在一篇题为《美国优先！》的社论中予以辛辣讽刺。文章开头写道，那些企图"把我们引入外交事务"的"有识之士和'具有国际视野'的人"最终还是被击败了。"我们已经被告知上百次，这是美国精神的一次伟大胜利，我们必须永远把美国放在首位。"

《布鲁克林每日鹰报》承诺说，它已经做好了"适时忏悔"的准备，将努力与新孤立主义保持一致。这篇社论承诺，"从现在开始，我们将继续为美国的建设而努力，让世界其他国家或多或少地自行其是"。社论提出了一个主要问题："本报能以何种方式宣扬美国优先主义？"

如果为一个更强大、更繁荣的国际秩序做出贡献的最佳方式是首先保护美国，那么随之而来的就是，"我们可以通过尽自己所能促进布鲁克林的利益，为这个让美国更强大、更繁荣的事业做出贡献。既然我们已经不再追求国际主义，决心把美国放在首位，我们如何才能更好地为布鲁克林服务呢？"

首先，纽约所有的国际航运必须停止，这样布鲁克林人就不会被迫处理受污染的外国货物。这将节省资金，因为这样一来既不需要新建地铁系统，也不需要在牙买加湾建设一个新园区：一旦国际工业消失，海滨地区就会有足够的空间。这很好，因为很明显，目前港口两侧的码头、仓库和工厂在美国新的计划中没有任何作用；政府也可能逐步淘汰海军造船厂，因为"最终作为一个隐士王国，美国将不需要海军"。由于没有进行国际贸易的必要，他们可以把精力集中在中西部的国内事务上，而这现在决定着国家利益。

这篇专栏承认，"改造布鲁克林，使这个社区符合美国优先计划的任务并不容易，如果布鲁克林想要达到爱国主义的新高度，联邦政府必须提供帮助"。它将需要在中西部建设农舍，"以容纳我们这个社区的 200 万居民，这些人要么搬到内陆，要么只能忍饥挨饿"。为了省钱，他们或许应该"熄灭自由女神像的灯"。[1]

应该指出，并不是每个人都欣赏这篇"'自作聪明'的社论"，有几个人直接发表了反对意见，一个自称通常喜欢《布鲁克林每日鹰报》专栏的人说，那篇"坏脾气的长篇大论让人大跌眼镜"。[2]

"美国优先"本土主义的势力不会很快消失，这一点在一个月后《匹兹堡新闻》刊出的一封读者来信中得到明确说明。"作为一个美国人，我相信美国优先，而且需要一代人的努力才能培养出一位好公民。"显然，满足这一个条件就足够了。

因此，这封来信的作者主张"制定一项法律，要求所有公职人员无论职位高低，都必须是土生土长的美国人。在市一级和县一级的任何一个部门尝试和处理业务，与操着外国口音的人接触，由他们来指点我们该如何管理我们的政府，这肯定是令人痛苦的。"[3] 本土主义并不是什么新鲜事，但到 1935 年，"美国优先"已经成为最明显的表达这种立场的方式，以至于有人认为，出生在美国自然会让你成为一个更好的人。

/ 229

/ 美国优先 1935~1939 年：它会在这里发生 / 211

到了 1935 年 8 月，全国各地的报纸都报道说，"新德国之友"的 5000 名成员聚集在长岛亚普汉克（Yaphank）附近的齐格弗里德营地（Camp Siegfried），"重申对纳粹德国政治和经济信条的忠诚"。作为营地"夏季节日"的一部分，他们带着混合美国国旗元素的纳粹标志游行，行纳粹礼；照片在全国各地刊载。[4]

* * *

那年 9 月，在宣布竞选总统一个月后，参议员休伊·朗被政治对手的女婿暗杀。他曾不止一次被称为"美国的第一位独裁者"，长期以来，他融合了民粹主义和威权主义的政策令许多观察人士感到担忧；在他死后，一些人物特写比较了他诉诸美国梦的倾向和他对美国法西斯主义的偏爱。[5]

朗去世后不久，一篇报道指出："他承诺为所有家庭提供一套房子、一辆汽车、一台收音机，以及每年 5000 美元的补助，并为有能力的年轻人提供教育，这听起来像是美国梦的新版本。"

文章接着写道，朗的支持者最初没有看到的是，他最终选择用"最严厉的法西斯主义"来解决他发现的问题。法西斯主义长期以来的作用"在那天晚上国会大厦走廊的枪林弹雨中得到了鲜明的体现"。尽管这些地方致力于民主原则，但"他们的精神已经逃离"。在朗的治理下，路易斯安那州州政府变得极度"巴尔干化"，以致对于杀死他的年轻医生来说，"巴尔干式的解决方案"（即暗杀）似乎是唯一的选择。

这篇文章用朗自封的绰号总结道，这才是真正的"掌握绝对权力之人的恐吓"。他的目标不仅仅是政治利益。相反，他是一个"野心勃勃的煽动家"，"知道如何利用各种群体的不满情绪"来达到自己的目的。如果他还活着，他可能"已经缔造了美国法西斯主义。他的职业生涯告诉我们，美国本身并不是反对法西斯主义的证据"，除非民主得到保障，否则法西斯主义"可能会再次抬头"。[6]

他遇刺几周后出版的一本传记更为简洁地写道："休伊·朗可能是密西西比河流域的'墨索里尼'。"[7]

尽管许多美国人确信"它不会在这里发生"，但休伊·朗的崛起已经向忧心忡忡的观察家们证明，它可以在这里做到。很明显，辛克莱·刘易斯在 1935 年底出版了一部小说，名为《不会在这里发生》（ *It Can't Happen Here* ）。他在小说中想象了美国法西斯主义的样子，小说的灵感源自休伊·朗的政治生涯（但写于他被暗杀之前）。刘易斯告诉记者，这个书名很"讽刺"。他还说："我不是说法西斯主义会一定在这里发生，但它确实有可能。"[8]

《不会在这里发生》认为，在美国，法西斯主义最危险的支持者永远是那些"否认'法西斯主义'一词的人，他们鼓吹宪法和传统印第安人自由的形式受到资本主义奴役"。美国法西斯主义必然会受到资本主义——或者正如刘易斯所预言的那样，"出于利润的政府，由利润治理的政府，一切皆为利润的政府"——的影响。

作为刘易斯最成功的小说之一，该书对美国例外论可能将其与法西斯主义隔离开来的观点进行了辛辣的讽刺，抨击了试图"用法西斯主义的罪恶来治愈民主的罪恶"的"滑稽疗法"。书中的参议员巴斯·温德利普（Buzz Windrip）显然是以休伊·朗为原型，他在竞选总统时奉行传统价值观的民粹主义运动，对恢复繁荣做出了过于简单的承诺（"他主张每个人只要投票就能致富"）。一位报纸编辑徒劳地发出警告："人们会认为，他们选择他是为了获得更多的经济保障。然后，看看吧，情形有多恐怖！"

上任后，温德利普就开始了他的独裁统治，创建了名为"一分钟人"（Minute Men）的私人安全部队，并把他的政敌关押进"集中营"，就像希特勒自 1933 年以来在德国所做的那样。

当总统温德利普得知他的执政遇到了阻力时——"在中西部和西北部，特别是明尼苏达州和南、北达科他州，叛乱一触即发，其中一些以前具有政治影响力的煽动者要求他们的州脱离联邦……并组建他们自己的合作联邦（实际上近乎社会主义）"，他对自己的内阁大发牢骚："你们忘了上周我本人也曾在全国某个特定地区发表特别的广播讲话！我得到了很棒的反应。中西部人对我绝对忠诚。他们感谢我一直以来所做的一切！"

温德利普政府同意"用爱国主义团结全国所有的力量，这种爱国主义总是在受到外来攻击的威胁时召之即来"，因此他们立即"安排在墨西哥边境精心策划一系列受到侮辱和威胁的可悲'事件'，一旦美国国内出现爱国热情高涨的气氛，便立刻对墨西哥宣战"。

温德利普的内阁明白，政府再也不需要"借助上帝的力量，坠入一场不明不白的战争，作为对内部不满情绪的一种补偿式疗法"。相反，"在这个精心策划的宣传时代，一个真正的现代政府，比如他们自己的政府，必须弄清楚他们必须推销什么品牌的战争，并有意识地策划推销活动"。也就是说，在这里他们需要运用现代广告作为工具。

温德利普越来越自恋，沉湎于个人崇拜；他反复无常、不负责任的行为震惊了整个国家，而他以此"自娱"。"他不是至高无上的吗？他不是像罗马皇帝那样是半神半人吗？难道他就不能蔑视他已经开始鄙视的那些肮脏的庸众吗？"

一场起义爆发了，但随后又停滞不前，因为在美国，"由于'普及的受欢迎的免费教育'受到了热烈赞扬，在这里几乎不存在教育、普及、流行、免费的其他任何东西，以至于大多数人都不知道他们想要什么——实际上，他们对想要的东西知之甚少。"

于是他们又回头照温德利普的吩咐办事，小说以美国即将迎来第三次独裁统治、与墨西哥的一场虚假战争、出现了一家国营媒体（当

/ 232

中每一份报纸都被称为"公司")以及主要由资深记者发起的抵抗运动作为结尾。

* * *

1935 年 10 月，也就是刘易斯的小说出版的同月，另一场支持纳粹的集会在麦迪逊广场花园举行。再一次，它几乎没有得到全国性的报道，即使少数媒体做了报道，其描述也都显得很温和。据《辛辛那提问询报》(*Cincinnati Enquirer*) 报道，"德国驻美国大使今晚在麦迪逊广场花园的一次群众集会上发表讲话，批评了《凡尔赛条约》，有 15000 名德裔美国人参加集会，共同庆祝德国日"。[9]

辛克莱·刘易斯和多萝西·汤普森于 1928 年结婚。他们两人的传记作者都认为，他的小说主要受到她的圈子里关于欧洲局势的讨论的影响。当刘易斯开始写《不会在这里发生》时，汤普森刚刚成为第一位被希特勒驱逐出德国的美国驻外记者，这使她成为国际名人。她写道："不管希特勒'革命'可能是或不是什么，这都是一场大规模的逃离现实的运动。"

在一封信中，她评论道："最令人沮丧的不仅是自由主义者的无助，还有他们令人（对我而言）难以置信的温顺。为民主事业牺牲的烈士无处可觅。"[10]

汤普森从欧洲回国后，又怒又急。不出几个月，刘易斯就完成了他对反法西斯的讽刺之作，紧接着汤普森获得机会撰写在全国转载的专栏，这个始于 1936 年 3 月的专栏名为《有案可查》(*On the Record*)，在《纽约先驱论坛报》上正好与沃尔特·李普曼的专栏《今日与明日》(*Today and Tomorrow*) 是对页，在接下来的 22 年里，它保持着每周三次的发稿频率。全美 150 多家报纸联合转载，阅读量达到 1000 万。1936 年夏天，汤普森又有了自己的国家电台广播节目，该节目一直播放到 1938 年。

/ **233**

1939年，她被《时代杂志》评为美国第二大最有影响力的女性，仅次于埃莉诺·罗斯福（Eleanor Roosevelt）。

开设《有案可查》专栏两个月后，也就是 1936 年 5 月，汤普森发表了一篇名为《它会在这里发生》（*It Can Happen Here*）的文章，讨论了美国各地出现的组织松散的法西斯主义"团伙"。一个来自所谓"基督教义务警员"组织的男子给她写了一封信，信中分享了他们的"座右铭"："请牢记：信奉基督教的北欧裔美国白人将本着希特勒的精神，将使犹太人和黑人永远处于《吉姆·克劳法》规定的下等人的位置。"[11]

汤普森解释说，这些极端组织中有几个似乎已经联合起来，组成了一个"跨州的奇妙组织"，自称"白人男性新教徒"，誓言"捍卫美国和宪法"。他们还决心"消灭无政府主义者、共产主义者、天主教徒、黑人和犹太人；限制入境和驱逐一切不受欢迎的外国人；支持和参与私刑；在内战中为其成员提供武器，并最终在美国建立独裁政权。"

该组织的一名成员草率地射杀了另一名成员（他说，这是出于一时的烦躁而非不和），而凶杀案调查揭示了这个神秘的地下组织的存在。这群极右翼仇恨组织为了共同的事业而成立，但甚至连真正的名字都没有。

"他们在仇恨谁？"汤普森问，"生活对他们很不好。这该怪谁？于是他们把这归咎于替罪羊。要怪罪那些在田里干活的黑人吗？还是犹太人？他们不是经营着红红火火的商店吗？或者共产主义者……或者工会主义者……或者尊奉罗马教皇的天主教徒？还是从事这些工作的外国人？这些人都成了替罪羊。因此，要消灭他们。我们贫穷，一无所有。但我们是白人、盎格鲁－撒克逊人、新教徒。我们的祖先建立了这个国家。它属于我们。"为了抗议自己的地位被取而代之，他们用暴力作为回应。

她指出，这些人"贫穷、轻信、有暴力倾向，都是些小男人，为仇恨所困。他们容易受骗。他们被告知这个组织可以追溯到革命时期。它有 13 名高层成员，代表着最初的 13 个殖民地。他们与三 K 党及'暗夜骑士'有着直接联系"。

　　埃德加·胡佛领导的联邦调查局（FBI）宣称其无法跨州追捕该组织，而"根据宪法，各州保留使用私刑处死本州少数族裔的权利"。汤普森最后说，所有"容忍不宽容的种族偏见言论，却没有表达对这种非美国思想的愤怒之情"的人同样应该受到指责，因为"我们所有人都坐在旁边自鸣得意，认为它不会在这里发生！"[12]

　　三周前，《奥克兰论坛报》转载了 13 岁的伊莱恩·埃里克森（Elaine Erickson）写的一首题为《美国优先》（*America First*）的诗。

> 在每个美国人的心中，美国优先
> 尽他的一份力
> 尽他的本分；
> 每个美国人都应该关心
> 为正义而不为邪恶；
> 当你开始工作时，
> 唱起你的歌——
> "美国优先"。
> 美国优先，在你的歌中
> 但不要把自己抬得太高
> 远远超过那些与你种族不同的人，
> 想想他们，和他们共进晚餐。
> 在需要的时候帮助他们。
> 不要太过贪婪。
> 但内心深处你明白

 　　　　"美国优先"与我同在。[13]

　　这是一个令人吃惊的结束语，让人感觉这首诗虽然是在敦促读者口头上支持宽容其他种族，"但内心深处你明白'美国优先'与我同在"——就好像在 1936 年，连孩子们都能看得出来，"美国优先"已经成为隐秘的种族主义的暗语。

　　1936 年初，詹姆斯·沃特曼·怀斯（James Waterman Wise）发表了一系列关于美国法西斯主义的可能特征的演讲。怀斯是一位颇受欢迎的作家、演说家和反法西斯活动家，也是一位全国闻名的犹太拉比的儿子。据报道，在印第安纳波利斯的约翰·里德俱乐部，他在讲话中谈及了库格林神父［库格林神父发表的电台广播谴责"犹太银行家"及其对世界金融和媒体的神秘控制，这些观点直接取自臭名昭著的反犹太阴谋文学《锡安长老会纪要》（the Protocols of the Elders of Zion）］。怀斯认为，库格林和威廉·伦道夫·赫斯特都明显代表了美国法西斯主义，这种法西斯主义一旦出现，"很可能'会被包裹上美国国旗，并被宣扬为对自由和维护宪法的呼吁'"。[14]

　　法西斯主义被美国国旗伪装的形象深入人心（"当法西斯主义来到美国时，它将被包裹在国旗里，并带着一个十字架"），后来被广泛认为出自辛克莱·刘易斯之口（很多人认为它其实出自《不会在这里发生》），但刘易斯从未说过这句话。

　　相反，这句话很可能出自怀斯之口。他在另一场演讲中再次描述了这个画面，只不过措辞略有不同。他说，"美国需要法西斯主义"，"美国的权力和财富"依赖于"奴役大众"来维系。怀斯警告说："不要以为他们会高举纳粹的旗帜，也不要指望他们从欧洲借鉴任何流行的法西斯主义形式。"他还说，"身着各种颜色制服的队伍——整个服饰军团都在利用群体偏见——正在播下法西斯主义的种子。它可能出现在所谓的'爱国主义组织'中，比如美国退伍军人协会和美国革命女儿会"，或者"它可能被包装在一面旗帜或一份赫斯特集团的报纸里"——宣扬"美国优先"。[15]

"服饰军团"不仅指墨索里尼的黑衫军和希特勒的褐衫军，还指1933年由北卡罗来纳州阿什维尔的威廉·达德利·佩利（William Dudley Pelley）组建的"银衫军"。"银衫军"是一个公开宣扬白人至上主义、反犹太主义的准军事组织，1936年，它只是众多支持美国法西斯政权的组织之一。那一年，佩利作为华盛顿州"基督教党"的候选人参加了总统选举，当时有传言称他呼吁"美国的希特勒和大屠杀"，而且这一说法广泛流传，促使由犹太喜剧演员埃迪·坎托（Eddie Cantor）任主席的好莱坞反纳粹联盟（Hollywood League Against Nazism）给罗斯福总统发了一封电报，要求调查佩利的"亲纳粹秘密组织"。[16]

就在怀斯发表演讲几周后，弗里茨·库恩（Fritz Kuhn）组建了德美同盟。库恩曾于第一次世界大战期间在巴伐利亚步兵部队服役，1934年成为美国公民。几个月后，一个"联盟党"将右翼集结起来，形成了白人至上主义的法西斯组织联盟。

1936年夏天，多萝西·汤普森在一篇名为《疯狂边缘》（The Lunatic Fringe）、分成上下两部分发表的专栏文章中，对这些组织进行了抨击。汤普森指责联盟党比美国任何政党"都更接近民族法西斯主义倾向"。"联盟党说美国应该自给自足，自力更生"，攻击"华尔街的金融界"、"'反动派、社会主义者、共产主义者和激进派'，但他们最仇视的还是先进的自由主义，并把它与社会主义混为一谈"。

汤普森显然对那些把自由主义和社会主义混为一谈的人不以为然。她说："希特勒也是如此。"

他们的追随者也像是纳粹的追随者："中产阶级中一无所有、丢尽脸面的人，破产的农民，激进分子，以及'可敬'但极度不满的乡野之人。"

由于该组织反对一切形式的社会主义，"强大的工业集团和保守的利益集团会暗中支持它，当然也会容忍它，寄希望于依靠它推翻罗斯福总统推行的计划"，也就是新政的社会福利制度。她警告说，一些保守派和资本家宁愿与法西斯主义结成愤世嫉俗的联盟，也不愿容忍自由主义。

她接着说，"货币激进主义，百分百主义和对所谓外来思想的仇恨，对资本主义生产体系的信仰，这些都是纳粹运动上台之前的特点。反社会主义、反自由主义、凡事引用《圣经》、反对由外来者组成的领导层，这使它吸引的不是富裕阶层，而是心怀不满、负债累累的中下层，"以及"数量多得令人难以置信"的"坚持三K党思想的所谓爱国团体"。这样一个组织能否巩固权力，在一定程度上取决于能否出现一位能够推动这些运动的领导人。

她说，这还将取决于"美国保守派有多开明"，以及他们是否愿意与这样一位领导人战斗。如果极端主义组织像在几乎所有欧洲国家那样，同时在左翼和右翼形成，"自称保守派的人"开始帮助极右翼组织击败自由派，"那么，我们将走上欧洲许多国家已经走过的道路"，也就是通往法西斯主义的道路。[17]

在随后的专栏文章《疯狂边缘Ⅱ："我们的种族和文化的救世主"》（*The Lunatic Fringe Ⅱ : "Saviors of Our Race and Culture"*）中，汤普森列举了美国几十个反犹太、亲法西斯的边缘组织，其中不仅包括"银衫军"，还包括"十字军白衫军"、黑人军团、"世界反犹太侵略联盟"、所有的"基督教"组织（"忠诚的雅利安基督徒""基督教信仰捍卫者"）和三K党，它们都在忙着散播《锡安长老会纪要》，并蔑称罗斯福为"罗森菲尔德"①。

---

① Rosenfeld，Roosevelt 为荷兰名，意为"玫瑰田"，其相应的德语或犹太语为 Rosenfeld，当时很多阴谋论认为罗斯福为犹太人。

但因为极左的人"愚蠢地以同样的方式回应，并把所有不同意他们观点的人都贴上'法西斯分子'的标签"，左派和右派结合在一起，让"'爱国'这个词成为对一切正直和慷慨的人的诅咒"。汤普森援引塞缪尔·约翰逊关于爱国主义的名言，指责道："是时候让爱国者坚持爱国主义不是恶棍最后的避难所，也不是无知、偏见和狂热者的专利。"[18]

虽然并非所有不同意强硬左派观点的人都是法西斯主义者，但也有美国人准备与法西斯主义同流合污，同时坚称自己不是法西斯主义者但愿意"容忍"它，正如汤普森在她的前一篇专栏文章中所指出的那样，这是为了达到他们自己的政治目的。同行的人，可以殊途同归。

那一年，威廉·福克纳出版了《押沙龙，押沙龙！》（*Absalom, Absalom!*），对神话的形成过程及其与国家历史的关联进行了深刻的思考。这部恢宏的史诗摆脱了月光和木兰花的梦境，揭示了背后的哥特式梦魇。《押沙龙，押沙龙！》的情节是由这样一个命题驱动的，即贫穷的白人相信他们对黑人拥有与生俱来的优势，从中获得了自尊和种族自豪感，这便是南方历史的定义。小说认为，如果他们的这种种族优越感受到威胁，就会以暴力作为回应。

就在一年前，W.E.B. 杜波依斯（W. E. B. Du Bois）也指出了白人的"心理酬劳"（psychological wage），发现"白人劳工相信，打压黑人劳工比提拔白人劳工更为重要"。种族的作用是分裂和征服工人，无休止地推迟革命。（很多人会步杜波依斯后尘，在谈及社会主义为何从未在美国站稳脚跟时，用种族一词作为回答）杜波依斯补充说，尽管白人劳工仍然很穷困，但他们"通过某种公众和心理酬劳获得了一定程度的补偿"，这就是所谓种族优越感的酬劳。[19]

福克纳曾说过一句名言：过去并未逝去，它甚至从未过去。

/ **239**

*　*　*

与此同时，"美国优先公司"发出了更多的噪声。《时代》杂志转载了一篇最早发表在激进杂志《新大众》（*New Masses*）上的文章，报道说"美国优先公司"的创始人詹姆斯·M. 特鲁告诉一名假装是共和党人的记者，他计划在 9 月发起一场"全国性的枪杀犹太人"的运动。[20] 特鲁还吹嘘说，他为一家警察俱乐部申请了专利（专利归于"娱乐设备和游戏"类别），称这家俱乐部为"犹太杀手"，其中两个专利例证就放在他的桌子上。由于"最急需的是一流的杀手而非警棍"，特鲁在为他的"9 月大屠杀"练习射击，以肥皂作为靶子，因为"肥皂的稠度接近犹太人的身体"。[21]

《时代》杂志记者在报道这一切时的语气似乎相当轻率。四天后，《威斯康星犹太纪事报》（*Wisconsin Jewish Chronicle*）在报道时语气就没那么轻佻了，该报将"美国优先公司"列为美国"主要的反犹太组织"之一。[22]

1937 年 2 月，罗斯福犯了许多人认为是他职业生涯中最大的政治错误，他试图扩大最高法院的规模，以抵消对他的许多新政改革的持续敌意。当时，罗斯福的举动被广泛谴责为对美国三权分立原则的冒犯，甚至连他的副总统也强烈反对他"包揽"最高法院的企图。

全美各地的社论都称罗斯福为"独裁者"。多萝西·汤普森常常犀利地批评罗斯福，她警告说，希特勒就是这样来到美国的。在经历了一些断断续续的抵抗之后，"美国人民对任何事情的兴趣很少持续两周以上，他们会开始说：'哦，让总统做他喜欢做的事吧。他是个好人。'"不幸的是，"没有人能事先辨认出他们中的独裁者。没有谁会拿独裁作为自己的竞选纲领"。

她补充说："当美国人想到独裁者的时候，他们总会想到一些外国的例子。"但由于所有独裁者都声称自己代表"国家意志",一个美国独裁者将是"芸芸众生中的一个,他将代表传统美国的一切"。美国人民"在欢迎他时,将报以巨大的、普遍的、民主的、类似于羊叫的呼声,'好的,老大!想怎么安排随你的便,老大!'"[23]

1937年7月,"德美同盟"在新泽西州安多弗建立了诺兰营地(Camp Nordland),库恩在那里告诉12000名听众,该组织代表"美国的原则、百分百美国人"。[24]

7月4日,库恩来到长岛的齐格弗里德营地,站在一个巨大的纳粹十字符号前,向一万名观众发表了讲话。他承诺,德美同盟"公开声称自己是百分百美国人",将"为美国白人而拯救美国"。[25]"弗里茨·库恩身着制服拍摄的'百分百美国人'"的照片从东海岸传到西海岸,约有2.5万人在长岛和新泽西州向纳粹标志和美国国旗敬礼,这在全国各地引发了抗议。[26]

IT LOOKS LIKE BERLIN OR ROME—BUT IT'S YAPHANK, LONG ISLAND!

25,000 German-Americans Join in Nazi Salute   Italian Fascists on Parade

The Nazi swastika and the Stars and Stripes—symbols of conflicting principles of government—were coupled in the "German Day" parade at Camp Siegfried, Yaphank, Long Island, N. Y. where 25,000 persons heard Hitler and the Nazi government praised and the CIO attacked as evidence of "growing radicalism" in the United States.

"Black Shirt" formations, in uniforms derived from Fascist Italy, appeared on Long Island when the Claudio Marie Morgantini, New York Black Shirt organization, was the guest of the "Amerika-Deutscher Bund."

/ 美国优先 1935-1939年:它会在这里发生 / 223

1937 年夏天，亚拉巴马州参议员雨果·布莱克（Hugo Black）被提名为最高法院法官，有人质疑他与三 K 党有牵连。确认委员会被敦促调查"布莱克参议员在其职业生涯早期获得三 K 党支持的事实和影响，作为亚拉巴马州的政治领袖，他对斯科茨伯勒案①所提出的问题保持沉默的原因，他在胡佛执政期间对白人和有色人种失业者获得平等救济的态度，最重要的是他威胁要阻挠反私刑立法的有关传闻"。[27]

　　一个月后，布莱克被任命为最高法院法官。就在他获得任命后不久，《匹兹堡邮报》进行了为期一周的报道，披露亚拉巴马州三 K 党的活动记录显示布莱克在 1926 年成为该党终身成员。当地人"谈论着三 K 党统治亚拉巴马州和雨果·布莱克在这个州上上下下传诵隐形帝国的荣耀的伟大日子"。当地一名三 K 党成员对记者说："我为自己作为一名三 K 党成员而感到自豪。"尽管有着如此巨大的自豪感，他还是要求记者不要透露他的姓名，然后才解释说，所有人都知道布莱克之所以当选参议员，之后又被任命为最高法院法官，都多亏了三 K 党。[28]

　　10 月，布莱克在电台发表讲话，承认自己曾是三 K 党成员，但声称已经退出并与该组织断绝联系，在担任参议员期间与三 K 党没有任何关系。全美各地的社论纷纷做出回应，谴责布莱克的"供词"是"一派胡言，前后矛盾"。《巴尔的摩太阳晚报》（*Baltimore Evening Sun*）评论说："既然布莱克不过是个南方的廉价政客，他加入三 K 党几乎是不可避免的。"但随着"这是一场非法勾当的事实变得越来越明显"，"即使是脑子最迟钝的政客也能看出这是不祥之兆，并公开否认与其有任何干系"。布莱克之所以与这些政客不同，只是因为他"迟迟既不承认其三 K 党成员身份，也不对该团体发起谴责，直至公众舆论逼迫他不得以为之"。弗吉尼亚州的一篇社论也同样尖刻："一直等

---

① 1931 年，九名黑人男孩被控在所乘坐的车子途径斯科茨伯勒镇时强奸了同车的两名白人女孩，其中八人被草率地定罪并被处死，但此后最高法院两度推翻了亚拉巴马州的裁决

到公众的批判声如此之大时，他才最终被迫打破沉默，他对邪恶的三K党理念的批判，并不能抹去令人不快的记录。"[29]

《匹兹堡邮报》对此仍持怀疑态度，报道了布莱克在接受参议员提名时对三K党所说的话，当时他称三K党是"盎格鲁－撒克逊情感的真实代表，这种情感必须而且将控制美国的命运"。这篇社论抗议说，不管他是否否定了他以前的价值观，"任何有这种记录的人都不应该担任美利坚合众国最高法院法官"。[30]

多萝西·汤普森撰写了几篇愤怒的专栏文章，谴责对布莱克的任命；在其中一篇文章中，她想象布莱克参议员盘问布莱克法官与三K党的关系：

> 布莱克参议员：法官先生，为什么……你加入了三K党？
>
> 布莱克法官：我不记得了。
>
> 布莱克参议员：三K党对你当选参议员起了什么作用？
>
> 布莱克法官：我不记得了……
>
> 布莱克参议员：你不是在三K党的一次会议上收到这张会员卡的吗？你不是公开承认三K党对你当选有功吗？你收到这张卡片不是再次表明你支持其成员的准则吗？
>
> 布莱克法官：我不记得了……[31]

但汤普森同样对布莱克的党派辩护者感到愤怒。由于他是民主党提名的，进步人士正在为他的政绩辩护。她严厉谴责"所谓的自由主义者"，这些人不仅"屈尊为三K党道歉，而且如果这是政治上的权宜之计，实际上他们可以为任何个人行为辩解"。这种不道德的合理化意味着"你可以放弃攻击世界上大多数罪恶的基础"，从"美国警察局的三级监狱到德国的集中营，再到苏联的大清洗"。此外，她还警告说："如果政治上的权宜之计是人类行为的唯一指南，那么未来的政客们将有理由利用三K党或任何类似组织作为其获得政治权力的工具。'自由主义者'想要为三K党及其所有类似组织的复兴负责吗,比如在这片土地上复兴黑人军团和纳粹组织?"

她指出,三K党已经卷土重来过一次,在20世纪20年代转变为"利用无知人士的偏见,为上层人士牟取利益的组织"。现在,多亏了布莱克的确认和自由派捍卫它的决定,三K党"能够也愿意对成千上万此前加入它的人说,总统之所以任命布莱克先生为最高法院法官,是因为他是三K党成员,而政府就是三K党的靠山"。

她指出,三K党也是"政治权宜之计"的坚定信仰者。[32] 政治领袖树立的榜样对这个国家产生了巨大的影响;对不道德行为的犬儒式的辩解会渗透进政治体系并毒害它。

一个尖刻的笑话开始在华盛顿流传开来,那就是布莱克法官正式进入最高法院时不必买新袍子,他把他那件白色的袍子染成黑色就行了。

* * *

与此同时,德美同盟在西海岸频繁举行集会和野餐会。在洛杉矶,《世界新闻》(*News of the World*)("一本捍卫美国民主的杂志")披露说,1937年德国国庆日那天,法西斯分子聚集在当时被称为"兴登堡公园"(Hindenburg Park)的地方进行"纳粹野餐",在20世纪30年代,此地举行了不止一次美国纳粹集会。[33]

向美国读者解释德国法西斯主义的书籍开始出现。其中一本名为《德国法西斯主义的精神和结构》(*The Spirit and Structure of German Fascism*)的书记录了"当代最令人印象深刻的社会倒退实验,这个实验经常被描述为'工业封建主义'"。罗伯特·A.布雷迪(Robert A. Brady)认为法西斯主义是"资本主义对抗自身固有破坏性力量的最后一站",是"'企业国家'确保利润源源不断流入的最后努力"。实现这一目标的手段是"对大众信仰和理想的重新定位，对法西斯领导人巨大的情感忠诚，以及关于'血与土'神秘主义的完整的伪造体系"。[34]

那年秋天，南卡罗来纳州的一份报纸分享了一幅引人注目的照片，照片上是一群人在曼哈顿上东区观看游行，标题写道："纳粹游行时一些人在欢呼，另一些人捏着鼻子"。图片说明加重了嘲讽的意味："在纽约约克维尔，一些观众在观看美国纳粹组织德美同盟游行。不到1000人参加了游行，而此前该联盟宣称游行的人数为10000人。请注意，一些旁观者在行纳粹礼，而其他人则发出嘘声或冷笑。也许他们就是不喜欢纳粹？"[35]

Some Cheer, Others Hold Noses As Nazis Parade

Here is a view of some of the spectators who watched the parade of the German-American Bund, Nazi organization in America, in New York's Yorkville. Less than a thousand marched in the parade, after publicity given by the Bund had placed the figure at ten times that number. Note that some of the by-standers are giving the Nazi salute, while others are delivering the Bronx Heil, or razzberry. Maybe they just don't like Nazis?
(Central Press)

两个月前，罗斯福召开了一场新闻发布会，承诺尽一切可能"让我们远离战争"；不久后，希特勒和墨索里尼一起出现在柏林的一个集会上。他们的演讲通过广播传遍了全世界，因为希特勒肯定了"鼓舞意大利和德国的共同理想和利益"。一周后，罗斯福发表了"隔离演说"（Quarantine Speech），试图改变美国的孤立主义主张，宣布"爱好和平的国家必须齐心协力，维护令和平得到保障的法律和原则"，因为法西斯主义正在制造"国际无政府主义状态和不稳定局势，仅仅通过孤立和中立是达不到目的的"。但是，罗斯福的法院改组计划几乎耗尽他所有的政治资本；美国人正在倾听孤立主义者的声音，他们坚称罗斯福是出于政治原因，想要迫使美国卷入一场外国冲突。

1938年3月，纳粹德国入侵奥地利。在德奥合并之前的几周里，汤普森在一篇题为《谁爱自由？》的文章中写道："美国民主的本质就是保护个人、团体和少数群体的某些基本权利不受哪怕99%的多数人的侵犯。"

"也许这是一种个人偏见，"她补充道，"但我恰好非常不喜欢'自由派'法西斯主义者、反动法西斯主义者、劳工法西斯主义者、工业法西斯主义者、犹太法西斯主义者、天主教法西斯主义者和个人法西斯主义者。在论及法西斯主义的特定种类时，我不会偏好任何一种。"[36]

美国当然提供了很多选择。那年春天，《布鲁克林每日鹰报》报道说，"银衫军"的负责人威廉·达德利·佩利新近描绘了一幅与"美国优先公司"创始人詹姆斯·M.特鲁会面的"田园诗般的画面"，当时他们身处"华盛顿特区，坐在舒适的椅子上，谈论许多对灵魂有益的事情"，比如他们共同决心消灭犹太人。特鲁"眼睛里闪着光"，佩利充满激情地道："这意味着顺应或是战斗，不同的观感取决于你的种族出身，究竟是非犹太人还是犹太人。"

正如《布鲁克林每日鹰报》所指出的，特鲁"不仅反犹，而且反罗斯福和反新政，亲日、亲纳粹、亲法西斯，甚至亲穆斯林"。这位记者补充说，据"威廉·达德利·佩利们和其他土生土长的美国小希特勒们称"，"真正的美国主义"只能建立在"对种族、肤色和宗教区分的基础上。他们小心翼翼地谈论着通过'血洗'来促成这些事情的发生。'爱国主义'由推翻政府的阴谋构成，尽管这种阴谋毫无效果"。[37]

那年晚些时候，耶鲁大学教授哈尔福德·E.勒科克（Halford E. Luccock）发表了一篇演讲，讲稿在《纽约时报》上刊登，它为一种日益高涨的情绪提供了表达的机会。"万一法西斯主义来到美国，它不会被贴上'德国制造'的标签；它不会用卍字符作为标识；它甚至不会被称为法西斯主义；当然，它将被称作'美国主义'。"他还说："'美国方式'这个听起来冠冕堂皇的短语将被一心只为牟利的利益集团利用，来掩盖对美国和基督教传统的诸多罪恶，比如无法无天的暴力、催泪瓦斯和猎枪，以及对公民自由的剥夺。"[38]

这并不牵强——正如我们所看到的，一个简单的事实是：许多美国人长期以来一直把"纯美国主义"与偏执、本土主义、排外主义和种族暴力联系在一起。

《纽约时报》指出，那年秋天，有关"美国'反犹太主义浪潮高涨'"的报道不断增多，这似乎至少部分是由于"这个国家有大量组织在煽动这种情绪，部分是由于受'欧洲局势'的影响"。这些著名的反犹太组织包括"美国优先公司""美国雅利安人""美国非犹太人保护协会""美国法西斯"。[39]

与此同时，威廉·伦道夫·赫斯特决定再次大力支持"美国优先"，他在广播中回应了温斯顿·丘吉尔（Winston Churchill）对美国"与欧洲的民主国家联手"的要求。赫斯特坚称，"美国不能被毫无根据的情绪拖入另一场外国战争的灾难之中"。"美国优先应该成为每个美国人的座右铭"的口号现在出现在赫斯特所有报纸的报头上。[40]

/ 247

那一年，法哲学家杰罗姆·弗兰克（Jerome Frank）出版了《拯救美国优先：如何使我们的民主制度发挥作用》（*Save America First: How to Make Our Democracy Work*）一书，声称孤立主义是确保美国民主和繁荣的唯一防线；为了在共产主义和法西斯主义之间找到一条正确的道路，必须拯救资本主义的"利润体系"。该书时常见诸报端。

突然之间，"美国优先"重新回到全国对话的最前沿，美国人再次给当地报纸寄去关于"美国优先"的信件，一些社论也加入进来，以"美国优先"的名义敦促坚持孤立主义。宾夕法尼亚州一份报纸的社论以"美国优先"为标题，赞同美国退伍军人协会一位发言人的建议。这位发言人说："如果美国公民为了英国和法国而发动欧洲战争，他们将是'蠢蛋'。"

社论完全赞同这一观点："在美国没有纳粹主义、法西斯主义或共产主义的容身之地。我们想要的是不掺杂任何外国意识形态的美国主义。"美国人需要"捍卫我们享有的宝贵自由，改善我们自身的命运，而欧洲人有他们自己的问题需要解决"。[41] 但他们并不承认以德美同盟和其他自封的美国法西斯组织为代表的"百分百美国"式的法西斯主义威胁正在抬头。

南达科他州的一份报纸也在社论标题中讴歌"美国优先"，文章写道："如果我们坚持首先为美国服务的计划，我们的国家利益将更加安全，这是不言而喻的……首先为美国服务，远离相较我们自身的安全与福祉应放在次要位置的外国危机，具有现实意义。"[42]

1938 年 11 月，在德美同盟的一次集会上，弗里茨·库恩告诉听众，罗斯福政府提出的不是一项新政，而是一项"犹太人政策"。据美国各地的报纸报道，"这位同盟领导人宣称，美国的媒体和电台由犹太人控制，他们'试图摧毁这个国家，就像他们试图摧毁德国一样'"。[43]

同一天，美国媒体还广泛刊登了一篇报道，称"众议院委员会正在对极右翼亲法西斯组织数量惊人的增加进行调查"。委员会主席确认了一个长长的名单，其中包括"美国优先公司"（华盛顿特区）、"美国雅利安人协会"（俄勒冈州波特兰市）、"美国法西斯黑衫军"（亚特兰大）、"美国法西斯"（田纳西州查塔努加市）、"美国法西斯卡其布衬衫党"（费城）、"国家社会主义党"（纽约）、"美国民族主义者"（华盛顿特区）、"美国白人守卫军"（洛杉矶）、"黑衣军团"（底特律）、"黑衬衫"（华盛顿塔科马市）以及许多其他团体。[44]

1938年9月30日，内维尔·张伯伦（Neville Chamberlain）签署了《慕尼黑协定》（Munich Agreement）以期安抚希特勒，被安抚的希特勒立即大举入侵苏台德地区和捷克斯洛伐克。不到六周，名义上为了报复一个名叫赫舍尔·格林斯潘（Herschel Grynszpan）的波兰犹太青年在巴黎刺杀了一名德国官员，在"水晶之夜"（night of broken glass），纳粹及其支持者砸毁了犹太人的企业，夷平了犹太教堂，逮捕了数千人，并杀害了近100名犹太人。

多萝西·汤普森被激怒了，她对格伦斯潘的绝望进行了充满激情的讲述，描述了难民危机，并为他的辩护筹集了资金。几天后，她在《"事情"的本质》（*The Nature of "The Thing"*）一文中再次警告美国。汤普森不止一次被称为"美国的卡珊德拉"①；她反驳说，历史总是证明卡珊德拉是对的。

汤普森指出，美国的部分问题在于，某种特定类型的"实业家领袖"表现出"一种自然的下意识的亲和力，这种亲和力体现在他们眼中的法西斯国家的概念上"。后人会将这种做法称为"抬轿子"，这让他们深陷其中，使法西斯主义"在他们看来既熟悉又轻松。在实业家量身定做的宣传中，法西斯被勾勒为一家由高效率的管理人员经营的大型、高效、垄断型的公司"。[45]

---

① Cassandra，希腊、罗马神话中特洛伊的公主、阿波罗的祭司，可预见未来。

她解释说，欧洲法西斯主义在某些方面是不可否认的社团主义，"这就是亨利·福特喜欢纳粹主义的原因，最近他还为此获得了纳粹政府颁发的勋章。在福特先生的心目中，纳粹主义是一家规模庞大无比的福特工厂"，一个"摆脱了'寄生的'犹太人"的工厂"。

　　但这种经粉饰的企业法西斯主义形象只是一个神话。事实上，纳粹领导人并不是实业家，而是"冷酷无情、三流、心理变态、阶层降格的失业的知识分子和士兵"。法西斯主义通过"将宣传和恐怖主义包裹在一起"赢得了大众的支持。为了做到这一点，它必须保持群众的"侵略性——通过不断地制造内敌和外敌"，将自身打扮成为人民的"捍卫者，勇于反抗一切特权势力、富裕国家和阶级"。

　　民主如果想要战胜法西斯主义，它必须清楚地看到自己在与什么做斗争。它将需要为"我们都一致同意的事项创造出热情的团结"。此外，它还需要"将任何基于种族原因让一个美国人憎恨另一个美国人的企图视为叛国行为"。[46]

　　当然，汤普森并不是美国唯一猛烈抨击法西斯主义的人士。但由于她的卓越、犀利和直言不讳，对许多美国人来说，她很快就成为美国反法西斯事业的代言人。她的传记作者后来写道："在公众心目中，她为了维护民主而奋起斗争的程度，不管怎么形容都不为过。"[47]

* * *

　　1939年前几天，出现了一系列关于德美同盟纳粹意图的报道。一篇披露"德国官员计划在德美同盟内部建立一个'严格意义上的美国分部'"的报道在全美各地被转载；成立这个新的分部后，在德美同盟"纳粹旗帜的领导下"，美国的"一些小规模的破坏势力将会合并"。[48]另一篇指出"德美同盟的活跃分子已达2.5万人"的报道也在同一天被广泛转载。它还声称，"约有10万人愿意在同盟的公开集会上露面"。[49]

1939 年全年，多萝西·汤普森在持续猛烈抨击"纳粹主义机器""纳粹意识形态的奇怪的大杂烩"。[50]他们"无甚可以宣传，却以宣传家自居"，"没有革命思想，却号称是革命家；没有思想体系，却号称是思想者"。[51]"如果希特勒主义蔓延开来，那只是因为那些已经拥有可以想象到的一切资源的人们不知道如何利用这些资源。他们继续珍视并加强民族主义，即使在彼此之间也是如此，并把保持世界分崩离析作为一个原则问题。"[52]

但美国人越来越多地以"美国优先"的口号回应这个分崩离析的世界。报馆收到各种读者来信，写信的人坚持认为欧洲的"迫害"不是美国的问题："我们的外交官越早采取'美国优先'的政策，我们伟大的国家就会越好。对我来说，一个血统纯正的美国人怎么能对外国的迫害感到愤怒，这委实是没有道理的。"[53]

政客们再次开始主张美国应该"管好自家的事，不介入他国人民的麻烦和战争……一个健全的'美国优先'外交政策是最好的防御。"[54]西弗吉尼亚州参议员拉什·霍尔特（Rush Holt）在广播中发表了题为《让我们优先照顾美国》的讲话："卷入外国的争论肯定会危害我们的国家"。[55]

1939 年 2 月 20 日，即霍尔特参议员的广播播出四天后，德美同盟在麦迪逊广场花园举行了集会，两万名支持者站在"纳粹党卍字符下，谴责'世界上的犹太人'、罗斯福政府的一些成员，以及美国与欧洲民主国家的任何结盟"；同时，"身穿制服的纳粹突击队员在麦迪逊广场花园里断断续续地行军"。[56]

一位年轻的犹太裔酒店职员跳上台表示抗议；他被德美同盟的突击队员拳打脚踢，直到在场维持秩序的纽约市警察把他救下。活动被拍录下来；巨大的纳粹标志悬挂在舞台上方，穿着纳粹制服的突击队员（只不过他们穿的是白衬衫）在每一个过道上排队等候入场。

/ 251

一条巨大的横幅上写着"停止犹太人对美国基督教徒的统治"，而报纸报道说，舞台上"挂着一幅巨大的乔治·华盛顿的画像，两边是美国国旗和纳粹卍字符的混合图案"。[57]

多萝西·汤普森参加了集会以期吸引关注，在别人发表演讲时（其中一篇嘲讽"富兰克林·罗森菲尔德总统"），她放声大笑，高喊"扯淡！"和"愚蠢的傻瓜！"[58] 当德美同盟的突击队员试图把她带走时，她坚持主张自己的权利，并迅速回到前排。全国各地的报纸都愉快地分享了汤普森对法西斯领导人演讲的"雄辩反驳"："扯淡！"[59][《奇利科西镜报》（*Chillicothe Gazette*）拒绝使用不雅的"扯淡"一词，代之以拘谨的"荒谬"。][60]"多萝西·汤普森参加了盛大的节日战斗（Gala Fight），"一份报纸的头版头条开玩笑地将她的出场比作一场职业拳击赛。[61] 另一份报纸写道："纳粹分子在德美同盟上的聚会给了作家灵感。"[62]

汤普森在她的下一篇专栏文章中直接回应了麦迪逊广场花园的集会。她解释说："为了废除美国的民主制度，库格林神父的追随者和弗里茨·库恩的追随者结成了一个公开的联盟。""在德美同盟打着'自由美国'的旗号在麦迪逊广场花园召开的这次会议"上，二者的结盟已经十分明朗。前一天，库格林神父在他自己的一次会议上分发了宣传材料和集会的门票。"他们享有言论自由的特权，他们打算利用民主在这个国家建立一个法西斯政权。"

她接着说，他们当然不会说这是法西斯主义。"辛克莱·刘易斯在写作《不会在这里发生》时，就颇有先见之明：当法西斯主义来到美国时，它将打扮成'真正的美国主义'。"

她指出，刘易斯在小说中预测的情况，"与周一晚上在麦迪逊广场花园举行的会议几乎别无二致"，会上有"突击队员"待命，"处理'逾矩的元素'"。她补充道："那些逾矩的元素便是你和我。"

汤普森继续无所畏惧地捍卫民主。她向读者讲述了当晚听到的演讲内容，当时一位来自费城的路德会牧师"承认这场运动是法西斯主义"，并告诉听众："民主和法西斯主义之间没有界限。它介于共产主义和法西斯主义之间。没有中间地带。"[63] 民主不是德美同盟版的"百分百美国主义"的选项。

* * *

1939 年 5 月 13 日，载有 937 名乘客的"圣路易斯"号远洋客轮从德国汉堡启航。几乎所有乘客都是想要逃离大屠杀的犹太人；大多数人持德国护照，少数人没有国籍。他们最初的目的地是古巴哈瓦那，但希望最终能在美国找到安全的避风港，他们当中的许多人已经申请了美国的入境签证。没有一名乘客知道，就在他们启航的时候，古巴政府已经宣布他们中大多数人的落地证件无效。5 月 27 日抵达古巴时，古巴政府只允许 28 名乘客下船，其中 22 人是持有美国签证的犹太人，另外 6 人为持有入境证件的西班牙人和古巴公民。一名乘客自杀未遂，被送往医院。其余乘客仍在苦苦等待，希望获得美国签证。

但是他们没有收到美国的签证，古巴也不接受这些难民，命令他们离开古巴水域。由于没有地方可去，他们只得扬帆前往美国的佛罗里达。待到驶近迈阿密，已经能够看到城市的点点灯光时，他们给罗斯福总统发去电报，恳求让他们入境。罗斯福没有回应。美国国务院的一名官员发了一份电报，通知他们必须和入境等候名单上的其他人排队。

1924 年的《约翰－里德法案》仍然有效，德国移民的配额早已用完；罗斯福政府也没有采取必要的特别措施来推翻该法案。"圣路易斯"号被迫返回欧洲，难民最终被分配到英国、法国、比利时和荷兰。一半人在大屠杀中幸存，另一半人死亡[①]。

/ **254**

---

① 据统计，288 名乘客入境英国，因而躲过大屠杀，余下的 619 人中绝大多数进入集中营，392 人幸存。

"圣路易斯"号并不是唯一一艘被驱逐出美洲、被迫返回欧洲的犹太难民船，但它成了"最臭名昭著"的一艘，象征着众多陷入困顿、险境中的人们的绝望。这是一个残酷的历史讽刺，在"圣路易斯精神号"成功飞行、缩短了美国和欧洲之间航行时间的12年后，"圣路易斯精神"显然不再是铁板一块，很快将有人公开谈及这一分歧，而发声的不是别人，正是"圣路易斯精神号"的飞行员查尔斯·林德伯格，他将广泛传播自己的孤立主义观点。

不过，在林德伯格发言之前，"圣路易斯"还代表了另一种冷酷的精神。1939年8月，《圣路易斯星时报》（*St. Louis Star and Times*）收到一封读者来信，来信以"美国优先"的名义敦促美国遣返2万名难民儿童。"我同意那位署名'美国人'的读者来信的观点，"这封信开头写道，"我们连自己的贫困人口都没法照顾，怎么能照顾那2万名难民儿童呢？"

在反驳另一位读者时，这位匿名作者补充道："'人道主义'说，美国曾经以对难民的善意和友好而闻名，这是事实，但我们为什么不先帮助我们自己的人民呢？在已有难民的基础上再接纳2万名难民，只会使我们自己的孩子今后更难找到工作。——美国优先。"[64]

"Humanitarian" says the United States was once known for its kindness and friendliness to refugees. which is true, but why shouldn't we help our own people first? Bringing in 20,000 refugees to add to those who already have entered will only make it that much harder for our own children to get work later on.

AMERICA FIRST.

"美国是一战中英国和法国的替罪羊，"纽约州罗切斯特市的一位市民写道，"让英国和法国自己站稳脚跟，不要躲在美国后面。美国是第一、最终和永远。"[65] 一位来自亚拉巴马州的读者倒也实诚，他争辩道："'美国优先'听起来可能自私，但在一个自私的世界里，这是一个相当好的口号。"这份辩词在全美各地被转载。[66]

各报的社论也在为自私找借口。"我们也是得为自己着想的。我们得想着'美国优先'！"《迈阿密新闻》宣布拒绝参与"外交纠葛"。"美国是文明的后卫部队，是文明的大后方。想要最有效地发挥它的作用，那些运气不那么好的人得巩固自身在战场前线的力量。再也不会有海外军队了！英国代表英国优先，法国代表法国优先。只有首先为美国效力，我们才能巩固英国或法国的力量。不要感情用事。美国优先！"[67]

这年年底，国会通过了自1935年以来的第四个中立法案。在人们围绕1939年"中立法"激烈争论时，孤立主义者再次争辩说："我们美国人负有责任——首先对美国负责。"[68]

观察人士开始指出，美国优先的孤立主义很难与希特勒的德国民族主义区分开来（20年前关于"美国优先"和"德意志高于一切"的比较已经指出这一点）。夏威夷一份报纸的社论将其与《我的奋斗》相比较，指出希特勒曾写道："民族社会主义运动不愿成为其他国家的捍卫者，而要成为自己国家的先锋力量。这意味着民族社会主义不是笼统的民族主义观念的捍卫者，也不是属于其他国家或种族的某些权利的捍卫者；它只为自己的民族主义和自己的权利服务。"这篇社论说："这在一定程度上呼应了我国的孤立主义者……这在'美国优先'的口号中已经明确地表达出来。"[69]

他们也越来越认识到孤立主义与亲法西斯组织崛起之间的联系，其中许多组织宣称"美国优先"是它们的口号。辛辛那提一家报纸一篇题为《一幅丑陋的画卷开始展开》的社论在全美被转载，该文认为，如此众多的极端右翼组织聚集在美国，"着实令人不安"。"同盟、银衫军、白色骑士或者类似的什么东西、美国优先、法人组织，这些以及其他许多以无知和偏执为目标的骗局，已不再仅仅是为了从乡下人那里掠夺金钱而设计的空壳游戏。它们已经成为一个树大根深的集团，为共同的目标服务，那就是摧毁民主，用暴政取而代之。在达到目的之前，他们不会把暴政称为法西斯主义。当然，他们都是'爱国主义者'和'基督徒'！"70

1939 年 9 月 1 日，纳粹德国入侵波兰。两天后，英法对德宣战，第二次世界大战爆发。欧洲战争爆发三天后，多萝西·汤普森在广播中发出愤怒的声音。"我认为这是历史上最不可思议的故事之一，一个人可以坐下来提前写下他想要做的事情。"《我的奋斗》就是这么写就的。"然后，一步一步地开始将他的计划付诸实施。而世界各国的政治家还在继续对自己说：'他不是那个意思！这说不通啊！'"71

正是在第二次世界大战期间，"美国优先"本土主义、孤立主义的原则与主张宽容和平的"美国梦"之间长期存在的隐性摩擦，最终引发了公开的冲突。出现这种局面的部分原因在于查尔斯·林德伯格的介入，他是所有美国优先运动中最著名的代表人物，后来该运动演化为美国优先委员会。

德国入侵波兰两周后，林德伯格发表了他的第一次全国广播讲话。在接下来的两年里，他在一系列演讲、文章和广播中敦促美国远离冲突。他认为，美国应该保卫并主导西半球，而不是在欧洲作战。

在年幼的儿子被绑架并遭到谋杀后，林德伯格和他的妻子安妮逃离了 1935 年在美国出现的媒体闹剧。在英国和法国生活期间，他们游历了整个欧洲，曾应纳粹之邀多次前往德国，调查德国的空中力量。希特勒企图利用林德伯格恫吓美国，其意图在许多人看来是显而易见的，但在林德伯格看来并非如此，德国精心策划的这几次招待活动——历史也会证明，活动还进行了缜密的误导——给他留下了深刻的印象。1938 年，林德伯格从纳粹德国第二号权势人物赫尔曼·戈林（Hermann Goering）手中领受星形德意志雄鹰勋章。

孤立主义是一回事，接受纳粹勋章则完全是另一回事。这一决定遭到了美国媒体的广泛谴责，他们对林德伯格的忠诚提出了尖锐的质疑，甚至直接指责他是纳粹支持者。亚拉巴马州的一篇社论以典型的措辞写道，"宽容的解释"会假定林德伯格"为这份荣誉感到非常尴尬"，但"这似乎是对我们国家最好的欧洲朋友的背叛……就好像他一直在欧洲四处奔走，获取各国军用航空的机密，然后利用这些机密为纳粹出谋划策"。文章还说，如果林德伯格的意图被"歪曲"，"那他应该费心公开地给出一个解释"。[1] 但他并没有。

一年后，当闪电战席卷欧洲各地时，林德伯格开始了一系列电台广播，敦促美国不要拿起武器对抗希特勒，坚称纳粹的空中力量势不可当。

林德伯格只能设想一个加入欧洲冲突的理由：保护"白人"免受"外来入侵"。在第一次广播讲话中，他认为美国应该置身战争之外，因为"白人"没有受到威胁。他坚持说："欧洲的这些战争并不是我们的文明抵御亚洲入侵者的战争。不存在什么成吉思汗或薛西斯^①来攻打我们的西方国家，也不存在是否要团结起来保卫白人不受外来侵略。"由于这场战争只是"白人"之间的一场战斗，美国可以任由两个势均力敌的对手决一死战。

一个月后，林德伯格重申了这一逻辑，再次表示美国唯一的义务是保护"白人"。"这是一场关于欧洲力量平衡的战争，一场由德国对力量的渴望以及英国和法国对力量的恐惧引发的战争……我们与欧洲的纽带是种族的纽带，而非政治意识形态的纽带……我们要保护的应是欧洲的种族……如果白种人受到严重威胁，那么我们就应该参与保护白种人的行动，与英国人、法国人、德国人并肩作战，而不是为了相互毁灭而互相攻击。"至关重要的是"种族"忠诚，而不是政治原则或民主价值观，更不用说对受害者的同情了。

到1939年，希特勒对少数民族尤其是对犹太人的野蛮迫害得到了普遍承认。即使此时还很少有人意识到集中营里发生的暴行的严重程度，但每个人都很清楚这些暴行的存在；自1933年以来，纳粹隆重地启用了一个又一个集中营。关于大规模逮捕和驱逐、私刑和严刑拷打、大规模集体屠杀的报道，就像一年前的"水晶之夜"一样，在美国媒体上随处可见。

1938年的例子可以说是不胜枚举。那年秋天，2000人聚集在辛辛那提，"抗议希特勒政府迫害犹太人"，集会上"一位牧师出人意料地

---

① 原文为 Zerzes，疑为 Xerxes，波斯帝国薛西斯一世。

要求美国断绝与纳粹德国的所有贸易关系，引来一片欢呼声"。[2]在圣诞节期间对1938年的重大事件进行回顾时，《布鲁克林每日鹰报》特别指出了"犹太人遭到的迫害"。"希特勒对待德国犹太人的行为惹人厌憎，令世人震惊。"[3]《匹兹堡日报》认为："希特勒在德国野蛮迫害犹太人和天主教徒，这种行径的幕后有着一批反动金融家和实业家，这些人在这个国家也发挥着作用。"[4]12月，艾奥瓦州达文波特市的《每日时报》（*Daily Times*）评论说："希特勒政府对待犹太人的方式会唤醒人类的愤怒……一段时间以来，一个事实已经非常明显：决定犹太人被压迫命运的并不是'血统纯正论'——希特勒的雅利安神话，而是一项攫取犹太人财富、旨在支撑摇摇欲坠的国民经济的计划。"[5]

几个月间，除了查尔斯·林德伯格这个显著的例外，似乎每个美国人都在谈论希特勒对犹太人的暴行。林德伯格没有对希特勒的暴力行为发表任何谴责之词，他坚称双方都有侵略行为，双方都只是在一心维护自己的权力。事实上，他说了很多话，字里行间透露着一个意思：只要是某些"白人"在欧洲把持着不可辩驳的统治权，他并不太在意统治者是哪类"白人"。

1939年11月，林德伯格在《读者文摘》（*Reader's Digest*）上发表了一篇文章，后来被广泛转载，他在文中更清楚地阐述了自己的观点，尽管仍然在小心翼翼地用委婉语遮掩。由于欧洲战争将"削弱白人的力量，摧毁白人的财富"，西方必须团结起来反对"外来种族"，"停止争吵，重建我们的白人堡垒"。林德伯格警告说，要防止"我们的传统"被"异族——蒙古人、波斯人和摩尔人的汪洋大海吞没"，呼吁只需抵御"成吉思汗或劣等血统的渗透"。他坚持认为，英国、德国、法国和美国应该站在一起，他的意思很明显：如果这意味着屈从于德国的侵略，那就这样吧。

林德伯格的论点明显是从优生学出发的，他主张白人必须"团结一致保护我们最宝贵的财产，我们对欧洲血统的继承"，"保护我们自己免受外国军队的攻击，不受外来种族血统的稀释"。林德伯格在日记中更明确地指出了他担心哪些人在进行这种稀释。他写道，"我们必须将犹太人的影响限制在一个合理的范围内"，以防止"犹太人在总人口中所占比例过高"带来的问题。

在美国，随着一部分人继续按比例向另一部分人施舍人道，"一滴血法则"的逻辑再次抬起它丑陋的头。

* * *

尽管林德伯格还没有以他的孤立主义论点的名义宣扬"美国优先"，但其他很多人已经这样做了。一位宾夕法尼亚州的市民宣称："本人相信我们美好古老的国家，甚至是令人憎恨的德国的发明和馈赠，不仅能与英国的馈赠相媲美，而且绰绰有余。我想这让我成了贵报的'第五纵队'（Fifth Columnist）的队员，因为不幸的是，那些不亲英的人，那些相信美国是第一、最终也是永远的人，被贴上了纳粹分子或者类似的标签。总有一天，真正的'第五纵队'队员会被干掉，美国人民可能会知道真相……美国优先。"[6]

俄亥俄州一位读者投书："为什么不为我们高中的整顿而努力，送我们的下一代免费上职业大学，而是非得把他们送到欧洲去送死呢？——美国优先。"[7]

圣路易斯的一位读者建议："在我们告诉世界其他国家如何生存之前，让我们先把我们自家日益增长的国债、不断增加的失业人口和成千上万的佃农（他们比奴隶也好不到哪里去）给清理干净，咱们咬紧牙关管好自个儿吧——美国优先。"[8]

欧洲战争爆发三周后，多萝西·汤普森在回应林德伯格的第一次广播讲话时说，"林德伯格的法西斯主义倾向，他的朋友们都是知道的"，然后又说道，"'怜悯、情感和个人同情'在他的生活中无足轻重。另外，他对机械充满激情，倾向于纯粹从技术和机械的角度来判断世界和社会。他对作为民主思想核心和要点的人文学科完全不感兴趣，对政治哲学无动于衷"。[9] 其用意很明显：林德伯格肯定会发现自己与当时被称为"纳粹机器"的东西有着某种密切的关联。

沃尔特·李普曼也在他的专栏中公开反对林德伯格的广播讲话，谴责他关于美国应该控制西半球的说法"十分可悲"，并警告说："要反对这种帝国主义思想在这个国家的传播及其在西半球所有邻国间的影响。"[10]

甚至埃莉诺·罗斯福也在她自己被全国转载的专栏中加入了这场争论。宾夕法尼亚州一份报纸在标题中引述了她的专栏内容："罗斯福夫人称他有纳粹倾向。"在文中，罗斯福夫人提到了李普曼和汤普森在全美范围内引起的巨大"兴趣"，他们"从林德伯格上校的演讲中看到了一种对纳粹理念的同情，我认为这种同情是存在的，但我又不敢相信它真的存在"。[11]

然而，许多美国人发现林德伯格的论点越来越有说服力，正如汤普森在前一年指出的那样，那些亲商人士往往倾向于把纳粹主义简单地看作一个高效率的公司。（20 年后，阿道夫·艾希曼在受审时恬不知耻地诡辩说，纳粹党也喜欢这样看待自己。他自鸣得意地认为自己只是一个非常出色的职员，这促使汉娜·阿伦特提出"平庸之恶"这一理念）

林德伯格的第一次广播播出后，几位与多萝西·汤普森有联系的华尔街人士公开支持美国的中立立场，认为法西斯主义从本质上说无非一个大企业。她大发脾气，有人听见她大喊："该死，他们发现希特勒是一个优秀的共和党人！"[12]

汤普森接着发表了十几篇文章，谴责林德伯格和他所代表的政策——她发表的专栏文章至少和他的现场演讲与广播讲话一样多。就像林德伯格成为美国孤立主义的代言人一样，汤普森迅速成为反对法西斯主

/ 262

义最著名的代言人之一，这场战斗也随之打响。

1940 年 1 月，汤普森写了一篇专栏文章，抨击库格林神父的"基督教阵线"实际上是法西斯主义团体。10 天后，作为要求她为该指控提供证据的回应，她就事论事地指出，是弗里茨·库恩将"基督教阵线"称为与"德美同盟"合作的"伙伴"组织，此外还有"基督教鼓动者"、"基督教十字军"、"社会正义协会"、"美国银衫军"和"白茶花骑士"。她指出，许多其他法西斯主义的"同路人"都"打着'基督徒'、'爱国主义者'或'美国'的旗号"。[13]

欧洲法西斯主义和美国白人民族主义之间的关联越来越明显。1940 年 7 月，弗吉尼亚州丹维尔市的一座南方邦联纪念碑上悬挂了卍字符，人们认识到卍字符是恐吓和恐怖的象征；他们都站在白人至上的一边，物以类聚，人以群分。[14]

汤普森在那年夏天写道："煽动者领导的大众政府不是美国的民主。"像"美国优先"这样的孤立主义运动是否普遍并不重要；普遍并不能证明其正当性。她坚持认为："一种说法认为，无论多数人多么无知，他们都与生俱来拥有某种神圣的智慧，这种理念并不是美国的民主。"她有意无意地呼应了沃尔特·李普曼25年前对他眼中的美国梦的批评。[15]

她警告说："世界各地的权力都已与责任脱钩。我们一代人靠不劳而获的财富过活，浪费和滥用我们祖先用鲜血为我们赢得的自由；抵押我们孩子的遗产来支付今天的账单。我们出生在自由之中，却忘记了自由的严峻事实，即它涉及最高程度的个人和集体责任。没有责任的自由意味着无政府状态。"

"我们不需要放弃民主，"她最后说，"我们需要回归民主——回归民主的道德和智力基础，并在此基础上再次进行建设。"[16]

为了找到一种方法来区分民主基础、有序民主的理念以及个人和集体对自由的责任，美国找到了现成的公理：民主平等和正义的"美国梦"。

/ 264

例如，1940年6月，肯塔基州路易斯维尔市的一份报纸发表了一篇不同寻常的社论，在全国范围内被广为转载。社论一开始就宣称，林德伯格对反犹太主义的默认从根本上与美国梦相悖，接着也指控了美国种族主义："林德伯格上校仍然担心我们插手欧洲事务。他没有提到希特勒的欧洲是如何干涉我们的。一个邪恶而致命的例子是，纳粹正在我们反犹太主义的背景下进行宣传。"

正如希特勒在《我的奋斗》中坦率解释的那样，那些将小谎言斥为荒谬的人，恰恰会因为一个大谎言的无耻而接受它（"他们不相信会有如此厚颜无耻之事。即使在觉悟之后，他们仍然会陷入长期的怀疑和动摇中，并且仍然相信在它的背后一定隐藏着某些真相"）。所以，这篇社论解释说，希特勒给全世界上了"一堂更加邪恶的课"，也就是说，"一个大的罪行将使那些本会与较小的罪恶做斗争的人们陷入麻木和迷惑之中"。[17]

作者指责说，欧洲暴行的规模之大让美国人变得麻木不仁。"一想到欧洲半数犹太人被钉在十字架上，我们的心就紧绷起来。如果我们敢于直面巨大的恐怖，我们会发现纳粹反犹太主义才是极权主义力量的真正象征。"[18]混乱可能会反常地被用来使曾经看起来不可容忍的事情正常化，因为普通公民很难确切知道他们的反抗应该指向哪里。

尽管现在回想起来，有些人为林德伯格和其他美国优先孤立主义者辩护，理由是他们无法预测纳粹暴行的范围和深度，但单是这篇社论就表明，许多美国人相当清楚，至少从广义上来说在希特勒统治下发生的迫害。1940年夏天，路易斯维尔当地的一位编辑知道，"欧洲半数犹太人"正在"被钉在十字架上"，而且他显然认为所有的读者也都知道这一点。要弄清这一基本事实，既不需要非凡的洞察力，也不需要做事后诸葛亮。

但是，这篇社论并没有完结。它接着说："美国梦的每一个敌人都是反犹分子，这并非偶然。这是我们的致命弱点。但凡有谁憎恨美国以及它所代表的一切，只要能让我们相信这是一种邪恶的念头，美国就完了。"[19]

美国梦是民主正义、法律平等的梦。社论指出，美国向世界做出了承诺，并将其镌刻在自由女神像上。这一承诺未能实现。"我们已经失败了。我们一败涂地；但还没有否认这一梦想。即使在黑人身上我们遭遇最卑劣的失败，我们也仍然充满希望，我们仍然在缓慢地进步。失败是可以挽回的，只要它不是借口。只有当一个人夸耀他的罪恶并把它当作一种美德来炫耀时，人们才会感到绝望。反犹主义是种族主义的敲门砖。种族主义一旦被接受，美国就不可能存在。"[20]

一旦夸耀自己的罪恶并将其作为美德来炫耀的人成为一个国家的

领导人，除了绝望，这个国家还应该做些什么呢？不幸的是，这位作者并没有给出答案。

＊　＊　＊

尽管路易斯维尔媒体的这篇社论无疑是最有先见之明、最犀利的呼吁之一，主张用美国梦来纠正美国优先的偏见，但它并不是唯一的呼吁。圣路易斯的一篇社论使用了类似的表述（兑现圣路易斯精神），指出美国梦关乎如何创造一个和谐社会的具体形象，它考虑到了社会不公正和"受压迫的少数群体"的斗争，目标是建立一个"民享"的政府，这个政府不会让不同群体因仇恨而分裂。美利坚合众国无法"通过歇斯底里地镇压少数族群"或"只能加深群体对立和阶级意识的反应"生存下来。相反，美国需要"把美国梦的核心即自由和平等的理想转化为现实。如果不希望民有、民治的政府从地球上消失，它就必须继续作为民享政府发挥作用"。[21]

/ 266

一篇名为《美国的不宽容》(*Intolerance in America*)的文章被广泛转载，文中分享了著名的移民作家路易斯·阿达米克（Louis Adamic）的警告：不宽容将"把美国梦变成一场噩梦"。阿达米克写道："反犹太主义日益抬头。人们对外国人和归化的移民也新添了几分蔑视。蔑视的对象甚至包括他们在美国出生的孩子。这类事情并不能保护民主和美国主义。"相反，美国人以自满和漠视的态度对待他们来之不易的民主。"我们对公民自由和珍贵理想的忽视和滥用，为这些理想遭到破坏提供了一个入口。"[22]

威斯康星州的一篇社论预测，极权主义政权将在一个分裂的美国获得最大的满足感。在即将到来、充满唇枪舌剑的美国大选中，外国势力会获得恶意的快感。"在目前的竞争中，有这样一粒分裂的种子，它是一种邪恶的东西。竞选往往会抹杀美国人民最基本的统一性，哪怕只是暂时如此。"

社论坚称，美国人民团结在一起，"多年来，在我们对自由制度的奉献中，我们从未像现在这样凌驾于总统和政府之上。"

美国总统来来去去，但美国人民必须"团结起来，立志建立更好的社会秩序，这个社会秩序将更接近于实现人们自由追寻经济和政治上的个人命运的美国梦。我们的统一比我们的分裂更有吸引力。"23

《哈泼斯》（Harper's）杂志上的一篇文章告诫读者："现在我们急需某种团队合作。"

> 希特勒和他的代言人轻蔑地说，我们不能得到民主，也不能保留民主；强者和能人不会为弱者和无能者工作，也无法合作。强者和能人将决定现在和未来。如果他们现在或以后不充分发挥其精力和技能，我们的美国梦就会破灭。有了陆军和海军，我们无疑可以阻止希特勒，但不能阻止希特勒主义，因为从长远来看，只有一个办法可以揭露他和他的追随者的谎言，那就是让我们的民主制度履行它为所有人带来自由和富裕的承诺。24

从长远来看，如何保护民主不受法西斯主义的侵害，这是个问题。但含义仍未确定的美国梦不仅会被用来支持自由民主，尽管到目前为止，这似乎是它当时最常见的含义。它的内涵也可能催生代表孤立主义的例外主义论点，一封写给《哈特福德新闻报》（Hartford Courant）的读者来信即是证明："看来，干涉主义因素正在失去其通过炸弹宣传和平与民主的热情，并逐渐认识到，在美国，一个完美的民主的美国梦必将最终实现。"25

这样的推理导致了对孤立主义回到"梦"作为幻觉的意义上的反驳。《明尼阿波利斯星报》（Minneapolis Star）反驳道："如果'伟大的美国梦'意味着世界上独一无二的超然，那么它就是一个白日梦。"美国不可能与一个"通过改善交通和通信手段紧密联系在一起"的全球化的世界保持独特的分离。包括美国在内的所有国家"都必须学会通过合作共处和分享生活。到目前为止，我们已经部分失败，其中部分原因在于我们自己的无能和所有民族未能理解 20 世纪社会的性质"。[26]

宾夕法尼亚州一份报纸的社论认同美国梦曾经可能是孤立主义的，但直截了当地说这个国家需要成长起来。它认为，"孤立是美国梦的一部分"，因为自 1607 年以来来到美国的绝大多数移民"是为了逃离某些东西"，由此再次将孤立主义与例外论联系在一起。但是，美国再也不能"在这个错综复杂的世界上实现一种独立和独特的命运……如果它曾实现的话"。

对一个国家和一个人来说，退回到"童年梦想"都是不可能的。"我们现在长大了，我们本想退出的世界就在我们的家门口。我们必须在这个世界上发挥我们的作用，如同自由的男人和女人一样。"[27]

多萝西·汤普森在她的反法西斯战斗中也不止一次使用了"美国梦"。1940 年夏天，她提出以"美国纲领"作为所有美国人的信条。在这篇专栏中，她汇编了从世界各地的读者来信中摘录的短语。当中的语言呼应了第一次世界大战期间的承诺，即以民主自由的形式把美国梦带到欧洲，承诺所有美国人都将砥砺前行，"自由、平等和幸福的美国梦可以由我们实现，并且可以通过我们造福人类"。文章还呼吁在全世界范围内遵循同样的逻辑，正是这样的逻辑，推动了美国后来在冷战期间的政策。[28]

几个月后，汤普森再次谈及纳粹社团主义已在美国企业寡头政治中危险地反映出来的观点，她认为美国梦本质上是反对这类体系的。"垄断大企业所培养的概念和价值观从逻辑上导致了纳粹式的世界秩序。类似于健康的有机体吐出毒素，美国梦也会自发地排斥它。"[29]汤普森不仅认为美国梦与经济抱负无关，而且坚持认为，它从根本上对企业资本主义过敏。

＊　＊　＊

1940年4月，希特勒发动闪电战，德军攻入丹麦和挪威。几周内纳粹就征服了荷兰和比利时，入侵法国，并在法国北部的敦刻尔克围困了英国远征军及其法国盟友。战争不过进行了六个月，西欧几近沦陷。唯一没倒下的是英国。

1940年5月，当时美国最有影响力的专栏作家沃尔特·李普曼撰文对英国撤离敦刻尔克做出了简洁而有力的回应，文章题目为《美国优先》。

李普曼警告说，此时盟军和英国舰队在法国北部和佛兰德斯都已告急，除非能阻止希特勒的步伐，否则他将"征服"大西洋和欧洲。"任何人都不要自欺欺人或者骗别人说，这只是过去两年漫长辩论中的又一个更令人兴奋的篇章，辩论的焦点是美国是否应该给予盟国一点、很多的援助或压根不提供帮助……我们当下必须决定的问题将由其他国家——日本和意大利的行动——强加给我们。"

李普曼主张，现在是美国政客抛开党派分歧、团结起来决定什么对国家最有利的时候了。"如果在这样一个时刻，我们不假思索地指望我们的领导人把国家置于他们的党派之上，把他们的良知置于他们的野心和偏见之上，那么，我们可以为之拨款的一切防御措施都不能保卫美国。"[30]

就在共和党领导人被敦促在1940年全国代表大会的纲领中加入"美国优先"的孤立主义纲领时，俄勒冈州的一份报纸给读者上了一堂有益的历史小课，列举了"20年前的今天——1920年6月9日（星期二）"发生的五个令人难忘的事件。第一个事件是来自伊利诺伊州的一位共和党总统候选人说："让我们先结束我们自己的灾难，然后再结束欧洲的灾难。"第三个是类似的提醒："'美国优先'是共和党大会的主题。洛奇参议员在第一次讲话中说"击败伍德罗·威尔逊王朝以及它所代表的一切，这超越了所有其他议题以及恢复战争肆虐时被践踏的基本理想。"

1920年，另一个值得注意的事件是"德国的新国会即将成立"。[31] 1920年，德国国会选举产生魏玛共和国第一届国会，当时执政的联合政权魏玛联盟失去了议会多数席位，组建了一个软弱的少数党政府，这为包括纳粹党在内的极右翼势力在1924年的选举中崛起铺平了道路。换句话说，列出1920年开始的一系列值得纪念的事件，这个想法看似异想天开，但实际上非常犀利，它从历史上将"美国优先"与德国法西斯主义的崛起联系在一起，并揭示了它们之间的关联。

与此同时，林德伯格还在发表演讲，引发了人们的各种反应。比如堪萨斯《伊奥拉公报》（*Iola Register*）登载了一封题为《林德伯格万岁》（*Heil Lindbergh*）的信。信的作者指出，希特勒为给林德伯格颁发纳粹勋章所花掉的几美分"正在获得巨大的红利"。在林德伯格最近的一次广播中，他"实际上是在邀请希特勒来接管我们"。信的作者建议，美国人最好现在开始练习行纳粹礼，并"学会正确地说'林德伯格万岁'，没准有一天，我们就会身处林德伯格和德美同盟可能正在筹划建造的集中营了"。[32]

直到1940年夏天，美国优先委员会才真正成立，不过现在很多人都认为该委员会是"美国优先"口号的起源。[33] 这个委员会的前身是由耶鲁大学的学生发起的反战运动，它把和平主义者、社会主义者、拒服兵役者、自由主义者、本土主义者和法西斯主义者聚集在一起。

1940年9月，非正式的学生运动在芝加哥得到更强大的支持，迅速成为美国主要的不干涉主义组织，坚决反对美国卷入欧洲冲突。鼎盛时期它有超过80万名来自不同政治派别的成员，包括沃尔特·迪士尼（Walt Disney）、弗兰克·劳埃德·赖特（Frank Lloyd Wright）、E.E.卡明斯（E.E. Cummings）、莉莲·吉什（Lillian Gish）和亨利·福特，以及戈尔·维达尔（Gore Vidal）和杰拉尔德·福特（Gerald Ford）等年轻学生。孤立主义网罗了一些非常奇怪的盟友，使诺曼·托马斯（Norman Thomas）等左翼社会主义者与罗伯特·R.麦考密克（Robert R. McCormick）上校等反动实业家团结起来。麦考密克拥有《芝加哥论坛报》，是美国优先委员会的创始人之一。未来的"美国和平队"（Peace Corps）队长萨金特·施赖弗（Sargent Shriver）和社交名媛艾丽斯·罗斯福·朗沃思（Alice Roosevelt Longworth）与库格林神父相谈甚欢；民主党参议员伯顿·K.惠勒（Burton K. Wheeler）和共和党参议员杰拉尔德·P.奈（Gerald P. Nye）也加入了讨论。

　　董事会中实业家的数量让许多美国人不禁要问，到底是谁的利益得到了满足；关于位高权重的美国人资助希特勒的谣言开始流传（而且从未消失）。除了亨利·福特之外，该委员会的主席是西尔斯百货、罗巴克公司（Sears, Roebuck）的总裁，财务主管是芝加哥中央共和国银行（Central Republic Bank of Chicago）的副行长，委员会成员还包括美国退伍军人协会（一些人认为该协会也属于法西斯组织）的前成员。创建该组织的学生的反战情绪很快因其他动机和政策消退，不过林德伯格并没有立即加入委员会。

　　美国优先委员会以反帝国主义者自居，许多人把大英帝国等同于纳粹德国和日本帝国，其论点与第一次世界大战中那些主张美国优先的人提出的论点几乎没有什么区别。那年夏天，林德伯格再次提起了老掉牙的"外交纠葛"的说法。"无论如何我们都应摆脱外国的纠葛和偏袒，华盛顿在把我们国家命运的指南传给子孙后代的时候，曾警告我们不要这样做。……我们对德国侵略和野蛮行径的指控，只会使人感到伪善，回想起凡尔赛宫。"[34]

　　1940年12月，多萝西·汤普森将矛头直指美国优先委员会。她说："我们开始看到协调一致的行动，得到了大量资金的支持，获得了部分媒体和国会的支持，还争取到了一场声势浩大的广告宣传活动的协助。"在她看来，这个组织的目标只有一个："为希特勒的和平而合作"。她警告说，他们会声称封锁对英国的物资供应和援助只是为了"保护美国优先"，而这会为希特勒送去胜利，让他得以高姿态地呼吁停战。"这场运动正在进行，它打着'百分百美国主义'的旗号，并且遵循自上而下的路线，纳粹宣传也曾遵循这一路径。"[35]

她说，美国优先运动得到了德美同盟的"热情"支持。汤普森写道，"美国的纳粹化"也被"具有个人野心的"极端主义者追求，其中包括《即将到来的美国法西斯主义》（*The Coming American Fascism*）的作者劳伦斯·丹尼斯（Lawrence Dennis），他的目标是"建立在群众诱惑基础上的专制性权力"。"首先要去除的是'能言善辩的10%'，诽谤、恐吓和经济压力可以让他们噤声。新的精英智囊团介入，将新秩序合理化为群众的社会主义和各阶级的安全保障。因此，如果它达到了目的，杰斐逊和林肯的梦想也将终结。"[36]

汤普森指出，美国冷不丁地要面对一个"暴政再度焕发活力、民主已经垂垂老矣"的世界。[37]

1941年2月，她描述了她所看到的"本土法西斯主义"的蓝图。"美国法西斯主义一边鼓吹与欧洲隔绝，一边却在设计一个模仿希特勒大陆帝国主义的美帝国主义计划。它的轮廓在查尔斯·A.林德伯格上校的讲话中体现得最为清晰。内容包括把欧洲交给希特勒，把亚洲交给日本和俄国，以换取新的门罗主义……而我们将成为西半球的主人。"[38]

她说，这个想法让她想起了休伊·朗对她说过的话："美国法西斯主义永远不会以法西斯主义者的身份出现，而是以百分百美国运动的形式出现；它不会复制德国的执政方式，只需选出合适的总统和内阁即可。"此外，朗还说："完全没有必要压制媒体。几家实力强大的报业连锁公司和2~3家在某些领域具有实际垄断地位的报纸，就可以抹黑、诽谤和胁迫对手，使其保持沉默并无情地消灭竞争对手。"当美国法西斯主义掌权时，"它将发动对邻国的战争，对自由主义者的战争，对少数族裔的战争，军国主义……"[39]

只需要一个强大的新闻机构来提供支持，便万事俱备。

同月，汤普森还对亨利·卢斯（Henry Luce）颇具影响力的专栏《美国世纪》（*The American Century*）做出回应。在该专栏中，她表示20世纪要么是美国世纪，要么是纳粹世纪。她撰文予以反驳，在结尾处严厉地斥责道："自上次战争以来，犹疑的怯懦一直在诅咒我们的政策。如果我们在世上尽自己的一分力量，这场战争就不会发生。现在我们必须这样做，否则我们将在历史上退居二线。要么是美国世纪，要么是美国梦沉沦的开始。"[40]

在此几周前，罗斯福总统发表了国情咨文，在演讲中表示期待"建立在四项人类的基本自由之上的世界"，这些自由是民主原则的精华：言论自由、信仰自由、免于匮乏的自由和免于恐惧的自由。"这不是一个遥远的千年愿景，而是我们这个时代和我们这一代人可以实现的一种世界的坚实基础，这种世界和独裁者想用炸弹爆炸来制造的所谓新秩序的暴政，是截然相反的。"

在短短几个月内，罗斯福的四项自由就与美国梦融为一体。1941年夏天，在艾奥瓦大学（University of Iowa）举行了一系列讨论，讨论的"文本"是"四项自由"，前提则是"民主现在正面临1776年以来最大的挑战"。"艾奥瓦大学的计划是通过分析'美国梦'及民主在美国的含义来回击极权主义对民主哲学的攻击。"[41]一个名为"民主委员会"的组织打出广告，把美国国会大厦打造成美国"民主的象征，自由动力背后的力量，我们的美国良知，我们的美国梦，我们美国人对四项自由的奉献"。[42]

有人批评说，"在全球范围内传播四项自由是不切实际的"，多篇社论对此做出回应，敦促美国认识到一个理想的世界是"一个需要我们付出心血、辛勤劳作的世界"，"对这种需求的回应使美国人对工作的既有梦想活跃起来……我们将珍惜世界的需求；这是我们填饱自己肚子的唯一办法"。[43]

美国优先委员会宣布，罗斯福正试图以残暴的武力强加四项自由。共和党参议员亨里克·希普斯特德（Henrik Shipstead）在美国优先委员会赞助的一次广播讲话中追问："推翻独裁者，按照我们自己的喜好给外国人强加新的独裁者，独裁者再把四项自由强加给那些从未听说过四项自由的群众，这么做明智吗？"[44]

/ 274

* * *

1941 年 4 月，查尔斯·林德伯格正式加入美国优先委员会。他周游全国，在成千上万的观众面前发表演讲，通常他的身后都会挂着乔治·华盛顿的标志性画像。那段时间，美国优先委员会的实力和声望迅速上升。

汤普森对林德伯格加入美国优先委员会立即做出了直率的回应。在一篇题为《林德伯格和纳粹计划》（*Lindbergh and the Nazi Program*）的专栏文章里，她毫不留情地宣布："我认为林德伯格上校是亲纳粹的。我认为他把美国想象成希特勒'新秩序'的一部分，而他自己则在美国的新秩序中扮演主导角色……在芝加哥的演讲中，他主张与欧洲的主导力量签订一项'条约'，作为确保和平的唯一途径。这次演讲得到叛国的德美同盟的全力支持。"[45]

那年春天，《自由》（*Liberty*）杂志报道说，最近在纳粹德国，一首夜总会的歌曲流行起来。

/ 275

美国元首林德伯格万岁

他将摧毁财阀式的民主，

犹太人和共济会

在美国。[46]

也许用德语唱起来更合乎格律，或者它可能是捏造的。但无论如何，这个故事在美国流传，表明人们对林德伯格赤裸裸地支持纳粹的做法普遍感到不安。

一周后，汤普森抨击林德伯格劝说美国与德国签订互不侵犯条约是一场"可笑的十字军运动"（grotesque crusade），指控他通敌卖国，将他与挪威领导人和纳粹串通一气相提并论。她说："这不是希特勒主义，这是卖国贼主义，是法西斯主义的最后一种、也是最荒诞的形式。"[47]

汤普森补充说，在这种时候，"'美国优先'染上了非常不吉利的意义——不吉利，但不知何故又有些可笑"。[48]许多美国人同意这一观点。在写给《匹兹堡日报》的一封读者来信中，有这样一段话："看到林迪（即林德伯格）发表对纳粹的看法，这一幕实在可悲。他发表了耸人听闻的演讲，精心策划，目的是进一步恐吓那些早已被吓破了胆却还在叫嚣美国优先的人。"[49]

汤普森反复写道，在实践中，美国优先往好里说意味着绥靖；而往坏里说，它无非向法西斯主义举手投降。"告诉我，美国和平主义者、美国优先委员会的成员、美国共产主义者、社会主义者、劳工领袖和反帝国主义者今天在说些什么，我可以为你们写下明天希特勒的演讲。他知道民主最容易被民主本身的口号摧毁。毁灭民主是他唯一的目的，也是他宣传的唯一目标。"[50]

尽管汤普森无疑是林德伯格最公开的批评者之一，但她绝不是唯一一位知名的批评者。1941 年，美国内政部长哈罗德·伊克斯（Harold Ickes）在美国犹太全国工人联盟（Jewish National

Workers Alliance）发表演讲，称林德伯格是"纳粹的美国头号同路人"。他开诚布公地说道："他（林德伯格）希望德国获胜……他似乎更喜欢法西斯主义，而不是民主；他对自由漠不关心，就算他没有为纳粹意识形态犯下的暴行喝彩，他也会宽恕这些暴行。"伊克斯拒绝称他们为美国优先委员会，而是代之以"美国下一个委员会"，并补充说他们都是"纳粹同路人"和希特勒的"傀儡"。[51]

那年夏天，一系列反孤立主义的漫画在全美各地被转载，其中包括由西奥多·苏斯·盖泽尔（Theodore Seuss Geisel）创作的几幅谴责美国优先委员会是纳粹同盟者的漫画，漫画的作者更为人所熟知的身份是童书作家"苏斯博士"。

尽管《芝加哥论坛报》在其社论中支持美国优先运动，但其他报纸谴责美国优先委员会是"美国的法西斯前线"，并列出了与运动有关的其他人士，其中包括"德美同盟"、三 K 党、"基督教前线"、"基督教动员者"和"美国命运党"的数位领导人以及劳伦斯·丹尼斯（法西斯"理论家"）。[52] 艾奥瓦州的一份报纸写道，"所有这些组织都被认为是亲纳粹的绥靖机构，它们团结在林德伯格的领导下"，以和平为借口，"在美国做希特勒要做的工作"。[53]

然而，他们仍然得到了美国各地的支持，他们以"美国优先"为标题或落款寄去信件。"美国必须优先！我们绝对不能按希特勒开出的条件与他作战……摆在我们面前的问题是拯救英国和帝国主义还是拯救我们自己？"[54]

"醒醒，美国人，为你们的权利而战！"一位落款为"美国人"的人写信称。"把我们的钱留在国内……了解一下英国的历史，你会发现它攫取土地的方法和希特勒现在的办法是一样的。我支持美国优先，而且只支持美国。"[55] 另一个署名为"美国优先"的作者警告说，站在英国一边参战意味着美国将在再次沦为英国殖民地的情况下结束战争。[56]

I predict that, if we enter this war, we will return to Great Britain as her prodigal colony. I want this country to be a real democracy where the people can decide on war or peace, and do not relish becoming a dependency of Great Britain or Russia. AMERICA FIRST.

1941 年 5 月，辛克莱·刘易斯加入美国优先委员会的消息不胫而走；那时他和多萝西·汤普森已经悄悄地分道扬镳。[57] 据刘易斯的传记记载，他"当时强烈反对美国介入欧洲战争，对富兰克林·D. 罗斯福相当不以为然，并且赞同鼓吹美国优先的那批人"。这背后个人动机可能居多。当他们的婚姻破裂时，据说刘易斯曾发誓："如果多萝西站出来支持战争，我将夺取麦迪逊广场花园作为讲台，站出来反对战争。"[58]

那年春天，沃尔特·李普曼再次公开反对"美国优先"，但语气远比七年前调侃赫斯特时要严肃得多。李普曼有力地指出，孤立主义作为一种绥靖政策毫无意义，因为孤立会令美国陷入孤苦无助的境地，结果只能是非战即降。"当然我们不能说，在全世界最后一道防线上孤军奋战、对抗敌人，这是一种可取的局面，但绝对是一种危险而可怕的局面，只要还有能力，理智的人就会竭尽全力避免这种局面。"[59]

不出所料，美国优先委员会也宣布了美国梦，再次将孤立主义与例外论结合起来。"美国人！醒醒吧！"美国优先委员会在一则广告中敦促大家写信给总统，要求美国不要参战。"1776 年，300 万美国人敢于签署《独立宣言》，没有任何外国海军的支持，也不惧怕任何外国经济。'美国梦'就这样诞生了。"美国人必须坚持"在所谓的'保家卫国'进程中，你们不会出于恐惧而支持在'许多不同的地形'下进行杀戮和屠杀"。[60]

这个论点没有被普遍接受。"你怎么了，美国优先？""为自由而战公司"（Fight For Freedom, Inc.）发布了一则相反的广告，呼吁"立即采取毫不留情的行动粉碎希特勒主义"。"你说你想先考虑美国，但你不能想得更清楚一点吗？"[61]

随着亲法西斯的言论越来越明显地与本应奉行和平主义的美国优先委员会牵扯在一起，林德伯格因为多次拒绝公开抵制与该组织有牵连的"法西斯分子"而受到广泛的批评。[62] 一位外国战争退伍军人协会的发言人谴责"德美同盟主义者、法西斯主义者和银衫军组织的邪恶支持"，并呼吁"美国优先委员会清除这些危险分子"。[63]但是，他们并没有这么做。

* * *

　　1941 年 9 月 11 日，林德伯格前往艾奥瓦州得梅因市。尽管他登上了当天早上《得梅因纪事报》的头版，但并不见得他受到了热烈欢迎。头版上一幅漫画的标题写道："最欣赏他的观众。"漫画上，林德伯格对着正在热烈鼓掌的希特勒、墨索里尼和裕仁天皇（Hirohito）讲话，角落里一个身上标有"美国民众"字样的小个子男人抓住他的帽子，径直往"出口"方向走去。

林德伯格在得梅因的演讲中声称，使美国卷入欧洲冲突，不仅符合英国的最大利益，而且符合犹太人的最大利益。他坚持认为，他们的利益不是美国的利益，而犹太人（被认为）控制着这个国家的媒体、电影、企业和政府，对国家构成了威胁：

> 不难理解为什么犹太人渴望推翻纳粹德国。他们在德国遭受的迫害足以使任何种族成为死敌。任何一个有着人类尊严意识的人都不能宽恕德国对犹太人的迫害。但是，今天在这里，所有诚实和有远见的人看到他们的亲战争政策时，都会看到这种政策无论对我们还是对他们都有危险。这个国家的犹太人团体不应煽动战争，而应以一切可能的方式反对战争，因为他们注定首先感受到战争的后果。宽容是一种美德，它依赖于和平与力量；历史表明，它无法在战争和灾难中保全。少数有远见的犹太人认识到了这一点，反对干预战争。但大多数人仍然看不到这一点。他们对这个国家最大的危险在于他们对我们的电影、媒体、广播和政府拥有巨大的所有权和影响力。

他的演讲让人不禁回忆起1938年弗里茨·库恩在"德美同盟"本部发表的观点，当时他抱怨说："美国的媒体和电台被犹太人把持，'他们试图摧毁这个国家，就像他们试图摧毁德国一样'"。犹太阴谋集团控制全球媒体和金融的古老阴谋论，通过《锡安长老会纪要》流传甚广。当然，这也是纳粹提供的借口。[64]

库格林神父也曾对犹太人控制金融和媒体发表类似的言论，但林德伯格走得太远。狗哨声响亮得过了头；如果本应隐蔽的东西暴露于光天化日之下，暗语就不管用了。他在得梅因的演讲引起了全国的强烈抗议。

艾奥瓦州的报纸宣称，林德伯格"诉诸种族和政治偏见"引发了"媒体、教会和政治领袖的一致抗议"。[65]《堪萨斯城日报》（*Kansas City Journal*）宣称："林德伯格对希特勒主义的兴趣已经到了不加掩饰的地步。"[66]《纽约先驱论坛报》谴责了"偏见和不宽容的黑暗势力"，尤其是演讲所鼓吹的反犹太主义。[67]《芝加哥先驱观察家报》（*The Chicago Herald Examiner*）宣称："断言犹太人正在把这个国家推向战争是不明智、不爱国、不符合美国精神的。"[68]《奥马哈世界先驱报》（*Omaha World Herald*）谴责演讲"充斥着仇恨和偏见的虚伪"，称其"与卍字符一样非美国主义，和响尾蛇一样恶毒"。《旧金山纪事报》写道："这个声音是从林德伯格口中发出来的，但这些话是希特勒说的。"[69]

在一篇被广泛转载的社论中，《自由》杂志称林德伯格为"美国最危险的人"。他流露的是"焚烧女巫者的真诚"，给反犹太主义提供了一个平台，在那之前反犹太主义在美国"是卑鄙的勾当"，由"卑劣的小骗子和狂热分子通过邮件寄送下流的传单来领导。他们为数众多，这一点是事实，但没有一个重要人物。"现在林德伯格已经将他们的观点合法化，发出了"大屠杀的召唤"。林德伯格不仅是"美国头号纳粹分子"，还是"希特勒的先锋、反基督者的代表、罪恶势力的元首"。[70]

作为对暴行的回应，美国优先委员会发表了一份措辞拙劣的声明，称他们对将"种族问题引入"有关战争辩论的做法表示遗憾，但随后又声称，将种族问题引入讨论的不是他们，而是干预主义者，似乎抗议林德伯格的反犹太主义才使反犹太主义成为一个问题。

有关各方都不够宽容的说法激起了人们的讽刺和愤慨：这种借口，就好比是在说战争"是由波兰对德国的阴谋进攻引起的"。[71]

《纽约时报》一篇题为《非美国方式》（*The Un-American Way*）的社论声称，林德伯格在得梅因的演讲"完全不符合美国精神"，驳斥了美国优先委员会将"种族问题引入辩论"的责任转嫁到干预主义者头上的做法。《纽约时报》指出，这篇所谓的"辩词"饱含根深蒂固的种族主义，但问题是："如果一个宗教团体的成员来自几乎所有文明国家，讲的是各种西方语言，这个宗教团体是否可以被称为一个'种族'。"随后文章转向林德伯格的演讲，以及他们对"纳粹在德国的宣传"的"显然如出一辙的重复"。[72]

社论指出，美国优先委员会拒绝"否认这些声明中的哪怕一个音节"，这意味着它"与这些声明有关联"。文章进而声称，演讲"最邪恶的一面"并不是"呼吁反犹太主义，无论做出这种可耻呼吁的意图多么明显"。它坚称，美国永远不会宽恕反犹主义。"受到攻击的是我们的自由所赖以生存的宽容和兄弟情谊。美国主义本身被嘲笑和蔑视。"[73]

当人们呼吁将林德伯格的名字从街道、桥梁和他家乡的水塔上清除时，就连赫斯特也发表了一篇社论谴责林德伯格的演讲，并在他的报纸上广泛报道对林德伯格言论的批评。"林德伯格先生发表了非美国式的演讲，"社论称，"指责犹太人正在把这个国家推向战争是不明智、不爱国、非美国的。"而他声称犹太人控制了媒体，"此种言论听起来就像出自希特勒之口"。[74]罗斯福的新闻秘书斯蒂芬·厄尔利（Stephen Early）也公开指出林德伯格的讲话和最近"柏林方面的言论"有着惊人的相似之处。[75]

多萝西·汤普森指控林德伯格试图"敲诈"犹太裔美国人；其他人从他的演讲中看到了明显的威胁。威廉·艾伦·怀特坚称这是"道德叛国"，并补充说："查尔斯·林德伯格，你把纳粹种族问题引入美国政治，你真无耻。"[76]《得梅因纪事报》称其为"诽谤"言论，"其含义是如此无节制、如此不公、如此危险"，这样一来，"林德伯格没有资格在政策制定方面自命为这个共和国的领导人"。[77]美国优先委员会不再邀请林德伯格发言，并且后知后觉地开始设法疏远他。

1941 年 11 月，汤普森接受《展望》（*Look*）杂志采访时直言不

/ **282**

讳，这篇题为《林德伯格真正想要什么》（*What Lindbergh Really Wants*）的访谈被媒体广泛引用。她说，她"对林德伯格亲纳粹这一点深信不疑"；他的目标是"成为美国总统，并成立一个与纳粹路线一致的新政党"。

"林德伯格认为美国将会参战，而且他认为美国将输掉这场战争。然后，他就能说'我早就告诉过你了'。"当被问及她何以对林德伯格有这种判断时，她解释道："我了解他的举止、态度，人群的行为，追随者的本质，模棱两可的讲话，操弄的情感，以及没有逻辑的推理。我从他的第一次演讲中就知道，他的演讲表面上是无害的，但几个月后他就会公开站出来反对犹太人。"

他是那种她早就预测会寻求"美国纳粹化"的人，尽管当时她并不知道那个人将会是谁。但不管是谁，和林德伯格的例子一样，紧随其后的都是"极度不满的共和党人，尤其是实业家，被忽视的政客、沮丧的社会主义者、三K党成员，不管他们自称是基督教鼓动者还是……以及一些神经质的女性。就像林德伯格一样，他会宣扬净化美国人的生活，他有轻微的殉道者情结。他的大多数追随者将完全不知道他真正的计划。"[78]

她认为，林德伯格的追随者揭示了他政治的真实本质。"他吸引了这个国家所有彻头彻尾的法西斯支持者和煽动者。"她坚持认为，仅仅三K党支持他这个事实就足以让所有人停下来想一想。她指出，所有自称"基督徒"、由"犹太迫害者"组成的反犹太团体也都支持他。这些理由足以使他名誉扫地。

汤普森说："他们所有人都认为林德伯格是自己的领袖。他们是他的突击队，而他从来没有明确地与他们的想法决裂……整个计划都是希特勒式的。这些男人相当暴力。他们利用言论自由煽动暴力。"[79]

她坚持认为，这是一个如何解读法西斯主义的问题。"我认得出法西斯的笔迹。这个人想当我们的元首。"

* * *

两周后，1941 年 12 月 7 日，日本偷袭珍珠港，美国参加第二次世界大战。四天后，美国优先委员会正式解散，并承诺支持政府的作战行动。

在专栏中谈到珍珠港事件时，汤普森关注的不是林德伯格或法西斯主义，而是美国梦的堕落。她相信，这次袭击之所以发生，是因为美国几十年来一直满足于一个堕落的理想，一个勉强凑合的梦想。她说："对整整一代人来说，美国人的理想是尽最少的努力得到尽可能多的东西。对于整整一代人来说，美国人的座右铭一直是'我想这已经够好了'。"

"我们钦佩成功，而成功一直以来用金钱来衡量……问题不是'做得有多好？'而是'能挣多少钱？'此外，无论地位高低，平庸一直是美国梦……'得过且过'，把享乐和休闲作为生活的目标，沉湎于愚昧的乐观主义，相信无论如何'一切都会好起来的'，如果没有好起来的话，那就尖叫着跑出去找一个替罪羊。"

美国梦已经成为一种自满的权利意识，当轻松的承诺没有兑现时，这种意识很快就变为怨恨。

汤普森敦促她的读者铭记："永恒的美国人——这个美国人没有'购买'独立，而是用鲜血将其从宿命中拯救出来。这个美国人没有'推销'某个想法，而是自己思考并创造出来……这个美国人仍然在这里，在所有松懈的习惯之下焦躁不安，努力挣脱奢侈的束缚，走向更纯粹、更粗鄙的生活。美国人啊，难道你们忘记了奢侈是最糟糕的束缚吗？"

她总结道，仅仅指责法西斯分子是没有用的。"我指责我们。我指责 20 世纪的美国人。我指责我自己。"[80]

/ 后记　1945~2017年：仍然美国优先

第二次世界大战于1945年夏天结束。1946年夏天，弗雷德·C.特朗普的儿子降生，取名唐纳德·特朗普。70年后，他成为第45任美国总统，在竞选和就职演说中承诺将以"美国优先"，因为"不幸的是，美国梦已经死了"。

在这70年里，美国梦发生了什么，相比于这章的篇幅，本应需要更多的篇幅才能恰当地加以叙述。二战后，"美国梦"被重新塑造成中产阶级熠熠生辉、舒适安逸的生活，一个关于社会向上流动和无穷无尽的代际进步的故事。多萝西·汤普森曾在她关于珍珠港事件的专栏文章中抨击这种"愚昧的乐观主义"，她警告说，一旦出了问题，它总会找个替罪羊。

"美国优先"很快就陷入沉寂。尽管有过那么几次半心半意的尝试，试图复兴这句格言——1942年，一家报纸报道说，少数人"仍然坚持美国优先"，但这句短语似乎已经名誉扫地，难以为继，"孤立主义者"这个词也一样，后来同样声名狼藉。[1]

1947年，也就是沃尔特·李普曼的第18本书《冷战》（*Cold War*）令"冷战"这个字眼家喻户晓的同一年，美国总统哈里·S.杜鲁门（Harry S. Truman）在得克萨斯州韦科市的贝勒大学（Baylor University）发表了演讲，此地距离30多年前杰西·华盛顿被公开烧死的地方不到一英里。演讲时，杜鲁门修订了罗斯福的四项自由，取而代之的是三种自由的基本形式。言论自由和宗教自由如故，但杜鲁门用"企业自由"的承诺取代了罗斯福倡导的免于匮乏和恐惧的自由。

这是一个具有深远象征意义的改变，因为杜鲁门坚称"前两项自由与第三项自由有关"。资本主义被奉为一种基本的自由，作为美国民主观念的核心——美国的自由观念将永远不会与自由市场脱钩。

正如历史学家所指出的，用企业自由代替免于匮乏和恐惧的自由，意味着用资本主义取代社会民主。[2]这种修辞上的转变折射出文化上的转变，从那时起，企业自由与美国梦交织在一起。从那时起，几乎所有美国人都把企业自由视为一项基本的美国权利，是所有其他自由的基础。历史已经证明，并不是靠杜鲁门一己之力促成了这种文化的转变，但他的演讲使转变合法化，并使其有了明确的说法。

罗斯福将"免于恐惧的自由"确立为一项人权，试图终结"恐惧经济"——沃尔特·李普曼用它来形容不受约束的资本主义的产物。用企业自由取代免于恐惧的自由，有效地让美国回到了恐惧经济，从那时起，它就一直掌控着局面。

到20世纪50年代，美国梦已经摆脱了所有道德上的不安，成为一种必胜的爱国主义主张。冷战确保了一股新的国际主义和干涉主义浪潮席卷美国政坛并成为一种常态。赫斯特和他的追随者们长期以来所担心的问题确实塑造了美国几十年来的政策：随着军工复合体的形成，美国与西欧结成了永久的或者至少是持久的联盟，并继续发动战争。传播美国生活方式的美国梦成为推动美国外交政策的原则（或借口，这取决于你的观点）。随着全球化的到来，一个信奉保护主义、孤立主义的美国似乎离我们更远了。

在冷战中，美国梦成为一个重要的修辞武器，美国战后的繁荣再次以类似加尔文主义的术语被支撑起来，作为美国社会在道德上高人一等、其价值观可以为民众带来安全和舒适的证据。国际主义软实力运动的一部分是美国梦，这个美国梦，关乎的是个人消费主义繁荣所支持的民主愿景。

/ **287**

* * *

作为美国战后经济复苏的一部分，联邦住房管理局提供贷款来推进住房项目。开发商被鼓励保持社区的种族"同质性"，这是一个我们以前见过很多次的暗语。[3]其中一位利用住房贷款的投资者是弗雷德·C.特朗普，他开始利用联邦资金在纽约周边地区开发住宅。

20世纪50年代初，创作歌手伍迪·格思里（Woody Guthrie）在弗雷德·C.特朗普位于布鲁克林的住宅开发项目中住过两年。格思里对特朗普作为房东所采取的公然的种族主义行径感到非常愤怒，他写了一首诗——《老家伙特朗普》，诗中写道："他知道自己激起了多少种族仇恨 / 他搅动仇恨。"在"特朗普大厦……没有黑人来闲逛"。

1954年，美国参议院一个委员会对弗雷德·C.特朗普在其房地产开发项目中"从公共合同中牟取暴利"的行为进行了调查。在宣誓后，他承认"为了从政府获得数额更多的抵押贷款，极力夸大了开发项目的成本"。[4]对这种行为，有些人可能称之为欺诈。

* * *

整个20世纪50年代，民权事业得到了真正的法律和政治支持。1955年，雨果·布莱克法官支持最高法院对布朗诉教育委员会（Brown v. Board of Education）案的一致裁决，这是一起具有里程碑意义的民权案件，判决美国学校的种族隔离政策违反宪法。令许多人吃惊的是，布莱克居然是一位非常开明的法官。

1963年，马丁·路德·金强有力地复兴了最初设想的美国梦——一个民主和经济平等的梦。他援引美国梦，表示美国梦从未延伸到美国的黑人。

马丁·路德·金在"为工作和自由向华盛顿进军"的集会中说："我仍然有一个梦想，这个梦想深深扎根于美国的梦想之中。 我梦想有一天，这个国家会站立起来，真正实现其信条的真谛：'我们认为真理是不言而喻的，人人生而平等。'"民权历史学家都知道，马丁·路德·金的"梦想"是对开国元勋理念'颠覆性'甚至是'预言性'的重新利用，将民权与美国建国时的民主平等承诺联系起来，而美国的立宪者曾明确将美国黑人排除在这一承诺之外。"[2013年，一位研究马丁·路德·金的专家告诉《赫芬顿邮报》（*Huffington Post*），金可以"看到这个国家其他人（无法）理解的东西"]5 但不管金本人是否意识到这一点，事实上，他远不是第一个提出平等的"美国梦"包含民权原则的人。虽然没有人会否认金的远见卓识所具有的力量和影响，但这个观点并不是他独有的。

第二次是三K党于1944年解散，但20世纪60年代的民权运动激起了白人至上主义者的强烈反弹——在南部，当地的三K党重新集结，对黑人和白人活动人士实施了暴力行为。1965年，林登·B.约翰逊（Lyndon B. Johnson）总统公开谴责三K党，同年《约翰逊 - 里德法案》最终被1965年的《移民法》（Immigration Act）取代，这是约翰逊"伟大社会"这一自由主义公民改革的国内进程的一部分。

20世纪60年代和70年代，"美国优先"仍然是地下三K党的口号，被印在诸如1966年铸造的纪念币之类的徽章上。6

美国法西斯运动也再次抬起它丑陋的头，代表团体是由乔治·林肯·洛克威尔（George Lincoln Rockwell）领导的美国纳粹党（American Nazi Party）。从 1958 年成立，到 1967 年洛克威尔被一个分裂组织的心怀不满的成员暗杀，这段时间里，该党曾经被媒体间断报道过。使用纳粹口号和标志的民族国家的权利党（National States' Rights Party）同样成立于 1958 年，该党反对南方的种族融合。法西斯分子与三 K 党之间的关系依然清晰。

弗雷德·C.特朗普于 1973 年将房地产开发业务的管理权交给了儿子唐纳德·特朗普。那一年，美国司法部以种族歧视为由起诉了特朗普管理公司：1967 年，纽约州调查人员已经确定，在位于科尼岛特朗普村的约 3700 套公寓中，只有 7 套租给了非裔美国人。唐纳德·特朗普抱怨政府试图强迫他把房子租给"吃福利的人"，他以诽谤罪提出反诉，聘请约瑟夫·麦卡锡（Joseph McCarthy）的律师罗伊·科恩（Roy Cohn）为他辩护。他最终签署了一项同意令，其中包含了数项旨在确保特朗普地产项目废除种族隔离的规定。1978 年，特朗普家族被指控违反该同意令并继续实施种族歧视政策。

20 世纪 70 年代，一位名叫大卫·杜克（David Duke）的三 K 党成员在路易斯安那州竞选参议员；他将于 1988 年竞选总统。1967 年，他加入了三 K 党，在路易斯安那州立大学（Louisiana State University）读书时，他建立了一个名为"白人青年联盟"（White Youth Alliance）的新纳粹组织，该组织与美国纳粹党有关联。1974 年，杜克成立了"三 K 党骑士"组织。

1989 年，一名白人女子在纽约中央公园遭到强奸，五名年轻的黑人男子被错误地认定为元凶。唐纳德·特朗普在该市四家报纸刊登整版广告，呼吁对其判处死刑。定罪 13 年后，另一名男子承认自己才是强奸案的凶手；DNA 证实了他的罪行，对五人的定罪被撤销。特朗普非但没有道歉，反而为《纽约每日新闻》撰写了一篇评论文章，称无罪释放中央公园五位犯人是"本世纪最大的犯罪"。

＊　＊　＊

1992 年，由于帕特·布坎南的总统竞选活动，"美国优先"突然重新登上报纸头条。布坎南被广泛认为代表了 20 世纪初原旨主义保守派的价值观。他在宣布参选时发表演讲，宣称美国绝不能因为"欧洲超级大国崛起"带来的经济挑战而丧失"主权"。他召唤的是"一种新的爱国主义"和"一种新的民族主义"，承诺"把美国人的需求放在首位"。

布坎南指责说，反对他的人"将使美国的财富和权力服务于某种暧昧不明的新世界秩序。而我们将把美国放在首位。"布坎南的竞选活动没有成功，人们普遍认为他的排外政纲适得其反，最终比尔·克林顿从中受益。

1999 年 10 月，布坎南宣布他将以新成立的"改革党"的名义参加 2000 年总统竞选，唐纳德·特朗普宣布他打算与布坎南竞争改革党的总统候选人提名。

特朗普解释了自己放弃共和党籍的原因："我真的认为共和党人现在右倾得发疯。"他接着称布坎南为"希特勒的情人"，并补充说："我猜他是个反犹分子。他不喜欢黑人。他不喜欢同性恋……居然还有人能接受这个家伙，这真是不可思议。"但后来，特朗普发现，布坎南显然是在追逐"真正坚定的右翼疯子的选票"。[7]

最后，特朗普没有参加竞选，他在 2000 年离开了改革党，发表声明说："改革党里现在有三 K 党成员杜克、新纳粹分子布坎南，还有一个共产主义者莱诺拉·富拉尼（Lenora Fulani）。这不是我想要的伙伴。"[8]改革党的一名发言人回应说，特朗普只是一个"骗子"，伪装得看上去满怀政治抱负，实际上只是想要宣传他的书：这一切都

/ 291

只是"媒体的一场闹剧"。⁹ 几天后，特朗普再次批判改革党。"嗯，大卫·杜克——一个偏执狂，一个种族主义者，一个麻烦——也加入了。我是说，你不会希望自己党内出现这号货色。"¹⁰ 1990 年，《名利场》的一篇报道披露，特朗普办公室里放着一套希特勒的演讲集。

16 年后，特朗普作为共和党总统候选人发起了他的竞选活动。"我不是孤立主义者，"他在 2016 年的竞选活动中宣布，"但我支持'美国优先'。"他说："我喜欢这个说法。我主张'美国优先'。"¹¹

这句话被他的支持者引用，其中许多人很可能不知道它的历史。

但并非所有人都如此。2016 年 2 月，大卫·杜克表示支持唐纳德·特朗普竞选美国总统。"我很高兴看到唐纳德·特朗普和大多数美国人都支持我本人多年来一直在捍卫的大多数问题。我的口号仍然是'美国优先'。"¹²

当被要求拒绝大卫·杜克的支持时，特朗普说："大卫·杜克支持我？好吧，好吧。我拒绝，行了吗？"¹³ 两天后，在面临着更强烈的压力时，他试图回避。"如果我觉得有什么不对劲，我会拒绝对方的支持……但你可能会发现有些团体完全没问题，这是非常不公平的……所以，你得先把有问题的团体列个单子给我，我再来说我的想法。"当被告知唯一受到质疑的就是三 K 党和大卫·杜克时，他回答说："我不认识大卫·杜克。我想我从未见过他……我对他一无所知。"¹⁴

特朗普模棱两可的回答既没有让他失去提名，也没有让他输掉选举。

* * *

小亚瑟·施莱辛格（Arthur Schlesinger Jr）说过，如果说历史之于国家正如记忆之于个人，那么所有的历史都是现代史。

2017 年 8 月，即特朗普上任 7 个月后，美国法西斯分子在弗吉尼亚州夏洛茨维尔市举行了一场集会。许多对特朗普领导下的"另类右翼"法西斯主义突然崛起感到愤怒的美国公民前去抗议。当一辆汽车撞向反法西斯抗议者时，19 人受伤，另有一位名叫希瑟·海耶（Heather Heyer）的女士死亡。

在接下来的几天里，特朗普拒绝直接谴责另类右翼集会或法西斯分子对和平抗议者的袭击。令许多观察人士感到震惊的是，三 K 党和新纳粹分子居然可以在现代美国举行游行，高喊"犹太人不会取代我们"。更让他们震惊的是，特朗普拒绝谴责极端右翼暴力，而是发布了对"多方仇恨"的模板化的谴责，字里行间，显然是在暗示那些反对法西斯主义和白人至上主义的抗议者也是"仇恨者"。特朗普声称，双方都有"很多好人"，尽管其中一方完全由新纳粹分子、三 K 党成员和白人民族主义者组成。

"另类右翼"作为 21 世纪早期的新瓶，装的还是"新纳粹主义"的旧酒，只不过名字更委婉，更易被社会接受。夏洛茨维尔市的"团结右翼运动"坚称自己不是纳粹，但同时一直喊着"血与土"之类的纳粹口号。多萝西·汤普森一早就警告说，不会有人一上来就组建独裁的政党。

另类右翼运动与其他极右翼组织的松散派系联合起来，其中包括心怀阴谋论的自由主义者，他们担心一个由势力强大的精英集团（这些精英可能是犹太人，也可能不是）操纵的国际主义新世界秩序的建立；一批自称是反抗压迫政权（通常是社会主义国家）的"自由战士武装民兵"，茶党运动及其最著名的发言人萨拉·佩林（Sarah Palin），故意煽动"9·11"事件后对极端伊斯兰主义和崛起的"伊斯兰国"的仇恨与恐惧的右翼政客和所谓"专家"以及福音派，取得了越来越大的成功，推动近期被视为极端主义的议程成为共和党的主流。

当贝拉克·奥巴马（Barack Obama）2008 年当选美国总统时，这些迥然不同的群体因为一个共同的敌人而团结在一起，并通过福克斯新闻网（Fox News）这个全国性的新闻渠道将自己的观点正常化，传达给全美各地的保守派。第一位非裔美国总统的当选激起了全美范围内种族主义的反弹。

特朗普作为一名政治家的崛起与奥巴马的总统任期紧密相连。通过本土主义者"出生地"阴谋论的甚嚣尘上，他获得了政治上的支持，该阴谋论认为奥巴马是在外国出生，因此没有资格竞选总统。他们的基本目标是努力剥夺第一位黑人总统的合法地位。当奥巴马2011年在白宫记者晚宴上嘲笑特朗普时，特朗普的愤怒是显而易见的；许多观察人士得出结论，他的整个总统竞选活动都源于他被一名黑人公开羞辱、自尊心大受打击。

因此，特朗普对夏洛茨维尔暴力事件的妥协回应并没有让所有人感到震惊。在竞选期间，特朗普在社交媒体上传播反犹太主义和新纳粹主义的符号和修辞，并在他以白人为主的反对抗议者的集会上煽动暴力，其中许多抗议者是黑人。尽管存在明显的种族界限，但特朗普和他的支持者坚称，他们的担忧是经济方面的。如果说有人在讨论中注入了种族主义，那也是他们的批评者——这让人不禁联想起1941年批评者反对林德伯格大谈反犹太主义，而美国优先委员会称正是批评人士将种族主义注入了讨论中。尽管特朗普否认竞选是由种族政治推动的，但他肆无忌惮地把竞选重点放在白人的仇恨上，就像1926年希拉姆·埃文斯为三K党辩护时一样。

特朗普就职时承诺"美国优先"，"从华盛顿移交权力"，"把权力还给你们，美国人民"。这些人——他的追随者和选民——绝大多数是白人。特朗普就职后不久就在他的内阁中安插了几位口无遮拦的白人民族主义者，其中包括史蒂夫·班农和斯蒂芬·米勒（Stephen Miller），并邀请塞巴斯蒂安·戈尔卡（Sebastian Gorka）担任顾问（戈尔卡是匈牙利纳粹党记者协会的成员，但他否认这一点）。[15]

2018年1月，特朗普在讨论来自海地和非洲国家的移民问题时，称"所有这些人都来自粪坑国家"。他还表示，他认为美国应该"接纳更多来自挪威这类地方的人"。[16] 尽管大多数评论人士都认为挪威是一个白人国家，但其他人对特朗普特意点出这个白人国家感到困惑。"为什么是挪威？"《休斯敦纪事报》（*Houston Chronicle*）的一篇报道指出了这种选择的"种族主义"；它还说，新法西斯主义网站"每日冲锋"（Daily Stormer）已经认可了特朗普的言论，称"特朗普或多或少地与我们站在同一立场上"。[17] 然而，《休斯敦纪事报》并没有提到，特朗普或"每日风暴"的追随者们所一直支持的北欧主义，本身就是美国的一种种族主义理想。[18]

就像多萝西·汤普森在谈到查尔斯·林德伯格时说的那样，这都是些"老一套"。与此同时，针对黑人的暴力行为不断升级，手无寸铁的美国黑人继续被白人警察冷血地射杀，而凶手却可以"全身而退"，这是一场全国性的行刑灾难，有充分的理由将其描述为私刑。

* * *

白人民族主义的信号——狗哨声——无处不在，而且与对特朗普和他父亲的系统性种族主义指控的历史交织在一起。

2016 年竞选期间，有消息称特朗普的父亲曾在 1927 年被捕，被捕的场合常被错误地描述为"三 K 党集会"。特朗普起初否认那个被逮捕的弗雷德·C.特朗普是他父亲，称他们从未住在报纸报道中提到的皇后区德文郡路 175-24 号。但正如其他报纸报道所证实的，尽管唐纳德从未住在那里，但特朗普家族确实曾在那里居住。

没有证据表明弗雷德·C.特朗普曾在 1927 年的阵亡将士纪念日游行中支持三 K 党。值得注意的是，2 万名观众中，只有 7 人被捕，1 人立即获释。其他六人包括五名"公开承认的三 K 党成员"，外加弗雷德·C.特朗普。

　　唐纳德经常自豪地说，他继承了他所崇拜的父亲的世界观。他在2015年说："我的精神传承根植于我父亲。"

　　在特朗普的传记作家中，不下一位认为，这种传承的一个重要方面是优生学。这位传记作者说："他们家族信奉人类发展的赛马理论。他们相信存在优异的人，如果你把优秀的女人和优秀的男人的基因组合在一起，你就会得到优秀的后代。"[19]

　　特朗普支持优生学的一个含糊其词的版本（他貌似是想不起准确的术语），2010年在接受CNN采访时他解释道："我想我生来就有追求成功的动力，因为我有某种特定的基因。我相信基因。"他为此举了个例子："嘿，当你让两匹赛马配种时，你通常会得到一匹快马。从这个观点出发，我有一个很好的基因池。"[20]这句话简直活脱脱来自1922年《星期六晚邮报》上某篇关于将人与马类比的鼓吹北欧主义的文章。

　　2017年10月，特朗普因回应美国国务卿雷克斯·蒂勒森（Rex Tillerson）称他为"天杀的白痴"的报道而受到广泛嘲笑。特朗普回应说："我认为这是假新闻。但如果他真的这么说，我想我们就只好比一下智商了。而且，我可以告诉你谁会赢。"[21]尽管特朗普可能不知道沃尔特·李普曼在1923年驳斥智商测试背后的优生学理论，但他相信智商测试将证明他是个天才，这与他对优生学的信奉不无关系。

　　弗雷德·C.特朗普留给儿子的世界观来自一个信奉优生主义的美国。当年，1400多名三K党成员在他居住的街道上游行，大声宣布他们支持百分百美国主义和美国优先。这是一个坚持本土主义和"一滴血法则"的世界，在这个世界里，百分百美国人意味着百分百的白人。这是一个自封的美国法西斯主义者和反法西斯主义者在街头战斗的世界。1939年，德美同盟吸引了两万名美国人参加在麦迪逊广场花园举行的纳粹集会（有未经证实的传言称，德裔美国人弗雷德·C.特朗普是同盟中的一员，但目前还没有证据支持这一说法）。

虽然没有人知道，在1927年阵亡将士纪念日游行骚乱中，弗雷德·C.特朗普为什么会和五名自称是三K党成员的人一同在皇后区被捕——这一点是事实，但他后来的记录表明他出现在那里并不是为了抗议三K党——这一点也是事实。

也许这一切都只是一个巧合。

* * *

但这个故事充满了巧合，巧合——这是后见之明所创造的模式的另一个名称，也是历史的另一个名称。事实上，驱使这本书成型的，正是这些相似且不断出现的模式。

其中一个巧合是特朗普与这个故事中许多人物在政治上的相似之处，其中一位是威廉·伦道夫·赫斯特，这位高呼"美国优先"的大亨成为1941年的电影《公民凯恩》（Citizen Kane）中查尔斯·福斯特·凯恩（Charles Foster Kane）的原型。2016年特朗普宣布接受共和党提名时，身后是一张他的巨幅肖像照，这张照片几乎完全运用了电影中凯恩在政治集会中以及大搞个人崇拜时的视觉效果。特朗普曾告诉一位采访者，《公民凯恩》是他最喜欢的电影，并补充说他认同凯恩。至于特朗普是否意识到影片导演奥森·威尔斯（Orson Welles）有意把查尔斯·福斯特·凯恩比作法西斯主义者，在视觉效果上参考了《意志的胜利》（*Triumph of the Will*）中莱妮·里芬施塔尔（Leni Riefenstahl）的形象，则是另一个问题。

在威尔斯这类人眼中，赫斯特阻止美国抗击欧洲的法西斯主义势力，这与支持法西斯主义无异。在《公民凯恩》的开场镜头里，威尔斯参照了赫斯特1934年对希特勒访问的情节：凯恩宣称不会有世界大战，然后画外音补充说，凯恩经常先支持继而谴责某个特定的世界知名人物，画面中，凯恩和希特勒一同出现在阳台上。

　　凯恩奉行的威权主义或许不是特朗普喜欢《公民凯恩》的原因，但他肯定意识到了赫斯特的报业集团赋予他的政治权力，因为2012年他告诉《卫报》，社交媒体对他的作用就像拥有一份报纸。

　　　　我的推特粉丝比《纽约时报》的读者还多。我有一份报纸，事实上我有自己的报纸，名字叫@iamdonaldtrump。真的。现在如果有人攻击我，我也会立即反击。我过去常常发表演讲攻击别人，现在我甚至连这个也不用做了。[22]

　　（正如采访者所指出的，这"事实上"并不是他的推特账号，他的推特账号实际上是@realDonaldTrump，特朗普自恋地说错了他的账号）

　　1915年，伍德罗·威尔逊将"美国优先"这个短语介绍给世人时，曾警告称，宣传力量正在制造"假新闻"，这句话成为特朗普政治生涯的一个标志（他被指控厚颜无耻地说谎、歪曲事实和捏造事实，而今他变被动为主动，转而声称有关他的任何不光彩的事实都只是"假新闻"）。

　　然后是辛克莱·刘易斯笔下的"总统"温德利普，他吹嘘自己在媒体上的亮相有多么成功，他的支持者是多么忠诚，这听起来也有点像特朗普。"你们忘了上周我也曾在全国某个特定地区发表某篇特别的广播讲话！我得到了很棒的反应。中西部人对我绝对忠诚。他们感谢我一直以来所做的一切！"还有，刘易斯用"可悲"一词来描述墨西哥边境的冲突，而特朗普在竞选期间承诺要在那里修建一道墙时，希拉里·克林顿用这个词来形容特朗普的追随者，因而引发了争议。

　　让我们不要忘记沃伦·G.哈定，他曾以"美国优先"为竞选纲领，坚称当总统很容易，并承诺要像经营企业一样经营美国，但真的轮到他来管理这个国家时，他的内阁又像是一个乱套的犯罪集团。事实证明，围绕哈定"出生地怀疑"阴谋的形象与针对奥巴马的阴谋的形象不可思议地截然相反，特朗普卑鄙地利用这种形象开启了自己的政治生涯。（"黑血"的说法继续伴随着哈定的后代，直到 2015 年他们做了 DNA 测试才最终推翻了这种说法。其中一人承认有点失望，他说："我希望能有黑人血统。"）[23]

此外，对特朗普的媒体报道所采取的合理化的解释，与帝国巫师希拉姆·埃文斯 1926 年为三 K 党辩护时使用的借口十分相似，这一点着实令人不安。90 年前三 K 党成员所持的"经济困境"论调，与媒体如痴如醉地鼓吹的"经济焦虑"论如出一辙，唯一的区别只在于后者是为了激发特朗普的选民而非种族仇恨。同样，埃文斯明确呼吁"交还权力"（"我们要求把权力交还到普通人手中，不是那群特别有文化、过度理智的人，而是完全没有被宠坏、没有去美国化的普通的老派公民，我们也期望赢得这场运动。"），这种论调，恰似白人至上主义者后来在夏洛茨维尔高喊的那样，"犹太人不会取代我们"。

这些相似之处超越了特朗普本人，延伸到了他的内阁成员身上。他的竞选经理兼首席顾问班农使用了"经济民族主义"一词，这个词最早出现在有关国际主义和《凡尔赛条约》的"美国优先"辩论中。雨果·布莱克曾加入三 K 党的事实引发了公众的强烈抗议，这与有过反民权记录的杰斐逊·博勒加德·塞申斯（Jefferson Beauregard Sessions）在 2016 年被任命为司法部长时引发的抗议如出一辙，这两人都来自亚拉巴马州。此外，多萝西·汤普森当年讽刺布莱克无法"回忆"起自己的种族主义历史，而塞申斯 2017 年在国会作证时也多次证明了这一点。

2015 年，塞申斯在和史蒂夫·班农一起接受电台采访时，还称赞了《约翰逊－里德法案》。他说："七年后，非美国出生的移民人口比例将达到建国以来的最高水平，这是一个根本性的变化。1924 年，当这个数字刷新纪录时，总统和国会改变了政策，显著地减缓了移民的速度。然后，我们通过 1965 年的《移民法》同化了外来移民，创造了真正稳固的美国中产阶级，这对美国有好处。我们通过了一项远远超出 1965 年任何人所能意识到的法律，我们正走在一条远远超过 1924 年形势的道路上。"[24] 他的说法听起来非常像 1923 年《芝加哥论坛报》的一篇社论，文章认为，美国想要实现种族"同质性"，这个国家就不能"不断地吸收新元素——还是老的那一套，老移民留下来，新移民出去"。

2017 年 10 月，《纽约时报》报道称，斯蒂芬·米勒在高中时的纪念册上曾引用西奥多·罗斯福关于"百分百美国主义"的表述。"这个国家不可能存在五五开的美国主义。我们只能容许百分百美国主义。美国主义只能提供给美国人，没有别人的份儿。"[25] 不出所料，这段话是他断章取义引用的

类似的例子还有很多。2016 年，联合右翼运动向夏洛茨维尔进军并导致希瑟·海耶遇害，而在此事件发生 75 年前，一个"联合党"将白人至上主义团体聚集在一起。1940 年，美国人在弗吉尼亚州的南方邦联纪念碑上悬挂卐字旗；2017 年，在夏洛茨维尔举行的集会是为了抗议计划拆除南方邦联纪念碑中罗伯特·E. 李（Robert E. Lee）的雕像。

对南方邦联"败局命定"进行神话，150 年来一直否认奴隶制与内战有关，这是一种深刻的历史修正主义行为。南方邦联的动机是各州的权利、北方的侵略、联邦主义者的背信弃义，而不是对白人特权的野蛮保护，这种特权正源自奴隶制的血腥继承。

维护奴隶制正是邦联建立的目的，而这种有意将南方邦联与奴隶制度切割的做法，导致罗伯特·E. 李雕像的捍卫者坚称，李将军也不是白人至上主义者。他决定带领南方邦联军队参战以捍卫奴隶制和它所支持的白人至上主义，这显然只是另一个巧合。具有讽刺意味的

是，很少有人把南方的独立归因于"经济焦虑"，尽管失去种植园奴隶制及其他集中的资本，确实在南方白人中造成严重的经济焦虑。这就是他们发动战争反对其美国同胞的原因——保护他们的权利，以获得他们残酷虐待的黑人劳工创造的利润。

/ 301

* * *

如今，大多数美国人认为，南方邦联纪念雕像是在内战后竖立起来的，动机纯粹是出于白人至上主义者的骄傲或愤怒，这些人并没有意识到历史有一天会如何评判他们。对一些雕像来说，情况确实如此，但并不全都是这样。

就在特朗普当选总统的近 100 年前，美国南方爆发了一场关于是否要竖立一座白人至上主义者雕像的辩论——这场辩论的框架关乎的恰恰是历史将如何评判他们。

1916 年 9 月，小说家托马斯·W. 迪克森想要在北卡罗来纳州竖立一座雕像，以纪念他的舅舅，他是《同族人》一书中主人公的灵感来源（书中的"小上校"）。《同族人》继而又赋予了电影《一个国家的诞生》创作灵感。迪克森希望给舅舅麦克菲上校（Colonel McAfee）的雕像穿上三 K 党长袍，但附近夏洛特的一家报纸提出反对，认为麦克菲上校应该穿南方邦联的制服。

《夏洛特观察家报》（Charlotte Observer）的一篇社论坚持认为，虽然迪克森的舅舅穿着南方邦联制服的雕像会"毫无疑问地得到认可"，但给他披上三 K 党的长袍则完全是另一回事。

这篇社论抗议说："很难想象有哪座雕像受到如此怪异的对待。这是属于过去的历史，应该被记录下来，封存在档案馆里……为这个群体竖立一座雕像，将把无休止的解释和辩护的责任强加给这一代和以后的几代人，这一责任可能会随着时间的流逝而变得令人厌烦，最终

/ 后记 1945-2017 年：仍然美国优先 / 281

可能会遭到批判。"[26]

　　当然，对于纪念南方邦联的事业这一点并无争议；相反，《夏洛特观察家报》的结论是，纪念麦克菲上校是件好事，"作为一名南部邦联的军官，人们在听到他的名字时，所给予的将是一片颂扬"。

　　所以他们只是在三 K 党这点上划定了界限，但他们确实划出了界限。尽管他们告诉自己，一座南部邦联军官的雕像在今后将只会受到颂扬，但他们也承认，任何对白人至上主义的偏见最终都可能被"批判"。

　　这一争议登上了《纽约时报》，旁边就是一篇关于"美国优先"的文章（两篇内容无关）。《纽约时报》的文章开篇提到了亚拉巴马州蒙哥马利市《广告报》（*Advertiser*）的一篇社论，这篇社论批驳《夏洛特观察家报》的立场"荒谬可笑"，认为如果麦克菲因组织三 K 党而出名，那么他就应该被铭记。

　　被奉为美国纪实报纸的《纽约时报》参与到辩论中，声称在南方人不同意的问题上，北方人可能会"表达意见"。《纽约时报》的意见如何？它认为："与这名战士发生关联的，是三 K 党历史中较为光彩的部分，也就是为保护南方文明而战的那部分。"文章支持"败局命定"的神话，认同三 K 党战斗的动力并非白人至上——比白人至上更好。"如果要用一座雕像来纪念他，那应该是一座能让人回忆起他真实伟业的雕像。就像《广告报》所说的那样，那是南方文明业已消逝的一个阶段。"

　　文章的结论是："《夏洛特观察家报》可能太敏感好斗了。"[27]

　　也许吧。

＊　＊　＊

　　我们已经实现了斯科特·菲茨杰拉德在《游泳者》中勾勒的颇具

讽刺意味的愿景，这个国家认为它可以完全摆脱历史，仿佛它是一个拖累我们的障碍，尽管实际上它应是我们赖以前进的共同基础。从某种意义上说，历史健忘症无疑是一种解脱；但了解历史，同样也可以获得解放。

/ **结束语**

当然，这些比较只能带领我们走到这里。1916 年的世界与 2016 年的世界并不相同。找到这些相似之处，并不能让我们的故事止步于此；相反，它们开始启发我们了解美国的共同意义。

历史不是表面相似的问题，人们也不是由单一的选择来定义的。举个例子，雨果·布莱克曾是三 K 党成员，但后来成为一名非常开明的最高法院法官。但如果人们不应被一次选择或一种职位定义，那就值得再追问这个问题：某些选择是否完全不可原谅，做出了这种选择是否就意味着自动丧失了资格，就像《匹兹堡邮报》在其对布莱克的披露报道中所指出的那样。多萝西·汤普森提出的这个疑问同样值得反复揣摩，即纯粹的政治权宜之计对任何社会的代价是什么。如果你没有被一次选择定义，这并不意味着你不会被一次选择评判，尤其是被历史评判。

正如我们必须警惕过去与现在的差别一样，我们也应该看到连续性。这段历史表明，民主依赖于诚信。这就是多萝西·汤普森和沃尔特·李普曼一再坚持的观点。个人恶意操控并不是什么新鲜事，但要想让这个制度取得成功，就必须诚信行事。

事实证明，我们的理想主义是为了保护我们的理想。毕竟，"公序良俗"不仅意味着基本的道德，而且是一种共同坚守的道德。公序良俗与无耻之徒之间的斗争永远不会结束——公序良俗无法凭借自身的力量取得胜利。

并不一定要在令美国梦成为现实的情况下，才能塑造这个国家的历史——只需要反复重申美国梦，就可以保持理想的活力。当这个梦想从一个定义各异、争论激烈的集体民主理想，转变为一个很少受到质疑的个人成功的意愿时，它改变了这个国家的性质。正如 1914 年弗吉尼亚州一份报纸的社论所言，我们都是为了梦想而变得更好。

公平地说，每个时代都创造了自己的美国梦——美国梦不是在不断失败，而是在不断成功地适应新的环境。进步时代激发了美国社会正义和经济平等的梦想；第一次世界大战唤起了美国的国际民主梦；爵士时代激起了美国人对无尽财富的梦想；大萧条促成了美国社会民主主义的梦想；第二次世界大战点燃了自由民主的美国梦；战后的繁荣推动了向上流动和民主资本主义的美国梦；民权运动重拾了民主平等的美国梦。

但是，如果每个时代都有自己的美国梦，那么我们今天的美国梦是什么呢？

美国梦的意义已经不再被每一代人争论，现在人们争论的只是它的现实；这也许就是詹姆斯·特鲁斯洛·亚当斯所说的"每一代人都必须重新战斗"的内涵。

然而，尽管人们对美国梦大声疾呼，但作为一个概念，它变得毫无生气，僵化成某种静态、扁平的东西。美国梦不再继续适应——不是适应不断变化的经济条件，而是适应不断变化的伦理要求。

今天，美国继承了一个对其梦想轻描淡写的故事，掩盖了一个事实：美国曾经梦想过更广阔的未来。如果连你的梦想都不再挥洒肆意，那么你一定是迷失了方向。这个丰富、复杂、困难的梦想是与生俱来的，却在战后的淘金热中被遗忘。F.斯科特·菲茨杰拉德、辛克莱·刘易斯、多萝西·汤普森和其他所有人都警告说，在一场追逐财富的竞赛中，这个梦想可能会被抛弃。

热爱民主不是陈词滥调，也不是感情用事。美国人表现得好像民主可以经受住任何挑战。威权主义一直存在于美国人的生活中，上一次对这种势力进行"激烈抵抗"应该是在75年前，如今另一场抵抗又将来临。美国梦曾经在国家危急时期团结了美国人民，但最终改变方向，令民心分崩离析。

真理总是比任何改良主义者的理想更丑陋。正如本书所显示（无论是含蓄的还是明确的）的那样，美国总是避免直面自身历史中的种种恐怖。事实远没有美国告诉自己和世界的神话那般传奇。但神话和事实也并非完全泾渭分明，因为正如本书所述，神话帮助塑造了事实。

特朗普当选后，许多撰写有关美国梦"已死"的专栏作家指出，美国梦曾经是一个拥有更宏大精神抱负的国家理想，而今则已沦为纯粹的物质主义。[1]可以肯定的是，战后个人抱负的确开始收缩。

但正如詹姆斯·特鲁斯洛·亚当斯所言，美国人对个人成功有过更宽泛的定义。关键是，美国梦曾经是一个集体理想，而不是一个个人主义理想。之后它从一个平等民主的政治梦想变成了一个追求机会的个人梦想，再进一步退化为纯粹的物质主义。我们对美国梦之死的挽歌只有在火化时才会开始唱起，仿佛它的灰烬就是我们所失去的一切。

或许更重要的是，许多自诩为美国文化专家的人宣称，曾经象征着美国梦的社会民主原则如今与之背道而驰。恰恰相反：社会民主与社会正义的思想是这一表达的根源，它源于一场关于进步主义、社会民主与不平等的对话。正是这些力量催生了这个短语——努力控制肆无忌惮的资本主义，确保所有美国人的福祉，而不仅仅是有钱有权者的福祉。

尽管有些人认为美国梦只能指代自由市场资本主义，并断言社会民主本质上是反美的，但历史并不站在他们这一边。事实证明美国人对美国梦一直以来的看法不止于此。至少，没有人能确切地主张美国梦只意味着资本主义和个人的经济抱负。还有些人主张，美国梦是为了保护白人特权而创造的遮羞布，是为了掩盖奴隶制中资本主义制度的种族主义基础，这也不是事实。当然，近年来它被用来这么做，而且这种情况可能经常发生；但当美国梦出现在人们的视野中时，总会起到劝诫的作用，敦促所有美国人做得更好、更公平，反对偏见和不平等，为一个平等的共和国而奋斗。梦想没有实现甚至尚未接近并不意味着梦想已经堕落。但它确实意味着人们在堕落。

所有这些都不能否认我们现在使用"美国梦"的合法性。语言是集体的，多变的；它会不断演化发展。很明显，美国梦现在意味着人们用它来表达的意思，其中包括个人的繁荣。机会平等确实一直是这个理念的一部分——这句短语只不过是改变了向这个国家提出的如何实现机会平等的建议的方向。

问题不在于对这个短语现在的使用方式做出道德判断，而在于质疑它一直以来的使用方式，或者它现在的使用方式是否代表了它一直以来唯一的含义，抑或可以再次表达的含义。

我的观点也不同于"原旨主义"（originalism），"原旨主义"是指一个词或一份文件最早的含义才是正确的，因为它代表了最初的用意——就好像对美国梦的更古老的定义一定是正确的，因为它们出现得更早。比起物质主义的美国梦，我更喜欢民主的美国梦，但原因并不在于后者最先出现。我之所以更加青睐它，是因为它更好。

理想主义不是无穷无尽的；民主亦然。正如许多作者警告的那样，我们必须更新这些理念。我们的理想并不总是和他们的一样，但都应该建立在共同的原则之上。这是一个关于老派的无形资产的故事：关于伦理、道德和品格——如果我们把它们当成过时的东西抛诸脑后，就一定会面临危险。没有它们，我们就只剩下一些非常具体的有形物：腐败、腐朽的统治、诈骗。那些也过时了。带有民族主义恶意的白人至上主义同样如此。

美国人需要重拾对社会契约的信念，重拾对社会作为道德经济的认知，我们有充足的理由以重拾美国梦的名义这样去做。但我们没有理由以美国优先的名义这样去做。

没有抱负就没有进步。但并非所有的抱负都是平等的。

* * *

1941 年 8 月，多萝西·汤普森为《哈泼斯》杂志写了一篇文章，题为《谁会成为纳粹？》(Who Goes Nazi?)，在这篇文章中，她建议在社交聚会上玩一个"有点恐怖的室内游戏"，"猜测谁会在摊牌时成为纳粹分子"。[2] 她说，法西斯主义是现代人的一种疾病，这种人"被灌了一肚子的维生素，全身充满了其智力无法约束的能量。他接受了各种形式的教育，这使他摆脱了压抑。他的身体很强壮，思想却很幼稚。他的灵魂则几乎完全被忽视。"

通过鉴别房间里的不同人群——"天生的纳粹分子，民主本身造就的纳粹分子，未来注定结伴同行的旅伴"，以及"那些在任何能想象的情况下都不会成为纳粹分子的人"，汤普森指出，纳粹主义与国籍无关，而是与"特定类型的思想"有关。她描述了人物甲、人物乙等，预测了每一个人信奉法西斯主义的可能性，直到出现了人物丁，于是汤普森宣称，他是"这个房间里唯一天生的纳粹分子"。

人物丁是个"被宠坏的儿子"，母亲对他极为溺爱；他——

> 一辈子都没有被人冒犯过。他游戏人生，想看看他能逃脱什么惩罚。他经常因为超速被逮捕，他的母亲支付罚款。他对两任妻子都很无情，他母亲负责支付赡养费。他的一生都在追求刺激和戏剧性中度过。他完全不体谅别人。他长得很好看，空洞、傲慢，而且极度虚荣。他肯定会幻想自己穿着一件制服，大摇大摆地招摇过市，威风凛凛地凌驾于众人之上。

房间里还有一位年轻的移民。尽管"他的英语有点磕磕巴巴——他五年前才学会的"，但他"读了大量的美国历史，将惠特曼的诗牢记于心，想知道为什么真正读过《联邦党人文集》的美国人如此之少"。

房间里的其他人"都认为他不是美国人，但他比几乎所有人都更美国化。他发现了美洲，他的精神就是拓荒者的精神。他对美国感到愤怒，因为美国没有意识到自身的力量、美丽和能量。"

除了懂得自己价值（其中一个是慷慨）的美国人，移民也是这个房间里法西斯主义最大的反对者。

历史表明，只有团结起来，他们才能战胜人物丁。只有团结起来，他们才能重新为了一些对所有人来说都殊为紧迫的公众利益而努力。

SC，芝加哥和伦敦，2017

/ 致 谢

写作这本书并不在我的计划内；我一直在研究美国梦的修辞历史，这个理念与西方民主国家民粹主义、民族主义的兴起交织在一起，于是在偶然间激起了我写书的念头。2016 年，唐纳德·特朗普成为这些运动的全球代言人，并以"美国优先"为口号成功当选美国总统。

在上一本关于菲茨杰拉德与《了不起的盖茨比》的书出版后，我受邀在海伊文学节的伦敦图书馆系列讲座上发表了关于美国梦的演讲。在对 20 世纪 20 年代和 30 年代的美国报纸进行研究的过程中，我注意到，30 年代对美国梦的讨论似乎暗示了一些与我们的标准理解截然不同的东西。那场名为"美国梦的秘密历史"的演讲，开启了我思考和研究的历程，并最终促使我写作了本书，所以我首先要感谢运作海伊文学节的彼得·弗洛伦斯（Peter Florence）和伦敦图书馆的邀请。

在接下来的几年里，我的研究和思考不断发展；关于本书思考的一些早期版本出现在《伦敦图书馆杂志》（*London Library Magazine*）、《每日电讯报》（*The Telegraph*）、《卫报》、《新政治家》（*New Statesman*）和《金融时报》（*Financial Times*）以及英国各地的讲座和研讨会上。其中之一是 2016 年春季的布里斯托尔创意节，那是我第一次把唐纳德·特朗普带到了这个故事的上下文之中。2016 年大选后的第二天早上，我根据选举结果，对自己曾为英国《金融时报》撰写的一篇文章进行改写，文章参考了菲茨杰拉德的《游泳者》，本书也引用了该书的部分片段。感谢《金融时报》记者乔纳森·德比希尔（Jonathan Derbyshire）那天早上给我的绝佳灵感。

2017 年 2 月，我在伦敦大学英语研究所（Institute of English

Studies at the University of London）做了一次讲座，讲座协办方是普林斯顿大学（Princeton）英国校友会，在演讲中我首次阐述了上述这些想法。感谢主办方和观众鼓励我继续思索这些理念，感谢英语研究所和高等研究院同事的支持和配合，没有他们，本书不可能完成。

几周后，BBC第四台委托制作了一部关于美国梦和美国优先的纪录片；感谢莫希特·巴卡亚（Mohit Bakaya）、彭妮·墨菲（Penny Murphy）和沙卜娜姆·格雷瓦尔（Shabnam Grewal）为这部纪录片所做的工作，感谢凯文·克鲁泽（Kevin Kruse）、达里尔·平克尼（Darryl Pinckney）、安德鲁·罗斯·索金（Andrew Ross Sorkin）、托马斯·萨格鲁（Thomas Sugrue）和莱斯利·文贾姆利（Leslie Vinjamuri）在这部纪录片的采访中所做的卓越而慷慨的贡献，这些都帮助我形成了自己的想法。

在那之后不久，我与布卢姆斯伯里（Bloomsbury）出版社的亚历克西斯·科什鲍姆（Alexis Kirschbaum）交谈。令我有些惊讶的是，她相信关于这个题材值得写一本书，而且在出版的每一步中都为它大声疾呼。唯一能与她对这个项目的信心所媲美的，就是她出色的编辑工作，对于她的这两点以及她给予我的帮助，我都感激不尽；我会边喝香槟，边告诉她其余的一切。感谢安杰利克·陈文桑（Angelique Tran Van Sang）的耐心和清晰的思维，感谢凯瑟琳·弗莱（Katherine Fry）对本书（繁复细密）一丝不苟的编辑，感谢格雷格·亨尼曼（Greg Heinimann）出色的书衣设计。

如果没有我了不起的研究助理萨达夫·贝茨（Sadaf Betts）的鼎力相助，我不可能及时完成本书的写作。贝茨追踪了许多问题的答案，并全身心地投入这项工作。简·罗伯逊（Jane Robertson）、林德西·斯通布里奇（Lyndsey Stonebridge）和艾丽卡·瓦格纳（Erica Wagner）阅读了早期草稿，并给出了明智的建议和鼓励。苏珊娜·利普斯科姆（Suzannah Lipscomb）在完成自己著作的最后阶段，花时间仔细而严谨地审阅了本书初稿，极大地改进了分析和论证；而安德鲁·拉达勒维格（Andrew Rudalevige）慷慨地提供了他的专业意见，帮助我更好地梳理了本书的历史和政治背景。

当我开始全身心地投入本书的写作中时，我手头还有一本关于亨利·詹姆斯（Henry James）的书正进展到一半，这本书是我在2015年开始动手写的，得到埃克尔斯大英图书馆作家奖（Eccles British Library Writer's Award）极其慷慨的支持。埃克尔斯美国研究中心（Eccles Centre for American Studies）一直为我的工作提供宝贵的资源，当我告诉他们我要中断关于亨利·詹姆斯的写作项目，转而从事这项工作时，他们表现出特有的大度。我要感谢中心的每一个人，尤其是凯瑟琳·埃克尔斯（Catherine Eccles）和菲利普·戴维斯（Philip Davies），感谢他们对我工作的支持和鼓励。

一如既往地感谢我的经纪人和亲爱的朋友彼得·罗宾逊（Peter Robinson），就像我们在家里说的，他一直是我的坚强后盾。我真希望大卫·米勒（David Miller）能读到本书。我的家人，尤其是我的父母，让我相信知识的重要性，赋予我对美国历史及其价值观的热爱，如果没有这些，我的人生将会大打折扣。我要把本书献给温德姆（Wyndham），谢谢他为我做的一切，但尤其要感谢他像我一样深切关心本书想要表达的意图。

/ 注　释

前　言

1　Peggy Noonan, "What's Become of the American Dream?" *Wall Street*, 6 April 2017.

2　Carol Graham, " Is the American Dream Really Dead?" *Guardian*, 20 July 2017.

3　Robert J. Shiller, " The Transformation of the 'American Dream'" New York Times, 4 Agust 2017.

4　"Taking Bad Ideas Seriously: How to Read Hitler and Ilyin?" Timothy Snyder interview, Eurozine, 28 August 2017.

5　Dorothy Thompson, " What Lindbergh Really Wants," *Look*, 18 December 1941, pp13~14; original emphasis.

6　人们认为女性和有色人种不曾写过关于美国梦的小说，因为他们的故事从来不被认为是具有普遍适用性的。

序

1　*Tribune*, Seymour, IN, 31 May 1927.

2　*Los Angeles* Times, 31 May 1927.

3　*Los Angeles* Times, 31 May 1927.

4　*Ithaca Journal-News*, Ithaca, NY, 3 November 1927.

5　*New York Times*, 31 May 1927.

6　*Brooklyn Daily Eagle*, 31 May 1927.

7　*Philadelphia Inquirer*, 1 June 1927.

8　*Brooklyn Daily Eagle*, 4 June 1927.

9　*Brooklyn Daily Eagle*, 9 June 1927.

10　*Daily Messenger*, Canandaigua, NY, 31 May 1927.

11　*Brooklyn Daily Eagle*, 31 May 1927.

12　并非所有报道都提到了弗雷德·C.特朗普，部分报道只确定了六名被捕者：五名"公开承认的三K党成员"和一名不幸被碾压的男子（*Brooklyn Daily Eagle*, 31 May 1927）。然而，《纽约时报》查明在"近乎暴乱的游行"中有七名男子被捕，他们在牙买加社区法院受到传讯，其中包括"住址为牙买加德文郡路175-24号的弗雷德·C.特朗普"。*New York Times*, 1 June 1927。

第一部分　1900~1920年

美国梦 1900~1916 年：美国梦的精神

1　*Semi-Weekly Messenger*, Wilmington, NC, 4 December 1900.

2　*Semi-Weekly Messenger*, Wilmington, NC, 4 December 1900.

3　*Brooklyn Daily Eagle*, 16 December 1877.

4　*New Orleans Bulletin*, 13 July 1875.

5　*Corvallis Gazette*, Corvallis, OR, 20 February 1880.

6　*Goodwin's Weekly*, Salt Lake City, UT, 9 May 1903.

7　"Bastard Dream", *St. Louis Republic*, 23 September 1900; "Pan- American Dream", *San Francisco Call*, 12 June 1900.

8　*Minneapolis Journal*, 29 September 1906.

9　"Times-Leader", *Evening News*, Wilkes-Barre, PA, 24 March 1916.

10 *Manchester Guardian*, 20 December 1922.

11 Cyril Ghosh, *The Politics of the American Dream: Democratic Inclusion in Contemporary American Culture*, New York: Palgrave Macmillan, 2013, p. 30.

12 Record-Union, Sacramento, CA, 30 October 1899.

13 *New York Evening Post*, New York, 17 January 1845; original emphasis.

14 *Sunday Inter Ocean*, Chicago, IL, 28 April 1895.

15 *Brooklyn Daily Eagle*, 9 October 1899.

16 Grover Cleveland, Second Inaugural Address, delivered 4 March 1893.

17 Frank Parsons, *The City for the People, or, The Municipalization of the City Government and of Local Franchises*, Philadelphia: C. F. Taylor, 1900, p. 9.

18 Frank Parsons, *The City for the People, or, The Municipalization of the City Government and of Local Franchises*, Philadelphia: C. F. Taylor, 1900, p. 9.

19 *Philadelphia Times*, 22 April 1900.

20 Duluth Labor World, Duluth, MN, 21 September 1901.

21 *Manchester Guardian*, 29 March 1910.

22 David Graham Phillips, *Susan Lenox: Her Fall and Rise*, Vol. I, New York: D. Appleton & Company, 1917, p. 439.

23 David Graham Phillips, *Susan Lenox: Her Fall and Rise*, Vol. II, New York: D. Appleton & Company, 1917, p. 553.

24 *Chicago Tribune*, 14 December 1912.

25 例如，在 2011 年一篇关于美国梦的博士学位论文中，艾尔斯（James E. Ayers）写道："美国梦首次白纸黑字地为世人所知，是在 1914 年，记者和政治评论员沃尔特·李普曼的著作《趋势与主宰》中……从历史上看，这是这个短语首次发表。James E. Ayers, "The Colossal Vitality of HisIllusion: The Myth of the American Dream in the Modern American Novel", LSU Doctoral Dissertations, 2767, p. 20. http://digitalcommons.lsu.edu/gradschool_ dissertations/2767. 另见 John Kenneth White and Sandra L. Hanson, eds, *The Making and Persistence of the American Dream*, Philadelphia: Temple University Press, 2011; Demetri Lallas, "'From the People, by the People, to the People': The American Dream (s) Debut", *Journal of American Culture*, Vol. 37, No. 2, June 2014。

26 Walter Lippmann, *Drift and Mastery: An Attempt to Diagnose the Current Unrest*, New York: Mitchell Kennerley, 1914, p. 211.

27 Federalist No. 51, *Independent Journal*, 6 February 1788.

28 Walter Lippmann, *Drift and Mastery: An Attempt to Diagnose the Current Unrest*, New York: Mitchell Kennerley, 1914, p. 177.

29 Walter Lippmann, *Drift and Mastery: An Attempt to Diagnose the Current Unrest*, New York: Mitchell Kennerley, 1914, p. 177.

30 Walter Lippmann, *Drift and Mastery: An Attempt to Diagnose the Current Unrest*, New York: Mitchell Kennerley, 1914, p.146.

31 John Locke, *An Essay Concerning Human Understanding*, 24th edn, London: W. Baynes & Son, 1823 (1689), p. 196.

32 Sherwood Anderson, *Windy McPherson's Son*, Book III, New York: John Lane, p. 257.

33 Sherwood Anderson, *Windy McPherson's Son*, Book III, New York: John Lane, p. 257.

34 *Times-Dispatch*, Richmond, VA, 20 August 1914.

美国优先 1900~1916 年：纯美国主义对抗全宇宙

1 *Tribune*, Union, MO, 1 February 1889.

2　*New York Times*, 19 June 1891.

3　*Morning News*, Wilmington, DE, 13 November 1894.

4　*Advocate*, Topeka, KS, 14 February 1894.

5　*Centralia Enterprise and Tribune*, Centralia, WI, 2 December 1899.

6　News-Journal, Mansfield, OH, 1 December 1914.

7　*Baltimore Sun*, 21 April 1915.

8　*Baltimore Sun*, 21 April 1915.

9　John Brisben Walker, "Woodrow Wilson: Has He Been for 'America First?'" Address given at Cooper Union, 18 November 1915.

10　*Chicago Tribune*, 2 June 1889.

11　*New York Times*, 14 September 1889.

12　*Minneapolis Star Tribune*, Minneapolis, MN, 14 April 1912.

13　See, for example, *Baltimore Sun*, 14 October 1892; and Natchez Democrat, Natchez, MS, 13 October 1916. "Mercenary minded – money mad", "unmergeable", "alien and unassimilable" from H. W. Evans, "The Menace of Modern Immigration", Knights of the Ku Klux Klan, pamphlet, 1924, p. 24.

14　*New York Times*, 13 October 1915.

15　*New York Times*, 13 October 1915.

16　*Lawrence Daily Journal-World*, Lawrence, KS, 19 October 1915.

17　*Palladium-Item*, Richmond, IN, 29 October 1915.

18　*New York Times*, 14 June 1916.

19　*New York Times*, 10 October 1916.

20　*Cincinnati Enquirer*, 8 June 1916, p. 2.

21　*Scranton Republican*, Scranton, PA, 7 November 1916.

22　*Allentown Leader*, Allentown, PA, 26 January 1916.

23　*Washington Post*, 26 April 1916.

24　*North American Review*, Vol. 204, No. 731, October 1916, p. 514; original emphasis.

25　*Altoona Tribune*, Altoona, PA, 25 October 1916.

26　*Los Angeles Times*, 2 January 1916.

27　*Farmer and Mechanic*, Raleigh, NC, 3 November 1903.

28　*Weekly Journal-Miner*, Prescott, AZ, 6 June 1917.

29　*Arizona Republic*, Phoenix, AZ, 28 June 1916.

30　*Wichita Daily Eagle*, Wichita, KS, 28 November 1915.

31　*Reno Gazette-Journal*, Reno, NV, 2 August 1917.

32　*New York Tribune*, 30 September 1917.

33　*Hardin County Ledger*, Eldora, IA, 15 February 1917.

34　Quoted in John Milton Cooper, *Woodrow Wilson: A Biography*, New York: Alfred A. Knopf, 2009, p. 585.

35　*New York Times*, 19 July 1918.

36　*New York Times*, 20 December 1915.

37　*New York Times*, 27 June 1916.

38　*Topeka State Journal*, Topeka, KS, 31 May 1916.

39　罗斯福在种族问题上的立场很复杂。虽然他认同那个时代许多关于白人优越论的优生学猜想，但他也相信种族的"提升"和进步，认为黑人可以进步。1901年，他成为第一个邀请黑人在白宫共进午餐的总统，对方是他的朋友、顾问和前奴隶布克·华盛顿（Booker T. Washington），这一决定改变了全国对种族的议程，也令他成为泛滥的种族主义抨击的目标。有关罗斯福对种族的全面看法，可参阅 Thomas G. Dyer, *Theodore Roosevelt and the Idea of Race*, Baton Rouge: Louisiana State University Press, 1980。

40　*Portsmouth Herald*, Portsmouth, NH, 1 June 1918.

41 *Argus-Leader*, Sioux Falls, SD, 1 July 1918.

42 *Argus-Leader*, Sioux Falls, SD, 21 April 1917.

43 *San Francisco Chronicle*, 9 February 1919.

44 *San Francisco Chronicle*, 9 February 1919.

45 *Cincinnati Enquirer*, 1 May 1923.

46 Madison Grant, *The Passing of the Great Race*, New York: CharlesScribner's Sons, 1916, p. 198.

47 Madison Grant, *The Passing of the Great Race*, New York: CharlesScribner's Sons, 1916, p.98。有 大 量关于科学种族主义和它与美国主义关系的文献。例如，EEwa Barbara Luczak, *Breeding and Eugenics in the American Literary Imagination: Heredity Rules in the Twentieth Century*, New York: Palgrave Macmillan, 2015, p. 164: "The reference to the nordic race quickly grew to embody the doctrine of the superiority of the American descendants of North European immigrants and came to be identified with Americanism".

48 *Greensboro Daily News*, Greensboro, NC, 17 October 1920.

49 *Wichita Daily Eagle*, Wichita, KS, 1 March 1918.

50 *Ocala Evening Star*, Ocala, FL, 5 April 1918.

51 *Liberator*, Boston, MA, 26 September 1835.

52 *Anti-Slavery Bugle*, Lisbon, OH, 24 November 1855.

53 *New York Times*, 10 February 1859.

54 *New York Times*, 13 November 1914.

55 *Henderson Gold Leaf*, Henderson, NC, 27 February 1902.

56 Hernán Vera and Andrew M. Gordon, *Screen Saviors: Hollywood Fictions of Whiteness*, New York: Rowman & Littlefield, 2003, p. 20.

57 这个数字在 1922 年广为流传，包括 NAACP 在《纽约时报》上刊登的整版广告，与此同时，全国各地的报纸都报道称："自 1889 年以来，有 3436 名受害者被暴徒私刑处死。其中只有 17% 的人被指控侵犯妇女。被处以私刑的受害者包括 64 名女性。" *Richmond Item*, Richmond, IN, 13 January 1922.

美国梦 1917~1920 年：除了社会主义，你还能管它叫什么？

1   *Oregon Daily Journal*, Portland, OR, 27 March 1918.

2   *Burlington Free Press*, Burlington, VT, 10 December 1915.

3   *Chicago Tribune*, 7 February 1916.

4   *Evening World*, New York, NY, 26 February 1917.

5   *Evening World*, New York, NY, 26 February 1917.

6   *Chicago Tribune*, 18 January 1917.

7   *Baltimore Sun*, 7 January 1917, p. 6; *Washington Post*, Washington, DC, 15 July 1919.

8   *Daily Times*, Davenport, IA, 5 September 1917.

9   *Chicago Tribune*, 29 October 1917, p. 8.

10 *Chicago Tribune*, 8 April 1918.

11 *Walnut Valley Times*, El Dorado, KS, 25 April 1918.

12 *Nebraska State Journal*, Lincoln, NE, 7 November 1918.

13 *San Bernardino County Sun*, San Bernardino, CA, 25 June 1919.

14 *Reading Times*, Reading, PA, 4 November 1919.

15 *Nebraska State Journal*, Lincoln, NE, 1 January 1920.

16 *Chattanooga News*, Chattanooga, TN, 5 January 1918.

17 Theodore Dreiser, *Twelve Men*, Philadelphia: University of Pennsylvania Press, 1998 (1919), p. 219.

18 George Barr McCutcheon, *West Wind Drift*, New York: A.L. Burt Company, 1920, pp. 292 - 293.

19 George Barr McCutcheon, *West Wind Drift*, New York: A.L. Burt Company, 1920, p. 294.

20 George Barr McCutcheon, *West Wind Drift*, New York: A.L. Burt Company, 1920, p. 294.

美国优先 1917~1920 年: 我们已经走出梦境

1   *Greensboro Daily News*, Greensboro, NC, 25 July 1916.
2   *Buffalo Commercial*, Buffalo, NY, 17 February 1917.
3   *Washington Times*, 29 August 1917.
4   *Los Angeles Times*, 4 April 1918.
5   Ronald Steel, *Walter Lippmann and the American Century*, New York: Little, Brown, 1980, pp. 158-9.
6   *New York Herald*, 27 January 1919.
7   *St. Louis Post-Dispatch*, 20 November 1918.
8   *New York Tribune*, 1 March 1920.
9   *Washington Times*, 8 February 1920.
10 *Scranton Republican*, Scranton, PA, 26 July 1919.
11 *Burlington Free Press*, Burlington, VT, 28 May 1920.
12 *New York Times*, 29 February 1920.
13 *New York Times*, 15 February 1920.
14 *New York Times*, 10 March 1920.
15 *Times-Dispatch*, Richmond, VA, 10 March 1920.
16 *Times-Dispatch*, Richmond, VA, 10 March 1920.
17 *Brooklyn Daily Eagle*, 13 February 1920.
18 New York Times, 20 March 1920.
19 *New York Times*, 13 June 1920.
20 *Courier*, Asheboro, NC, 5 August 1920.
21 *Indianapolis Journal*, 23 December 1895.
22 *Albany-Decatur Daily*, Albany, AL, 8 June 1920.
23 *Fayetteville Observer*, Fayetteville, NC, 1 July 1920.
24 *Kinsley Mercury*, Kinsley, KS, 1 July 1920.
25 *Winston-Salem Journal*, Winston-Salem, NC, 2 July 1920.
26 *El Paso Herald*, El Paso, TX, 3 July 1920.
27 *New York Times*, 25 July 1920.
28 *New York Times*, 1 September 1920.
29 *Pittsburgh Daily Post*, 1 July 1920.
30 *Pittsburgh Daily Post*, 1 July 1920.
31 *New York Times*, 19 October 1920.
32 Warren G. Harding, "Address to Foreign Born", *Marion*, OH, 18September 1920.
33 *New York Times*, 25 October 1920.
34 *New York Times*, 31 October 1920.
35 *New York Times*, 18 October 1920.
36 *New York Times*, 4 October 1920.
37 *New York Times*, 14 October 1920.
38 *New York Times*, 28 October 1920.
39 *Indianapolis Star*, 23 February 1920.
40 *News and Observer*, Raleigh, NC, 5 July 1919.
41 *New York Tribune*, 2 February 1920.
42 *Washington Progress*, Washington, NC, 22 July 1920.

43 "Economic competition between the negroes and the 'poor whites' is a source of trouble ... The Southern 'cracker' is the bitterest enemy of the negro, and he leads and composes a large part of the lynching parties", *Courier-Journal*, Louisville, KT, 10 May 1903.

44 *North Platte Semi-Weekly Tribune*, North Platte, NE, 23 November 1920.

45 *Dallas Express*, 17 January 1920.

46 *Santa Ana Register*, Santa Ana, CA, 10 December 1920.

47 *Dallas Express*, 17 January 1920.

48 *New York Herald*, October 1920.

49 *Lincoln Star*, Lincoln, NE, 28 October 1920.

50 Quoted in *Public Ledger*, Maysville, KY, 30 October 1920.

51 *Daily Arkansas Gazette*, Little Rock, AR, 31 October 1920, p. 24.

52 *Daily Arkansas Gazette*, Little Rock, AR, 31 October 1920, p. 24.

53 *St. Louis Post-Dispatch*, 31 October 1920.

54 "William Allen White to Ray Stannard Baker, 8 December 1920", Walter Johnson, ed., *Selected Letters of WilliamAllenWhite*, New York: Henry Holt, 1947, p. 213.

第二部分　1920~1930 年

美国梦 1921~1923 年：推销员的盛世

1 Steel, *Walter Lippmann and the American Century*, p. 190.

2 *Pittsburgh Press*, 6 January 1922.

3 *Akron Beacon Journal*, Akron, OH, 11 January 1922.

4 Sinclair Lewis, *Babbitt*, New York: Harcourt, Brace, 1922, p. 13.

5 Sinclair Lewis, *Babbitt*, New York: Harcourt, Brace, 1922, p. 25.

6 Sinclair Lewis, *Babbitt*, New York: Harcourt, Brace, 1922, p. 391.

7 Sinclair Lewis, *Babbitt*, New York: Harcourt, Brace, 1922, p. 391.

8 Sinclair Lewis, *Babbitt*, New York: Harcourt, Brace, 1922, p. 392.

9 James Truslow Adams, *The Epic of America*, New York: Little, Brown, 1947 (1931), p. 191.

10 Rupert Brooke, *Letters from America*, New York: Beaufort, 1988 (1916), p. 68.

11 *New York Times*, 16 October 1922.

12 *Oregon Daily Journal*, Portland, OR, 2 July 1922.

13 *Chicago Tribune*, 27 March 1923.

14 虽然大多数历史学家将"美国梦"的谱系追溯到 1931 年，但有些人确实将其追溯到 1923 年的李普曼，更少的人则上溯至他 1914 年的作品《趋势与主宰》。在进行这项研究的过程中，我发表了自己发现的一些早期新闻报道和相应日期。这些信息已经被我后续的研究取代。例见，Scott A. Sandage, *Born Losers: A History of Failure in America*, Cambridge, M.A.: Harvard University Press, 2005, p. 337.

15 Walter Lippmann, "The Mental Age of Americans: II.The Mystery of the 'A' Men", *New Republic*, Vol. 32, No. 413 (1 November 1922), pp. 246-248.

16 Walter Lippmann, "The Mental Age of Americans: II.The Mystery of the 'A' Men", *New Republic*, Vol. 32, No. 417 (29 November 1922), pp.9-11.

17 *Hartford Courant*, Hartford, CT, 2 May 1918, p. 14.

18 Phil A. Kinsley, "The Vegetable Proves Bird When Right Post Is Found", *Philadelphia Record*, 13 May 1923. In Jackson Bryer, ed., *F. Scott Fitzgerald, The Critical Reception*, New York: Burt Franklin & Co., 1978, p. 172.

19 *Chicago Tribune*, 1 July 1923.

20　*Harrisburg Telegraph*, Harrisburg, PA, 20 July 1923.

美国优先 1920~1923 年：政府之简单

1　Warren G. Harding, *Our Common Country: Mutual Good Will in America*, Columbia: University of Missouri Press, 2003 (1921), p. 18.

2　*Baltimore Sun*, 19 December 1920.

3　*Salt Lake Herald-Republican*, Salt Lake City, UT, 1 February 1920; *Washington Herald*, Washington DC, 19 April 1920.

4　*New York Times*, 22 January 1921.

5　Harding, *Our Common Country: Mutual Good Will in America*, p. 73.

6　Harding, *Our Common Country: Mutual Good Will in America*, p. 8.

7　Harding, *Our Common Country: Mutual Good Will in America*, p. 18.

8　Harding, *Our Common Country: Mutual Good Will in America*, p. 18.

9　*Charlotte News*, Charlotte, NC, 25 June 1921.

10　*Charlotte News*, Charlotte, NC, 25 June 1921.

11　例见 *The Courier-Journal*, Louisville, KT, 10 January1920：社会主义党⋯⋯名誉扫地，每一个百分百美国人都对其成员敬而远之⋯⋯百分百美国主义意味着世界产业工人联合会、布尔什维克主义和社会主义的毁灭⋯⋯官员们昨晚宣布，如果有‘意想不到的事情’发生，三名在路易斯维尔因移民许可而被捕的外籍人士逃脱了移民局的驱逐出境，还可以采取‘另外两项措施’将他们驱逐出境⋯⋯志愿的情报人员⋯⋯每天他们都在报告有激进倾向的人的活动。L.A. 希克曼（L.A. Hickman）律师⋯⋯昨天说，他和其他百分百美国人一样，渴望“看到‘赤色分子’落得他们应有的下场”。

12　*Cincinnati Enquirer*, 12 November 1919.

13　Upton Sinclair, *100%: The Story of a Patriot*, The Floating Press, 2013 (1920), p. 133.

14　Upton Sinclair, *100%: The Story of a Patriot*, The Floating Press, p. 319.

15　Upton Sinclair, *100%: The Story of a Patriot*, The Floating Press, p. 262.

16　Walter Lippmann, *Men of Destiny*, New York: Macmillan, 1927, p. 8.

17　*Tampa Bay Times*, St Petersburg, FL, 6 July 1921.

18　*Evening Star*, Washington, DC, 25 February 1922.

19　*Marion Star*, Marion, OH, 5 March 1921.

20　*Brooklyn Daily Eagle*, 16 January 1921.

21　*St. Louis Star and Times*, 5 March 1921.

22　*New York Times*, 14 November 1921.

23　*Harrisburg Telegraph*, Harrisburg, PA, 8 August 1921.

24　*Wilmington Morning Star*, Wilmington, NC, 4 March 1921.

25　*Des Moines Register*, 16 July 1921.

26　*Capital Times*, Madison, WI, 21 March 1921; original emphasis.

27　Calvin Coolidge, "Whose Country Is This？" *Good Housekeeping*, February 1921, Vol. 72, No. 2, pp. 13, 14, 106, 109.

28　*Pittsburgh Daily Post*, 27 January 1922.

29　*Muncie Evening Press*, Muncie, I.N., 14 February 1921.

30　*New York Tribune*, 28 January 1921.

31　*Palm Beach Post*, West Palm Beach, FL, 28 January 1921.

32　*Honolulu Star-Bulletin*, 21 July 1921.

33　*Evening World*, New York, 6 September 1921.

34　Frederick Lewis Allen, *Only Yesterday: An Informal History of the 1920s*, New York: Harper & Row, 1931,

p. 54.

35 *Evening World*, New York, September 1921.

36 Nancy K. MacLean, *Behind the Mask of Chivalry: The Making of the Second Ku Klux Klan*, Oxford: Oxford University Press, 1995, pp. 8 - 9.

37 *Knights of the Ku Klux Klan*, Kloran, Ku Klux Press, 1918, p. 5.

38 *Salina Evening Journal*, Salina, KS, 31 October 1922.

39 Reprinted in *Los Angeles Times*, 9 October 1921. 例如，研究三K党的历史学家南希·麦克林（Nancy MacLean）在1995年写道："事实上，美国历史学家远没有意识到，三K党的意识形态和与其同时代的纳粹分子有着共同的特征。" *Behind the Mask of Chivalry*, p. 180. 后来的历史学家可能看不到这种相似性，但曾目睹这两种现象的美国人可以看到。

40 *Morning Register*, Eugene, OR, 1 January 1922.

41 *Town Talk*, Alexandria, LA, 30 January 1922.

42 *McKinney Courier-Gazette*, McKinney, TX, 17 August 1922.

43 *New York Times*, 24 November 1922.

44 *New York Times*, 25 November 1922.

45 *New York Times*, 6 November 1922.

46 *New York Times*, 13 February 1923 and 22 June 1923.

47 *Brooklyn Daily Eagle*, 1 February 1921.

48 *Great Falls Tribune*, Great Falls, MT, 29 May 1921.

49 *Tampa Times*, 12 December 1922.

50 *Appeal*, St Paul, MN, 9 December 1922.

51 *Minneapolis Star Tribune*, Minneapolis, MN, 1 August 1921.

52 *Philadelphia Inquirer*, 5 August 1922.

53 *New York Tribune*, 12 November 1922.

54 *Great Falls Tribune*, Great Falls, MT, 5 November 1922.

55 *New York Times*, 21 November 1922.

56 *New York Times*, 21 November 1922.

57 *Brooklyn Daily Eagle*, 1 April 1923.

58 *Brooklyn Daily Eagle*, 22 November 1923.

59 *Des Moines Register*, 9 August 1923.

60 *News Leader*, Staunton, VA, 27 September 1923.

61 *Washington Times*, Washington, DC, 17 November 1922.

62 *Appeal*, St Paul, MN, 23 December 1922.

63 *Appeal*, St Paul, MN, 23 December 1922.

64 *Baltimore Sun*, 30 December 1922.

65 *Des Moines Register*, 21 January 1923.

66 *St. Louis Post-Dispatch*, 31 May 1923.

67 *Independent Record*, Helena, MT, 14 May 1923.

68 *El Paso Herald*, 13 December 1922.

69 *El Paso Herald*, 13 December 1922.

70 *Chicago Tribune*, 18 November 1922.

71 *St. Louis Post-Dispatch*, 6 May 1923.

72 *Star Press*, Muncie, IN, 12 November 1922.

73 *Wichita Daily Times*, Wichita Falls, TX, 3 January 1922.

74 *Buffalo American*, Buffalo, NY, 29 July 1920.

75 *Buffalo American*, Buffalo, NY, 19 January 1922.

76 *Dallas Express*, 16 December 1922.

77 *Brooklyn Daily Eagle*, 30 September 1923.

78 *Brooklyn Daily Eagle*, 30 September 1923.

79 *Baltimore Sun*, 22 March 1923.

80 *El Paso Herald*, 10 April 1923.

81 *New York Times*, 3 May 1923.

82 *Baltimore Sun*, 22 March 1923, p. 26.

83 *Baltimore Sun*, 22 March 1923, p. 26.

84 *Santa Ana Register*, Santa Ana, CA, 20 March 1923.

85 *Nebraska State Journal*, Lincoln, NE, 23 March 1923.

美国梦 1924~1929 年：内心的意愿

1 F. Scott Fitzgerald, *The Great Gatsby*, Oxford University Press, 1998 (1925), p. 14.

2 F. Scott Fitzgerald, *The Great Gatsby*, p. 99.

3 F. Scott Fitzgerald, *The Great Gatsby*, p. 143.

4 F. Scott Fitzgerald, *The Great Gatsby*, p. 143−144.

5 F. Scott Fitzgerald, *The Great Gatsby*, p. 79.

6 Bruce Barton, *The Man Nobody Knows: A Discovery of the Real Jesus*, New York: Grosset & Dunlap, 1924, 1925, pp. iv, 32, 23.

7 Bruce Barton, *The Man Nobody Knows: A Discovery of the Real Jesus*, p. iv.

8 Bruce Barton, *The Man Nobody Knows: A Discovery of the Real Jesus*, p. 107.

9 Bruce Barton, *The Man Nobody Knows: A Discovery of the Real Jesus*, p. 140.

10 Bruce Barton, *The Man Nobody Knows: A Discovery of the Real Jesus*, pp. 159 - 63; original emphasis.

11 *Racine Journal-Times*, Racine, WI, 19 January 1925.

12 Calvin Coolidge, "Have Faith in Massachusetts: Massachusetts Senate President Acceptance Speech", 7 January 1914.

13 *Daily Republican*, Monongahela, PA, 3 September 1925.

14 *Los Angeles Times*, 29 January 1926; *Daily Times*, Davenport, IA, 29 January 1926.

15 *Brooklyn Daily Eagle*, 12 June 1927.

16 *Philadelphia Inquirer*, 17 October 1925.

17 *Ironwood Daily Globe*, Ironwood, MI, 1 Oct 1927.

18 *Morning Herald*, Uniontown, PA, 17 September 1925; *Ithaca Journal*, Ithaca, NY, 16 November 1929.

19 *Los Angeles Times*, 6 July 1925.

20 *St. Louis Post-Dispatch*, 18 March 1928.

21 *Miami News*, 8 April 1927.

22 *Los Angeles Times*, 12 August 1928.

23 Fitzgerald, "The Swimmers", *Saturday Evening Post*, 19 October 1929, p. 13.

24 Fitzgerald, "The Swimmers", *Saturday Evening Post*, 19 October 1929, p. 152.

25 Fitzgerald, "The Swimmers", *Saturday Evening Post*, 19 October 1929, p. 150.

美国优先 1923-1929 年：一个爱国者，一个超级爱国者

1 *Philadelphia Inquirer*, 2 July 1923.

2 *Chicago Tribune*, 12 December 1923.

3 *Chicago Tribune*, 15 December 1923.

4 *Baltimore Sun*, 14 September 1923.

5 H. W. Evans, "The Menace of Modern Immigration", *Knights of the Ku Klux Klan*, pamphlet, 1924, pp. 6 - 8.

6 *New York Times*, 18 November 1923.

7 *New York Times*, 18 November 1923.

8 *New York Times*, 18 November 1923.

9 *New York Times*, 18 November 1923.

10 *New York Times*, 30 January 1924.

11 *St. Louis Post-Dispatch*, 17 May 1924.

12 *New York Times*, 25 September 1924.

13 *Press and Sun-Bulletin*, Binghamton, NY, 23 June 1924.

14 参见 Thomas Pegram, *One Hundred Percent American: The Rebirth & Decline of the Ku Klux Klan in the 1920s*, Chicago: Ivar R. Dee, 2011。书中估计了三K党成员人数,总结道:"对三K党成员人数的合理估计范围是200万人到运动高峰期的400万人甚至500万人。"麦克林写道:"到20世纪20年代中期,可能多达500万人,分布在将近4000个地方分部。然而,这些数字几乎无法显示三K党触角之广。" *Behind the Mask of Chivalry*, p. 10.

15 *Age*, Melbourne, Australia, 14 February 1924.

16 *Mail Tribune*, Medford, OR, 29 December 1924.

17 *Mail Tribune*, Medford, OR, 29 December 1924.

18 *New York Times*, 11 August 1980.

19 *New York Times*, 21 June 1924.

20 Kenneth L. Roberts, "Shutting the Sea Gates", *Saturday Evening Post*, 28 January 1922, p. 51.

21 *Minneapolis Star Tribune*, Minneapolis, MN, 3 July 1922.

22 *Minneapolis Star Tribune*, Minneapolis, MN, 3 July 1922.

23 *Minneapolis Star Tribune*, Minneapolis, MN, 3 July 1922.

24 *Vardaman's Weekly*, Jackson, MI, 10 May 1923.

25 *Marion Democrat*, Marion, AL, 10 April 1907.

26 *Philadelphia Inquirer*, 13 April 1924.

27 *New York Times*, 17 October 1924.

28 *Detroit Free Press*, 27 October 1924.

29 *Asbury Park Press*, Asbury Park, NJ, 6 October 1925.

30 *Freeport Journal-Standard*, Freeport, IL, 22 April 1921.

31 *Buffalo American*, Buffalo, NY, 19 November 1925.

32 *North American Review (1821-1940)*, 1 March 1926, Vol. CCXXIII, No. 830, p. 52.

33 *Manchester Guardian*, 9 November 1926.

34 *Minneapolis Star Tribune*, 2 February 1928.

35 *St. Louis Post-Dispatch*, 30 October 1927.

36 *New York Times*, 6 November 1927.

37 *Chicago Tribune*, 5 April 1928.

38 *St. Joseph Observer*, St Joseph, MO, 7 October 1927, p. 1.

39 *St. Joseph Observer*, St Joseph, MO, 7 October 1927, p. 1.

40 *St. Joseph Observer*, St Joseph, MO, 7 October 1927, p. 1.

41 *St. Joseph Observer*, St Joseph, MO, 7 October 1927, p. 1.

第三部分　1930~1940 年

美国梦 1930~1934 年:美元国

1 Allan Nevins, *James Truslow Adams: Historian of the American Dream*, Chicago: University of Illinois Press,

1968, p. 68.

2　Adams, *The Epic of America*, p. viii.

3　Adams, *The Epic of America*, p. 172.

4　Adams, *The Epic of America*, p. 173.

5　Adams, *The Epic of America*, p. 216.

6　Adams, *The Epic of America*, p. 71.

7　Adams, *The Epic of America*, p. 192.

8　Adams, *The Epic of America*, p. 427.

9　Adams, *The Epic of America*, p. 427.

10　Garet Garrett, "America Can't Come Back", *Saturday Evening Post*, 23 January 1932.

11　*Noblesville Ledger*, Noblesville, IN, 1 January 1929.

12　Allen, *Only Yesterday*, p. 146.

13　James Truslow Adams, *A Search light on America*, New York: Routledge, 1930, p. 143.

14　*New York Times*, 9 April 1933.

15　*New York Times*, 9 April 1933.

16　*New York Times*, 13 May 1934.

17　*New York Times*, 20 January 1935.

18　John Dewey, "Tomorrow May Be Too Late", *Good Housekeeping*, 20‑21 March 1934.

19　*Pantagraph*, Bloomington, IL, 30 January 1934.

20　*Decatur Daily Review*, Decatur, IL, 11 November 1934.

21　*New York Times*, 13 January 1934.

22　*Brooklyn Daily Eagle*, 26 June 1932.

23　*New York Times*, 27 May 1932.

24　*New York Times*, 6 November 1932.

25　Nevins, *Adams*, p. 198.

26　*New York Times*, 14 May 1933.

27　*New York Times*, 14 May 1933.

美国优先1930~1934年：对现实的正式承认

1　*Chicago Tribune*, 21 March 1933.

2　Dorothy Thompson, *I Saw Hitler*, New York: Farrar & Rinehart, 1932, p. 14.

3　Dorothy Thompson, *I Saw Hitler*, p. 32.

4　Dorothy Thompson, *I Saw Hitler*, p. 4; original emphasis.

5　*Daily Press*, Newport News, VA, 3 May 1933.

6　Dorothy Thompson, "Back to Blood and Iron", *Saturday Evening Post*, 6 May 1933; "Room to Breathe In", *Saturday Evening Post*, 24 June 1933.

7　*New York Times*, 21 February 1926.

8　MacLean, *Behind the Mask of Chivalry*, p. 178.

9　*Altoona Mirror*, Altoona, PA, 19 July 1930.

10　*Baltimore Sun*, 12 September 1930.

11　*Dixon Evening Telegraph*, Dixon, IL, 27 August 1930.

12　*Baltimore Sun*, 12 September 1930.

13　*Oshkosh Northwestern*, Oshkosh, WI, 2 September 1930.

14　*Oakland Tribune*, Oakland, CA, 18 May 1930.

15　*Pittsburgh Courier*, 31 May 1930.

16 *Muncie Evening Press*, Muncie, IN, 8 August 1930.

17 *New Yorker*, 8 September 1934, p. 26.

18 *New York Times*, 28 October 1934.

19 quoted in Dora Apel, *Imagery of Lynching: Black Men, White Women, and the Mob*, New Brunswick, NJ: Rutgers University Press, 2004, p. 137.

20 quoted in Dora Apel, *Imagery of Lynching: Black Men, White Women, and the Mob*, p. 137.

21 *Tampa Bay Times*, St Petersburg, FL, 23 October 2011.

22 *Times*, Shreveport, LA, 3 March 1930.

23 *Decatur Herald*, Decatur, IL, 10 October 1930.

24 *Sandusky Register*, Sandusky, OH, 14 October 1930.

25 *Detroit Free Press*, 27 April 1930; *Ludington Daily News*, Ludington, MI, 10 August 1930.

26 *New York Times*, 31 December 1931.

27 *Millard County Chronicle*, Delta, UT, 29 February 1930.

28 *New York Times*, 3 January 1932.

29 *Lincoln Journal Star*, Lincoln, NE, 8 January 1932.

30 *Lincoln Journal Star*, Lincoln, NE, 8 January 1932.

31 *Quad-City Times*, Davenport, IA, 19 January 1932.

32 *New York Times*, 17 January 1932.

33 *New York Times*, 23 February 1933.

34 *New York Times*, 27 February 1933.

35 *New Castle News*, New Castle, PA, 7 July 1933.

36 *Kentucky Advocate*, Danville, KY, 8 July 1933.

37 *Oakland Tribune*, Oakland, CA, 25 April 1933.

38 *Oakland Tribune*, Oakland, CA, 25 April 1933.

39 *Morning News*, Wilmington, DE, 7 October 1933.

40 *New York Times*, 29 January 1933.

41 *New York Times*, 29 January 1933.

42 *Akron Beacon Journal*, Akron, OH, 20 December 1933.

43 *Miami News*, 28 August 1933.

44 *Morning Call*, Allentown, PA, 19 May 1934.

45 *Brooklyn Daily Eagle*, 18 May 1934.

46 *Chicago Tribune*, 18 May 1934.

47 *New York Times*, 18 May 1934.

48 *New York Times*, 31 March 1934.

49 *Brooklyn Daily Eagle*, 13 August 1934.

50 *New York Times*, 10 September 1934.

51 *Scranton Republican*, Scranton, PA, 9 September 1934.

52 *New York Times*, 17 September 1934.

53 *New York Times*, 15 October 1934.

54 *New York Times*, 4 October 1934.

55 *Times Herald*, Port Huron, MI, 28 November 1934.

56 *Press and Sun-Bulletin*, Binghamton, NY, 25 September 1934.

57 *Burlington Free Press*, Burlington, VT, 17 September 1934.

58 *Brooklyn Daily Eagle*, Brooklyn, NY, 30 September 1934.

59 *Burlington Free Press*, Burlington, VT, 17 September 1934.

美国梦 1934~1939 年：历史的盛会

1   *New York Times*, 9 April 1934.
2   *New York Times*, 9 April 1934.
3   *Clovis News-Journal*, Clovis, NM, 29 June 1934.
4   *Shamokin News-Dispatch*, Shamokin, PA, 22 September 1934.
5   *Los Angeles Times*, 8 August 1934.
6   *New York Times*, 7 August 1934.
7   *Asbury Park Press*, Asbury Park, NJ, 18 November 1935.
8   *Courier-Journal*, Louisville, KY, 30 August 1935.
9   *Des Moines Register*, 1 December 1935.
10 *Statesman Journal*, Salem, OR, 13 August 1935.
11 *Lincoln Star*, Lincoln, NE, 2 May 1935.
12 *Lincoln Evening Journal*, Lincoln, NE, 2 May 1935.
13 *Press and Sun-Bulletin*, Binghamton, NY, 1 July 1935.
14 *Ithaca Journal*, Ithaca, NY, 23 November 1935.
15 *Daily Press*, Newport News, VA, 15 June 1935.
16 *Brooklyn Daily Eagle*, 15 September 1935.
17 *Arizona Daily Star*, Tucson, AZ, 22 September 1935.
18 *Des Moines Register*, 13 December 1935.
19 *Eugene Guard*, Eugene, OR, 28 May 1935.
20 John Hyde Preston, "Searching for Roots in America", *Harper's*, October 1936.
21 *Baltimore Sun*, 14 December 1936.
22 *Pittsburgh Press*, 27 June 1935.
23 Herbert Agar, *What is America?* London: Eyre Spottiswoode, 1936, pp. 228 - 229.
24 *New York Times*, 11 June 1936.
25 *Minneapolis Star*, 15 May 1936.
26 Franklin Delano Roosevelt, Address at Madison Square Garden, New York City, 31 October 1936.
27 引自 *Lincoln Journal Star*, Lincoln, NE, 26 November 1938。
28 *Salt Lake Tribune*, Salt Lake City, UT, 22 January 1937.
29 *Republic*, Columbus, IN, 20 January 1936.
30 *Greeley Daily Tribune*, Greeley, CO, 20 February 1937.
31 *Ogden Standard-Examiner*, Ogden, UT, 29 December 1937; *Courier News*, Blytheville, AR, 30 December 1937; *Anniston Star*, Anniston, AL, 28 December 1937.
32 *Reading Times*, Reading, PA, 28 April 1938.
33 1949 年的一篇题为《美国梦》的文章是我所能找到的最早的联想。文章开头写道："围着白色尖桩围栏、装着绿色百叶窗的乡村小屋已经成为美国人渴望的象征，就像家里自制的苹果派在上次战争中成为美国士兵希望的象征一样。" *Salt Lake Tribune*, Salt Lake City, UT, 1 May 1949.
34 *Brooklyn Daily Eagle*, 29 August 1937.
35 *Courier-News*, Bridgewater, NJ, 15 August 1935.
36 *New York Times*, 3 July 1943.
37 *Times-Leader*, Evening News, Wilkes-Barre, PA, 21 October 1937.
38 *Cincinnati Enquirer*, 26 February 1938.
39 *Pittsburgh Post-Gazette*, 25 February 1939.
40 *Hartford Courant*, Hartford, CT, 3 February 1938.

41 *New York Times*, 30 October 1938, Section 6.

42 *Los Angeles Times*, 24 April 1938.

43 *Denton Journal*, Denton, MD, 16 April 1938.

44 *St. Louis Star and Times*, 4 October 1938.

45 *Lead Daily Call*, Lead, SD, 14 April 1938.

46 *Lead Daily Call*, Lead, SD, 14 April 1938.

47 *Post-Register*, Idaho Falls, ID, 14 April 1938.

48 *Hope Star*, Hope, AR, 16 December 1938.

49 *Nebraska State Journal*, Lincoln, NE, 28 November 1938.

50 尽管《牛津英语词典》最早提出的美国政治语境中使用"自由意志主义"的用例是在1945年,而政治科学家将这一运动追溯到20世纪50年代初,但它最早用于美国政治言论应在1893年。"社会无法再继续依赖旧自由意志主义、求生心切、不受拘束的制度,而许多明智的人似乎迷恋这种体制。"*Stark County Democrat*, Canton, OH, 19 October 1893.

51 *Baltimore Sun*, 1 December 1938.

52 *Tennessean*, Nashville, TN, 25 November 1938.

53 *Times*, Shreveport, LA, 27 November 1938.

54 *Cincinnati Enquirer*, 5 November 1939.

55 *Sheboygan Press*, Sheboygan, WI, 31 May 1939.

56 *St. Louis Star and Times*, 13 July 1939.

57 John Steinbeck, *The Grapes of Wrath*, New York: Penguin, 1939, p. 112.

58 John Steinbeck, *The Grapes of Wrath*, p. 193.

59 *New York Times*, 19 February 1939.

美国优先 1935~1939 年:它会在这里发生

1 *Brooklyn Daily Eagle*, 10 February 1935.

2 *Brooklyn Daily Eagle*, 13 February 1935.

3 *Pittsburgh Press*, 11 March 1935.

4 *St. Louis Post-Dispatch*, 19 August 1935.

5 See *Pittsburgh Press*, 30 November 1934.

6 *Hartford Courant*, Hartford, CT, 11 September 1935.

7 Forrest Davis, *Huey Long: A Candid Biography*, New York: Dodge Publishing, 1935, p. 286.

8 *St. Louis Post-Dispatch*, 8 October 1940.

9 *Cincinnati Enquirer*, 7 October 1935.

10 1933年3月13日汤普森给辛克莱·刘易斯的信,引自 Peter Kurth, *American Cassandra: The Life of Dorothy Thompson*, Boston: Little, Brown, 1990, p. 187。

11 *Cincinnati Enquirer*, 28 May 1936.

12 *Cincinnati Enquirer*, 28 May 1936.

13 *Oakland Tribune*, Oakland, CA, 3 May 1936.

14 *Christian Century*, Vol. 53, 5 February 1936, p. 245.

15 *Central Home New Jersey Home News*, New Brunswick, NJ, 20February 1936.

16 *San Bernardino County Sun*, San Bernardino, CA, 26 July 1936.

17 *Morning Call*, Allentown, PA, 21 July 1936.

18 *Corpus Christi Caller-Times*, Corpus Christi, TX, 24 July 1936.

19 W. E. B. Du Bois, *Black Reconstruction in America 1860 - 1880*, New York: Free Press, 1999 (1935), p. 700.

20 "Jew Shoot", *Times*, 24 August 1936.

21 "Jew Shoot", *Times*, 24 August 1936.

22 *Wisconsin Jewish Chronicle*, Milwaukee, WI, 28 August 1936.

23 *Independent Record*, Helena, MT, 21 February 1937.

24 *Lincoln Journal Star*, Lincoln, NE, 6 September 1937.

25 *Tampa Tribune*, Tampa, FL, 14 September 1937.

26 *Arizona Daily Star*, Tucson, AZ, 1 August 1937; *Courier*, Waterloo, IA, 1 September 1937.

27 *New York Times*, 17 August 1937.

28 *Pittsburgh Post-Gazette*, 18 September 1937.

29 *St. Louis Post-Dispatch*, 3 October 1937.

30 *Pittsburgh Post-Gazette*, 4 October 1937.

31 *Marion Star*, Marion, OH, 4 October 1937.

32 *Cincinnati Enquirer*, 27 September 1937.

33 *News of the World*, Hollywood, CA, 18 September 1937.

34 *Brooklyn Daily Eagle*, 27 June 1937.

35 *Greenville News*, Greenville, SC, 3 November 1937.

36 *Pittsburgh Post-Gazette*, 11 January 1938.

37 *Brooklyn Daily Eagle*, 6 April 1938.

38 *New York Times*, 12 September 1938.

39 *New York Times*, 20 November 1938.

40 Ian Mugridge, *The View from Xanadu: William Randolph Hearst and United States Foreign Policy*, Montreal: McGill-Queen's University Press, 1995, p. 113.

41 "Times-Leader", *Evening News*, Wilkes-Barre, PA, 2 May 1939.

42 *Argus Leader*, Sioux Falls, SD, 6 May 1939.

43 *Moberly Monitor-Index*, Moberly, MO, 19 November 1938.

44 *Moberly Monitor-Index*, Moberly, MO, 19 November 1938.

45 *Star Press*, Muncie, IN, 19 November 1938.

46 *Star Press*, Muncie, IN, 19 November 1938.

47 Kurth, *American Cassandra*, p. 328.

48 *Daily Capital Journal*, Salem, OR, 3 January 1939.

49 *Emporia Gazette*, Emporia, KS, 3 January 1939.

50 *Abilene Reporter-News*, Abilene, TX, 21 October 1939.

51 *Asheville Citizen-Times*, Asheville, NC, 6 September 1939.

52 *Oakland Tribune*, Oakland, CA, 15 February 1939.

53 *Pittsburgh Press*, 27 January 1939.

54 *New York Times*, 13 January 1939.

55 *Daily Press*, Newport News, VA, 17 February 1939.

56 *Decatur Daily Review*, Decatur, IL, 21 February 1939.

57 *Danville Morning News*, Danville, PA, 21 February 1939.

58 "Stupid Fools", *Danville Morning News*, Danville, PA, 21 February 1939; "President Rosenfeld", *San Bernardino County Sun*, San Bernardino, CA, 21 February 1939.

59 *Reading Times*, Reading, PA, 1 March 1939.

60 *Chillicothe Gazette*, Chillicothe, OH, 21 February 1939.

61 *Santa Cruz Sentinel*, Santa Cruz, CA, 21 February 1939.

62 *Greenville News*, Greenville, SC, 21 February 1939.

63 *Cincinnati Enquirer*, 22 February 1939.

64 *St. Louis Star and Times*, 5 August 1939.

65 *Democrat and Chronicle*, Rochester, NY, 7 July 1939.

66 *Indianapolis Star*, 30 March 1939.

67 *Miami News*, 5 March 1939.

68 *New York Times*, 6 October 1939.

69 *Honolulu Star-Bulletin*, 14 October 1939.

70 *Cincinnati Enquirer*, 2 June 1939.

71 引自 Kurth, *American Cassandra*, p. 310。

美国优先和美国梦 1939~1941 年：美国人！醒醒！

1 *Jackson Sun*, Jackson, TN, 13 November 1938.

2 *Cincinnati Enquirer*, 23 November 1938.

3 *Brooklyn Daily Eagle*, 25 December 1938.

4 *Pittsburgh Press*, 10 December 1938.

5 *Daily Times*, Davenport, IO, 19 December 1938.

6 *Times-Leader*, Evening News, Wilkes-Barre, PA, 11 July 1940.

7 *Akron Beacon Journal*, Akron, OH, 11 July 1940.

8 *St. Louis Post-Dispatch*, 8 October 1940.

9 *New York Herald Tribune*, 20 September 1939.

10 *Detroit Free Press*, 19 October 1939.

11 *Plain Speaker*, Hazelton, PA, 20 October 1939.

12 引自 Kurth, *American Cassandra*, p. 311。

13 *Salt Lake Tribune*, Salt Lake City, UT, 28 January 1940.

14 *Jackson Sun*, Jackson, TN, 7 July 1940.

15 *Harrisburg Telegraph*, Harrisburg, PA, 3 June 1940.

16 *Harrisburg Telegraph*, Harrisburg, PA, 3 June 1940.

17 *Courier-Journal*, Louisville, KT, 17 June 1940.

18 *Courier-Journal*, Louisville, KT, 17 June 1940.

19 *Courier-Journal*, Louisville, KT, 17 June 1940.

20 *Courier-Journal*, Louisville, KT, 17 June 1940.

21 *St. Louis Post-Dispatch*, 18 August 1940.

22 *Tribune*, Kokomo, IN, 15 March 1940.

23 *Eau Claire Leader*, Eau Claire, WI, 1 November 1940.

24 Guy Greer, "Arming and Paying for It", *Harper's*, November 1940.

25 *Hartford Courant*, Hartford, CT, 20 June 1941.

26 *Minneapolis Star*, 21 April 1941.

27 *News-Dispatch*, Shamokin, PA, 30 April 1941.

28 *Harrisburg Telegraph*, Harrisburg, PA, 25 June 1940.

29 *Amarillo GlobeTimes*, Amarillo, TX, 7 October 1940.

30 *Freeport Journal-Standard*, Freeport, IL, 24 May 1940.

31 *Medford Mail Tribune*, Medford, OR, 9 June 1940.

32 *Iola Register*, Iola, KS, 6 August 1940.

33 1940 年成立的美国优先委员会是 "美国优先" 口号起源的说法广为流传，参见 Louisa Thomas, "America First, For Charles Lindbergh and Donald Trump", *New Yorker*, 24 July 2016; Eric Rauchway, "Donald Trump's New Favorite Slogan Was Invented for Nazi Sympathizers", *Washington Post*, 14 June 2016; Susan

Dunn, "Trump's 'America First' Has Ugly Echoes from U.S. History", CNN, 28 April 2016; "'America First': From Charles Lindbergh to President Trump", NPR podcast, 6 February 2017。历史学家斯奈德在 2017 年 10 月的一次采访中也提出了同样的观点，参见 "Trump and Bannon's idea of 'America First'is technically from 1940', from 'Taking Bad Ideas Seriously: How to Read Hitler and Ilyin?'" interview with Timothy Snyder, Eurozine, 28 August 2017。

34 Lindbergh, "Our Relationship with Europe", August 1940.

35 *Daily Times*, Davenport, IA, 30 December 1940.

36 *Daily Times*, Davenport, IA, 30 December 1940.

37 *Abilene Reporter-News*, Abilene, TX, 24 January 1941.

38 *Cincinnati Enquirer*, 17 February 1941.

39 *Escanaba Daily Press*, Escanaba, MI, 18 February 1941.

40 *Tampa Bay Times*, St Petersburg, FL, 23 February 1941.

41 *Quad-City Times*, Davenport, IA, 17 August 1941.

42 *Sikeston Standard*, Sikeston, MO, 7 November 1941.

43 *St. Louis Star and Times*, 18 October 1941.

44 *Minneapolis Star*, 20 July 1941.

45 *Harrisburg Telegraph*, Harrisburg, PA, 25 April 1941.

46 *Index-Journal*, Greenwood, SC, 28 May 1941.

47 *Nebraska State Journal*, Lincoln, NE, 6 June 1941.

48 *Cincinnati Enquirer*, 4 June 1941.

49 *Pittsburgh Press*, 18 May 1941.

50 *Miami News*, 21 March 1941.

51 *Independent Record*, Helena, MT, 14 April 1941.

52 *Chicago Tribune*, 25 April 1941.

53 *Daily Times*, Davenport, IA, 29 April 1941.

54 *Daily Tar Heel*, Chapel Hill, NC, 29 January 1941.

55 *Akron Beacon Journal*, Akron, OH, 8 March 1941.

56 *St. Louis Star and Times*, 16 August 1941.

57 *St. Louis Star and Times*, 23 May 1941.

58 Mark Schorer, *Sinclair Lewis: An American Life*, New York: McGraw Hill, 1961, p. 661.

59 *Democrat and Chronicle*, Rochester, NY, 30 April 1941.

60 *Arizona Republic*, Phoenix, AZ, 29 April 1941.

61 *Akron Beacon Journal*, Akron, OH, 13 July 1941.

62 *Star Gazette*, Elmira, NY, 9 June 1941.

63 *Oakland Tribune*, Oakland, CA, 28 June 1941.

64 *Moberly Monitor-Index*, Moberly, MO, 19 November 1938.

65 *Daily Times*, Davenport, IO, 16 September 1941.

66 引自 *Des Moines Register*, 14 September 1941。

67 引自 *Des Moines Register*, 14 September 1941。

68 *Daily Times*, Davenport, IO, 16 September 1941.

69 *Daily Times*, Davenport, IO, 16 September 1941.

70 *News Leader*, Staunton, VA, 20 October 1941.

71 *Minneapolis Star*, 25 September 1941.

72 *New York Times*, 26 September 1941.

73 *New York Times*, 26 September 1941.

74 *Weekly Town Talk*, Alexandria, LA, 27 September 1941. Reprint ofHearst editorial from New York Journal-

American.

75　*Wisconsin Jewish Chronicle*, Milwaukee, WI, 19 September 1941.

76　*Stanberry Headlight*, Stanberry, MO, 16 October 1941.

77　*Des Moines Register*, 13 September 1941.

78　Dorothy Thompson, "What Lindbergh Really Wants", *Look*, 18 November 1941, pp. 13 - 14.

79　Dorothy Thompson, "What Lindbergh Really Wants", *Look*, 18 November 1941, pp. 13 - 14.

80　*Cincinnati Enquirer*, 17 December 1941.

后记　1945~2017 年：仍然美国优先

1　*Star Gazette*, Elmira, NY, 28 January 1942.

2　John Fousek, *To Lead the Free World: American Nationalism and the Cultural Roots of the Cold War*, Chapel Hill, NC: University of North Carolina Press, 2000.

3　联邦住房手册对"不和谐的种族或民族的渗透"提出警告，称社会或种族居住状况的改变通常会导致不稳定和房屋贬值。James O. Midgley and Michelle Livermore, eds., *The Handbook of Social Policy*, Thousand Oaks, CA: Sage, 2008, p. 406.

4　*New York Times*, 27 August 2016.

5　这是一种习惯性的观点，甚至在大众媒体中也有同感。参见"'I Have A Dream' Speech's Social Critique Sometimes Lost In Celebrations", *Huffington Post*, 24 August 2013. 其中几位民权历史学家强调了金演讲的"颠覆性"和"预言性"。

6　无形的帝国徽章，据称是为了纪念三 K 党百年诞辰，Cajun Coins, *Mandeville*, LA, 1965。

7　Francis X. Clines, "Trump Quits Grand Old Party for New", *New York Times*, 25 October 1999.

8　*New York Times*, 14 February 2000.

9　*New York Times*, 14 February 2000.

10　Glenn Kessler, "Fact Checker: 'Donald Trump and David Duke: For the Record'", *Washington Post*, 1 March 2016.

11　*Los Angeles Times*, 20 January 2017.

12　David Duke, "Former Ku Klux Klan Leader, To Run for Congress", BBC News, 22 July 2016.

13　US News & World Report, 28 February 2016.

14　US News & World Report, 28 February 2016.

15　"Sebastian Gorka and the White House's Questionable Vetting", *Atlantic*, 26 March 2017; "Sebastian Gorka: Former Trump Aide Accused of Ties to Nazi Group Heads to Israel", *Newsweek*, 6 September 2017.

16　*New York Times*, 11 January 2018.

17　*Houston Chronicle*, 15 January 2018.

18　例见，Amfirstbooks.com，它们利用了麦迪逊·格兰特和洛斯罗普·斯托达德（Lothrop Stoddard）的优生学理论并发出警告，比如"美国，看看挪威，看看你自己，别再谋杀北欧民族了！"它们告诉读者，北欧国家必须保持一定程度的同质性，以保持"北欧人的特征"，正是这些特征使北欧国家在技术创新和创业方面具有优势。它们对美国历史的描述也将北欧主义和"未竟的事业"的神话结合在一起："真正的致命一击来自北方侵略南方独立战争期间的'林肯国王'的独裁统治……联邦政府接受了强制性的种族和民族融合，扼杀了北欧人／凯尔特人的新兴部落文化，加速了犹太天主教在社会的战略基础上剥夺盎格鲁－撒克逊人。在种族层面上，联邦政府在所谓的'重建时代'（Reconstruction Era），通过在南方建立反南方白人阴谋的政权，首次大举介入强迫种族融合的事业……"等等。

19　"The Choice 2016", *Frontline*, PBS, Season 35, Episode 1, 27 September 2016.

20　Donald Trump Interview, CNN, Correspondent: Becky Anderson, 10 February 2010.

21　"Trump Challenges Tillerson to 'Compare IQ Tests' After Reported 'Moron' Dig'", *Guardian*, 10 October 2017.

22 Hadley Freeman, "Donald Trump: It is My Hair and It is an Amazing Thing", *Guardian*, 2 October 2012.

23 Peter Baker, "DNA Shows Warren Harding Wasn't America's First Black President", *New York Times*, 18 August 2015.

24 Adam Serwer, "Jeff Sessions's Unqualified Praise for a 1924 Immigration Law", *Atlantic*, 10 January 2017.

25 "Stephen Miller, the Powerful Survivor on the President's Right Flank", *New York Times*, 9 October 2017.

26 *Charlotte Observer*, Charlotte, NC, 19 September 1916.

27 *New York Times*, 26 September 1916.

结束语

1 Peggy Noonan, "What's Become of the American Dream?" *Wall Street Journal*, 6 April 2017.

2 Dorothy Thompson, "Who Goes Nazi?" *Harper's*, August 1941.

/ 参考文献

Adams, James Truslow, *A Searchlight on America*, New York:
   Routledge, 1930.
— *The Epic of America*, New York: Little, Brown, 1931.
Agar, Herbert, *The Land of the Free*, New York: Houghton Mifflin, 1935.
— *What is America?: A New Declaration of Independence*, London: Eyre
   Spottiswoode, 1936.
Allen, Frederick Lewis, *Only Yesterday: An Informal History of the 1920's*,
   New York: Perennial, 1964 (1931).
Anderson, Sherwood, *Windy McPherson's Son*, New York: John
   Lane, 1916.
Apel, Dora, *Imagery of Lynching: Black Men, White Women, and the Mob*,
   New Brunswick, NJ: Rutgers University Press, 2004.
Ayers, James E. '"The Collosal Vitality of His Illusion": the Myth of
   the American Dream in the Modern American Novel', *LSU Doctoral
   Dissertations*, 2767.
Barton, Bruce, *The Man Nobody Knows: A Discovery of the Real Jesus*,
   New York: Grosset & Dunlap, 1924, 1925.
Bouchard, Gerard, *National Myths: Constructed Pasts, Contested Presents*,
   New York: Routledge, 2013.
Brooke, Rupert, *Letters From America*, New York: Beaufort, 1988 (1916).
Bryer, Jackson, ed., *F. Scott Fitzgerald: The Critical Reception*, New York:
   Burt Franklin & Co., 1978.
Campbell, Marius Robinson, et. al., *Guidebook of the Western United States*,
   Washington: Government Printing Office, 1915.
Chandler, Lester V., *America's Greatest Depression, 1929–1941*, New York:
   Harper & Row, 1970.
Cole, Wayne S, *America First: The Battle Against Intervention, 1940–1941*,
   Madison, WI: University of Wisconsin Press, 1953.
Coolidge, Calvin, 'Whose Country Is This?', *Good Housekeeping*,
   February 1921, Vol. 72, No. 2.
Cooper, Jr., John Milton, Jr., *Woodrow Wilson: A Biography*,
   New York: Alfred A. Knopf, 2009.

Cullen, Jim, *The American Dream: A Short History of an Idea that Shaped a Nation*, Oxford: Oxford University Press, 2004.

Davis, Forrest, *Huey Long: A Candid Biography*, New York: Dodge Publishing, 1935.

Delbanco, Andrew, *The Real American Dream: A Meditation on Hope*, Cambridge, MA: Harvard University Press, 1998.

Dewey, John, 'Tommorrow May Be Too Late', *Good Housekeeping*, 20–1 March, 1934.

Dreiser, Theodore, *Twelve Men*, Philadelphia: University of Pennsylvania Press, 1998 (1919).

Du Bois, W. E. B, *Black Reconstruction in America 1860–1880*, New York: Free Press, 1999 (1935).

Dyer, Thomas G., *Theodore Roosevelt and the Idea of Race*, Baton Rouge: Louisiana State University Press, 1980.

Evans, H. W., 'The Menace of Modern Immigration', Knights of the Ku Klux Klan, pamphlet, 1924.

Faulkner, William, *Absalom, Absalom!*, New York: Random House, 1936.

Fitzgerald, F. Scott, *The Great Gatsby*, Oxford: Oxford University Press, 1998 (1925).

—— 'The Swimmers', *Saturday Evening Post*, 19 October 1929.

—— *The Vegetable: or from President to Postman*, New York: Charles Scribner's Sons, 1923.

Fousek, John, *To Lead the Free World: American Nationalism & the Cultural roots of the Cold War*, Chapel Hill: University North Carolina Press, 2000.

Garrett, Garet, 'America Can't Come Back', *Saturday Evening Post*, 23 January 1932.

Garrett, Paul Willard, 'The Jazz Age in Finance', *North American Review*, Vol. 229, No. 2 (February 1930).

Ghosh, Cyril, *The Politics of the American Dream: Democratic Inclusion in Contemporary American Culture*, New York: Palgrave Macmillan, 2013.

Gilbert, Felix, *To the Farewell Address: Ideas of Early American Foreign Policy*, Princeton, NJ: Princeton University Press, 1961.

Grant, Madison, *The Passing of the Great Race: or, The Racial Basis of European History*, New York: Charles Scribner's Sons, 1916.

Greer, Guy, 'Arming and Paying For It', *Harper's*, November 1940.

Harding, Warren G., *Our Common Country: Mutual Good Will in America*, Columbia: University of Missouri Press, 2003 (1921).

Herring, George C., *From Colony to Superpower: US Foreign Relations since 1776*, New York: Oxford University Press, 2008.

Hertog, Susan, *Dangerous Ambition: Rebecca West and Dorothy Thompson, New Women in Search of Love and Power*, New York: Ballantine, 2011.

Hewes, Jr., James E., 'Henry Cabot Lodge and the League of Nations', *Proceedings of the American Philosophical Society*, Vol. 114, No. 4 (August 1970).

Hofstadter, Richard, *The Age of Reform: From Bryan to FDR*, New York: Random House, 1988 (1955).

Jenkins, McKay, *The South in Black and White: Race, Sex and Literature in the 1940s*, Chapel Hill: University of North Carolina Press, 1999.

Jillson, Cal, *The American Dream in History, Politics, and Fiction*, Lawrence, KS: University Press of Kansas, 2016.

Katznelson, Ira, *Fear Itself: The New Deal and the Origins of Our Time*, New York: Liveright, 2013.

Kauffman, Bill, *American First!: Its History, Culture and Politics*, Amherst, New York: Prometheus Books, 1995.

Kennedy, David, *Freedom From Fear: The American People in Depression and War, 1929–1945*, Oxford, Oxford University Press, 1999.

Kurth, Peter, *American Cassandra: The Life of Dorothy Thompson*, Boston: Little, Brown, 1990.

Lallas, Demetri. '"From the People, by the People, to the People": The American Dream(s) Debut', *Journal of American Culture*, 2014, 37.

Leuchtenburg, William E., *Franklin D. Roosevelt and the New Deal, 1932–1940*, New York: Harper & Row, 1963.

—— *The Perils of Prosperity, 1914–1932*, Chicago: University of Chicago Press, 1993 (1958).

Lewis, Sinclair, *Babbitt*, New York: Harcourt, Brace, 1922.

—— *It Can't Happen Here*, New York: Doubleday, 1935.

Lippmann, Walter, *Drift and Mastery: An Attempt to Diagnose the Current Unrest*, New York: Mitchell Kennerley, 1914.

—— *The Stakes of Diplomacy*, New York: Henry Holt, 1915.

—— 'Education and the White Collar Class', *Vanity Fair*, July 1923.

—— *Men of Destiny*, New York: Macmillan, 1927.

—— *Public Opinion*, New York: BN Publishing, 2008.

Littell, Robert, *Read American First*, Freeport, New York: Books for Libraries Press, 1968 (1926).

Locke, John, 'An Essay Concerning Human Understanding', London: W. Baynes & Son, 1823 (1689), 24th edn.

Luczak, Ewa Barbar, *Breeding and Eugenics in the American Literary Imagination: Heredity Rules in the Twentieth Century*, New York: Palgrave Macmillan, 2015.

McCutcheon, George Barr, *West Wind Drift*, New York: A.L. Burt Company, 1920.

MacLean, Nancy K., *Behind the Mask of Chivalry: The Making of the Second Ku Klux Klan*, Oxford: Oxford University Press, 1995.

Manela, Ezra, *Wilsonian Moment: Self-Determination and the International Origins of Anticolonial Nationalism*, New York: Oxford University Press, 2007.

Marchand, Roland, *Advertising the American Dream: Making Way for Modernity, 1920–1940*, Berkeley, CA: University of California Press, 1985.

Midgley James O., and Livermore, Michelle, eds, *The Handbook of Social Policy*, Thousand Oaks, CA: Sage, 2008.

Mugridge, Ian, *The View from Xanadu: William Randolph Hearst and United States Foreign Policy*, Montreal: McGill-Queen's University Press, 1995.

Nevins, Allan, *James Truslow Adams: Historian of the American Dream*, Chicago: University of Illinois Press, 1968.

Olson, Lynne, *Those Angry Days: Roosevelt, Lindbergh, and America's Fight Over World War II, 1929–1941*, New York: Random House, 2013.

Parsons, Frank, *The City for the People: Or, The Municipalization of the City Government and of Local Franchises*, Philadelphia: C. F. Taylor, 1900.

Pegram, Thomas, *One Hundred Percent American: The Rebirth & Decline of the Ku Klux Klan in the 1920s*, Chicago: Ivar R. Dee, 2011.

Phillips, David Graham, *Susan Lenox: Her Fall and Rise*, New York: D. Appleton & Company, 1917.

Procter, Ben, *William Randolph Hearst: The Later Years, 1911–1951*, Oxford: Oxford University Press, 2007.

Ravage, Marcus Eli, *An American in the Making*, New York: Harper & Brothers, 1917.

Rawlings, William, *The Second Coming of the Invisible Empire: The KKK of the 1920s*, Macon, GA: Mercer University Press, 2016.

Rieder, Jonathan, *Gospel of Freedom: Martin Luther King, Jr.'s Letter from Birmingham Jail and the Struggle that Changed a Nation*, New York: Bloomsbury, 2013.

Roberts, Kenneth L., 'Shutting the Sea Gates', *Saturday Evening Post*, 28 January 1922.

Rosenberg, Emily S., *Spreading the American Dream: American Economic and Cultural Expansion, 1890–1945*, New York: Farrar, Straus and Giroux, 1982.

Samuel, Lawrence R., *The American Dream: A Cultural History*, Syracuse, NY: Syracuse University Press, 2012.

Sandage, Scott A., *Born Losers: A History of Failure in America*, Cambridge, MA: Harvard University Press, 2005.

Sarles, Ruth, *A Story of America First: The Men and Women Who Opposed American Intervention in World War II* (ed. Bill Kauffman), Santa Barbara, CA: Praeger, 2003.

Schorer, Mark, *Sinclair Lewis: An American Life*, New York: McGraw Hill, 1961.

Sinclair, Upton, *100%: The Story of a Patriot*, Auckland, New Zealand: The Floating Press, 2013 (1920).

Sirkin, Gerald, 'The Stock Market of 1929 Revisited: A Note', *Business History Review*, Vol. 49, No. 2 (Summer 1975).

Steel, Ronald, *Walter Lippmann and the American Century*, New York: Little, Brown, 1980.

Steinbeck, John, *Of Mice and Men*, New York, Covici-Friede, 1937.

— *The Grapes of the Wrath*, New York: Penguin, 1939.

Thompson, Dorothy, *I Saw Hitler*, New York: Farrar & Rinehart, 1932.

— 'Back to Blood and Iron', *Saturday Evening Post*, 6 May 1933.

— 'Back to Blood and Iron', *Saturday Evening Post*, 6 May 1933.

— 'Room to Breathe In', *Saturday Evening Post*, 24 June 1933.

— 'Who Goes Nazi?', *Harper's*, August 1941.

— 'What Lindbergh Really Wants', *Look*, 18 November 1941.

Vera Hernán, and Gordon, Andrew M., *Screen Saviors: Hollywood Fictions of Whiteness*, New York: Rowman & Littlefield, 2003.

Wall, Wendy L., *Inventing the 'American Way': The Politics of Consensus from the New Deal to the Civil Rights Movement*, Oxford: Oxford University Press, 2008.

Wheelock, David C., 'Regulation and Bank Failures: New Evidence from the Agricultural Collapse of the 1920s', *Journal of Economic History*, Vol. 52, No. 4 (December 1992).

White, Eugene N., 'The Stock Market Boom and Crash of 1929 Revisited', *Journal of Economic Perspectives*, Vol. 4, No. 2 (Spring 1990).

White, John Kenneth and Hanson, Sandra L., eds, *The Making and Persistence of the American Dream*, Philadelphia: Temple University Press, 2011.

White, William Allen, *Selected Letters of William Allen White 1899–1943*, Walter Johnson, ed., New York: Henry Holt, 1947.

图书在版编目（CIP）数据

美国优先和美国梦：1900—2017 / (美) 莎拉·丘
奇威尔 (Sarah Churchwell) 著；詹涓译. -- 北京：
社会科学文献出版社，2021.11
　书名原文：Behold, America: A History of
America First and the American Dream
　ISBN 978-7-5201-7975-1

　Ⅰ.①美…　Ⅱ.①莎…②詹…　Ⅲ.①美国－历史－
1900-2017　Ⅳ.①K712.5

中国版本图书馆CIP数据核字（2021）第212136号

美国优先和美国梦，1900—2017

著　　者 / ［美］莎拉·丘奇威尔（Sarah Churchwell）
译　　者 / 詹　涓

出 版 人 / 王利民
组稿编辑 / 段其刚
责任编辑 / 周方茹
文稿编辑 / 肖世伟
责任印制 / 王京美

出　　版 / 社会科学文献出版社·联合出版中心（010）59367151
　　　　　　地址：北京市北三环中路甲29号院华龙大厦　邮编：100029
　　　　　　网址：www.ssap.com.cn
发　　行 / 市场营销中心（010）59367081　59367083
印　　装 / 北京盛通印刷股份有限公司

规　　格 / 开　本：787mm×1092mm　1/16
　　　　　　印　张：21　字　数：282千字
版　　次 / 2021年11月第1版　2021年11月第1次印刷
书　　号 / ISBN 978-7-5201-7975-1
著作权合同 / 图字01-2019-1370号
登 记 号
定　　价 / 88.00元